# THE GREAT JAPANESE
## 30の物語
――人物で学ぶ日本語――

中上級

石川智
Satoru Ishikawa

# 刊行によせて

　日本語を教えていて、日本語は上手になったけれど、アニメや漫画以外の日本についての知識がほとんどないという学習者に出会うことが度々ありました。日本語能力が高くなることは、もちろん日本語教育の目標ではありますが、外国語を教えることは、学習者に異文化コミュニケーションを教えることでもあり、日本人の行動や考え方を理解するために必要な知識を学ぶことも重要であると言えます。ところが、日本語能力の向上と日本文化の知識を同時に学べる適当な教材が少ないということもあり、これが本書を作成するきっかけとなりました。ですので、日本語の能力の向上を目指しながら、単なる伝統文化の紹介ではなく、日本の著名人の生き方や考えを通して日本人の価値観や考え方などが分かるように内容を工夫しました。

　本書が刊行できたのは、多くの皆様の協力のおかげだと思っております。試用をしてコメントをくださった各大学の先生方や学生の皆さん、またミドルベリー大学夏期日本語学校で教えてくださった老平実加先生と学生の皆さんにもお礼を申し上げたいと思います。そして、文法の査読をしてくださった筒井通雄先生、単語リストの英語校閲をしてくださった高田裕子さんにも感謝したいと思います。また、特に、くろしお出版の岡野秀夫社長、そして編集をしてくださった市川麻里子さんには大変お世話になりました。本書の上梓にあたり、ここに皆さんに感謝の意を表したいと思います。

2016年5月
石川智

# はじめに

　本書『The Great Japanese: 30の物語―人物で学ぶ日本語―』は、中級から上級の日本語能力を持つ学習者を対象にしています。具体的には日本語能力試験のN2レベルの読解能力を身につけることを目標としており、そのために、必要だと考えられる読解の能力及び文法と語彙が学習できるように設定されています。ですので、N2レベル相当の日本語能力を目指している学習者及びこれからN2レベルを受験するための読解・文法・語彙学習教材として使用していただけます。また、すでにN2レベル相当の日本語能力がある学習者にとっては、さらに上級レベルの読解に必要な能力、例えば速読や語彙の類推などの読解のためのスキルを養うための教材としても使用できるように、コラムを通してそれらの能力やスキルが紹介されています。つまり、日本語能力が中級から上級レベルまでの多くの学習者のニーズに合わせての使用が可能です。

　外国語学習は、異文化の人々のコミュニケーション能力を養うという側面を持っています。異文化の人々のコミュニケーションをする際には、相手の国の文化についての知識を持つとともに、それを理解し、その上で齟齬をきたさないようにコミュニケーションを取る必要があります。本書では、日本語の言語の能力を高めるだけでなく、異文化コミュニケーションに必要な日本についての様々な文化的知識、社会的知識を同時に学べるように、日本人の価値観、考え方などを人物の物語を通して紹介しています。つまり、本書を使用することにより、日本語の言語能力の向上（読解力・文法・語彙）につながるだけでなく、異文化コミュニケーションに必要な文化や背景知識を習得し、文化理解を促進するための一助とすることができます。

　最後に、読み物の内容はただ事実を羅列するだけでなく、学習者の知的好奇心を刺激する内容になっているために、楽しく日本語学習が継続できるように工夫されています。

　本書の使用により、学習者の皆さんの日本語能力の一層の向上と日本文化理解が深まることを期待しております。

# CONTENTS

- ●刊行によせて → 2
- ●はじめに → 3
- ●本書について → 6
- ●本書の使い方 → 8

### 歴史

| | | | |
|---|---|---|---|
| 1 | 卑弥呼・宮崎康平<br>邪馬台国女王・作家／古代研究家 | まぼろしの国を求めて<br>キーワード ▶ 古代史／謎／夢／情熱／好奇心 | 10 |
| 2 | 聖徳太子<br>皇族／政治家 | 古代から続く「和の精神」<br>キーワード ▶ 伝説／和／集団主義／価値観／憲法 | 13 |
| 3 | 紫式部／清少納言<br>作家／歌人 | 永遠のライバル<br>キーワード ▶ 女性作家の活躍／ライバル／仮名文字／小説・随筆 | 16 |
| 4 | 織田信長<br>戦国大名 | 個性的な戦国大名<br>キーワード ▶ 南蛮文化／伝統／個性／国家の統一 | 19 |

### 経営

| | | | |
|---|---|---|---|
| 5 | 本田宗一郎<br>ホンダ創業者／技術者 | 技術者の誇り<br>キーワード ▶ 技術者／創業者／経営／世襲 | 22 |
| 6 | 和田かつ<br>ヤオハン創業者 | 女性経営者の先駆け<br>キーワード ▶ 女性経営者／ビジネス／女性の地位／ドラマ | 25 |
| 7 | 白石義明<br>回転寿司発明者 | 日本のファストフード<br>キーワード ▶ 寿司／発明／食文化／ビジネスチャンス | 28 |
| 8 | 孫正義<br>実業家 | 情報革命<br>キーワード ▶ 経営／情報革命／理念／未来予測 | 31 |
| 9 | 秋元康<br>放送作家／作詞家／プロデューサー | 成功する秘訣<br>キーワード ▶ アイドル／起業／信念／運 | 34 |

### 芸術

| | | | |
|---|---|---|---|
| 10 | 三遊亭圓朝<br>落語家 | 怪談の名人<br>キーワード ▶ 落語／伝統芸能／ユーモア／娯楽 | 37 |
| 11 | 千利休<br>茶人／商人 | わびの精神<br>キーワード ▶ 茶道／伝統文化／わびの精神／文化の継承 | 40 |
| 12 | 黒澤明<br>映画監督 | 妥協しない<br>キーワード ▶ 日本映画／完璧主義／時代劇 | 43 |
| 13 | 草間彌生<br>前衛芸術家 | 水玉の女王<br>キーワード ▶ ブランド品／前衛芸術／ビジネスと芸術 | 46 |
| 14 | 五嶋みどり<br>ヴァイオリニスト | タングルウッドの奇跡<br>キーワード ▶ 天才ヴァイオリニスト／英才教育／親離れ／子育て／親子関係 | 49 |

### 文学

| | | | |
|---|---|---|---|
| 15 | 夏目漱石<br>小説家 | 瓢箪から駒<br>キーワード ▶ 文豪／小説／エリート／本業と副業／神経衰弱 | 52 |
| 16 | 村上春樹<br>小説家／翻訳家 | ベストセラー作家<br>キーワード ▶ ベストセラー作家／翻訳スタイル／文学／社会現象 | 55 |
| 17 | 俵万智<br>歌人 | 伝統が変わる時<br>キーワード ▶ 短歌／詩／伝統／変化 | 58 |

### 漫画／アニメ

**18　長谷川町子**（はせがわまちこ）
漫画家
長寿番組のアニメ
キーワード▶女性漫画家／アニメ／漫画／教育／視聴率
61

**19　宮崎駿**（みやざきはやお）
アニメーター／映画監督
世界に誇る日本のアニメ
キーワード▶宮崎アニメ／模範／こだわり／反戦／メッセージ
64

**20　石ノ森章太郎**（いしのもりしょうたろう）
漫画家／原作者
萬画宣言
キーワード▶漫画／ギネス記録／メディア
67

### スポーツ

**21　高橋尚子**（たかはしなおこ）
元マラソン選手／スポーツキャスター
栄光と挫折
キーワード▶近代オリンピック／挫折／希望／勇気／夢
70

**22　イチロー（鈴木一郎）**（すずきいちろう）
プロ野球選手
男の美学
キーワード▶大リーグ／美学／自己管理／謙虚さ／努力
73

**23　野口健**（のぐちけん）
登山家／環境活動家
環境問題に取り組む登山家
キーワード▶富士山／ゴミと環境破壊／自然保護／社会貢献
76

### 政治

**24　杉原千畝**（すぎはらちうね）
外交官
命のビザ
キーワード▶戦争／人道援助／職責／難民
79

**25　佐藤栄作**（さとうえいさく）
政治家
日本の約束
キーワード▶政治家／ノーベル賞／平和／核問題／非核三原則
82

**26　萱野茂**（かやのしげる）
アイヌ文化研究者／政治家
消えゆく文化を守る
キーワード▶アイヌ／消える文化／少数民族／差別
85

### 学者

**27　新渡戸稲造**（にとべいなぞう）
農学者／教育者
「武士道」の義
キーワード▶武士道／道徳教育／日本紹介／義／海外体験
88

**28　藤田哲也**（ふじたてつや）
気象学者
ミスター・トルネード
キーワード▶竜巻／自然災害／国際基準／貢献
91

**29　山中伸弥**（やまなかしんや）
医学者
再生医療への挑戦
キーワード▶倫理／再生医療／iPS細胞／ノーベル賞
94

**30　石黒浩**（いしぐろひろし）
ロボット工学者
不気味の谷
キーワード▶ロボットとの共存／人間らしさ／不気味の谷／インターフェイス
97

- 文法表現リスト　→ 100
- 参考文献リスト　→ 153
- 別冊：模範解答、単語リスト（英語・中国語・韓国語翻訳）

### コラム

| ① 速読（大意取り）の読み方 | 12 | ⑦ 段落 | 48 |
| ② 速読（情報取り）の読み方 | 15 | ⑧ 指示詞 | 60 |
| ③ 文章の構成を考えよう1 | 18 | ⑨ 省略 | 63 |
| ④ 文章の構成を考えよう2 | 21 | ⑩ 大切な部分を考えて読む | 72 |
| ⑤ 抽象的 vs 具体的 | 27 | ⑪ 重要な言葉を見つける | 90 |
| ⑥ 類推しながら読む | 42 | ⑫ 文章の種類 | 96 |

## 本書について

### 本書の特長

◆ **言語面**
- 日本語能力試験 N2 レベル相当の語彙約 650 語を網羅
- 日本語能力試験 N2 レベルの文型・表現 252 項目の説明と例文
- 読解の能力を向上させるためのスキルやテクニックをコラムで紹介
- 読解の理解度を確認するための内容質問
- 読解、速読、多読など様々な使用方法が可能
- クラスルーム、自習など様々な場面での使用が可能

◆ **文化面**
- 様々な時代・ジャンル(歴史・経営・芸術・文学・漫画／アニメ・スポーツ・政治・学者)の著名人の物語を通して日本の文化、日本人の考え方や価値観を紹介し、異文化理解につなげる。

### 本書の構成

本書は、「読み物」「文法表現リスト」の本冊と、「単語リスト」「模範解答」の別冊に分かれています。「読み物」の本冊には、ジャンル別に分かれた30人分の読み物が収録されており、以下のような構成になっています。また、巻末には「文法表現リスト」が付いており、音声(「読み物」「内容質問」を収録)が http://greatjapanese.jimdo.com/ からダウンロードできます。

《 本冊の構成 》

◆ **各課の読み物**

**読み物**

➡ 難しさのレベル(★〜★★★):難しさのレベルの判定は、漢字語彙の量、難易度、内容の難しさ、文の複雑さなどを考慮して3段階で表示してあります。

➡ ルビ:漢字のルビは、N2レベル(旧日本語能力試験2級)以上と思われる漢字には基本的に全てにルビを付けてあります。また、ルビが多すぎて煩雑に見えないように、固有名詞や頻出する語彙については、各段落の初出のみにつけるなどの工夫がしてあります。

**読む前に1** **読む前に2**

「読む前に1」は読み物に出てくる単語の練習で、「読む前に2」は読み物の内容に関連した質問です。読み物を読む準備として、単語に慣れたり、読み物の内容を理解しやすくするための準備作業として使えます。

**内容質問1** **内容質問2**

読み物を読んだ後で、その内容が理解できたかどうかを確認することができます。

**考えをまとめよう**

読み物を読んだ後で、その内容について、さらに深く考えるための質問です。授業での討論に使ったり、意見を述べる練習として使用したりできます。

**文法表現リスト**

「文法表現リスト」を参照するための番号のついたリスト。

## ◆ 文法表現リスト

日本語能力試験のN2レベルでよく使われる文法や表現を252項目収録しています。それぞれの文法・表現には、英訳や簡単な説明と例文が含まれています。

「文法表現リスト」説明の表記・記号

| 記号 | 意味 | 例 |
| --- | --- | --- |
| S | 文 | -------- |
| Predicate | 述語 | -------- |
| aff. | 肯定形 | 食べる、おもしろい、有名だ、食べた、おもしろかった、有名だった |
| neg. | 否定形 | 食べない、おもしろくない、有名じゃない、食べなかった、おもしろくなかった、有名じゃなかった |
| V | 動詞 | 食べる、走る、勉強する |
| Ai | い形容詞 | おいしい、楽しい、高い |
| Ana | な形容詞 | 便利、元気、有名 |
| N | 名詞 | 本、家、テニス、学校 |
| Np | 名詞句 | 大学のある町、日本語を勉強している人 |
| V masu-stem | 動詞ます形 | 食べ、走り、勉強し |
| V neg. | 動詞否定形 | 食べない、走らない、勉強しない |
| V volitional | 動詞意思形 | 食べよう、走ろう、勉強しよう |
| する -V stem | する動詞の語幹 | 勉強、食事、掃除 |
| Ai stem | い形容詞 stem | おいし、楽し、高 |
| Ai neg. stem | い形容詞否定形 | おいしく、たのしく、高く |
| Ana stem | な形容詞 stem | 便利、元気、有名 |
| Ana stem な | な形容詞名詞修飾形 | 便利な、元気な、有名な |
| te-form | て形 | 動詞：食べて、走って、勉強して<br>い形容詞：おいしくて、たのしくて、高くて<br>な形容詞：便利で、元気で、有名で<br>名詞：本で、家で、テニスで |
| non-past | plain | 普通形　非過去 | 動詞：食べる、食べない<br>い形容詞：おいしい、おいしくない<br>な形容詞：便利だ、便利じゃない<br>名詞：本だ、本じゃない |
| past | plain | 普通形　過去 | 動詞：食べた、食べなかった<br>い形容詞：おいしかった、おいしくなかった<br>な形容詞：便利だった、便利じゃなかった<br>名詞：本だった、本じゃなかった |
| counter | 助数詞 | 枚、個、人 |
| particle | 助詞 | が、は、で、を、に etc. |
| QW | 疑問詞 | どこ、だれ、いつ、どんな |
| ( ) | 省略可能項目 | スーパー（か）または、コンビニで買える。 |

## ◆ 音声の配信（読み物／内容質問）

http://greatjapanese.jimdo.com/ からダウンロードできます。適宜ご利用ください。

## 《 別冊の構成 》

### ◆ 模範解答

### ◆ 単語リスト

太字の言葉は日本語能力試験のN2レベルでよく使われる約650語を表しています。

略語一覧

| | | | |
| --- | --- | --- | --- |
| 名詞＝ N | な形＝ A-Na | 接頭語 =Pref | 接続詞＝ Conj |
| 動詞＝ V | 連体詞＝ An | 助数詞＝ Ctr | 表現＝ Phr |
| い形＝ A-I | 副詞＝ Adv | 接尾語＝ Suf | 諺＝ Prv |

## 本書の使い方

> **教師の方々へ**

　本書の特長にもありますが、本書は日本語能力試験N2レベル相当の語彙と文法を中心にして読み物が構成されていますので、日本語能力が中級から上級にかけての学習者を対象として使用が可能です。

　通常の読解（精読）のための授業用教材としてご使用していただけることはもちろんですが、読み物の長さを学習者に負担のかからない長さに抑えてありますので、読解能力の向上をめざした速読や多読の教材としても使用が可能です。クラス内で速読練習として読み物を時間を限って使用していただいても構いませんし、実際の読む作業は授業外で行い、授業内では読み物の内容について討論したり、「考えをまとめよう」を行うというような使い方も可能です。

　本書はどの人物からでも学び始められるように、文法表現のリストは、巻末にまとめて掲載してあります。現在使用されている教科書の補助教材として、例えば授業内で使用する読み物の予備知識を与えるため補助教材として学習者に読ませたり、またディスカッションを活発にするための話題を提供する教材として読ませるなどの使い方もできます。

　また、読み物と内容質問の音声は http://greatjapanese.jimdo.com/ からダウンロードできますので、読解教材としてだけでなく、長文聴解の練習としても使用が可能です。

　このように、様々な使用方法が可能ですので、皆さんの授業や学習者のレベル、また教えている内容に合わせて、お使いいただければと思います。

> **学習者の皆様へ**

　この本では、日本語能力試験のN2レベルの読む力をつけるため（読解）の練習をすることができます。それと同時にN2レベル相当の単語と文法も勉強することができます。

　各課の「読み物」には、難しさのレベル（★のマーク）が書いてあります。★が一つの読み物が一番やさしく、★が三つある読み物は一番難しいです。ですから、読む力が弱いと思う人は、★のマークが少ないものから読み始めるようにしましょう。勉強の仕方は色々あると思いますが、次に単語と文法を中心に勉強したい人と、読む力を伸ばしたい人のための勉強の仕方を紹介します。参考にしてみて下さい。

### 《勉強の仕方》

◆ 読む力を伸ばしたい学習者

1. タイトルとキーワードを読んで、「読み物」の内容を想像しましょう。
2. 次に「読む前に1」の単語の練習の質問に答えましょう。
3. 「読む前に2」を読んで、質問に答えてみましょう。
4. 「読み物」を読みましょう（1回目）。この時は、単語リストを見ないで読みましょう。分からない言葉や単語には、○や下線を引きながら読みましょう。分からない単語や文法があっても、とまらないで読んでいきましょう。
5. 読んだ後で、「内容質問1」「内容質問2」の問題に答えてみましょう。
6. 別冊の「単語リスト」と「文法表現リスト」を使って、○や下線をした言葉や文法の意

味を勉強しましょう。

7. もう一度「読み物」を読みましょう(2回目)。この時は、もし、また分からない単語や文法があったら、「単語リスト」や「文法表現リスト」を使って、意味を確認しながら読みましょう。また、漢字の読み方が苦手な人は、読み物の音声ファイル(http://greatjapanese.jimdo.com/)がありますので、音声を聞きながら「読み物」を読んでみてもいいでしょう。

8. もう一度「読み物」を読みましょう(3回目)。この時は、「単語リスト」や「文法表現リスト」を見ないで読みましょう。

9. そして、最後にもう一度、「内容質問1」「内容質問2」の問題を見て、自分の答えが正しいかどうか確認してみましょう。

10. コラムに、読む力を伸ばすためのヒントが書いてありますから、コラムに書いてあることを試してみるようにしましょう。

◆ 単語や文法を中心に勉強したい学習者

1. 別冊の「単語リスト」と「文法表現リスト」を使って、単語や文法を勉強しましょう。
2. 次に「読む前に1」の単語の練習の質問に答えましょう。
3. タイトルとキーワードを読んで、「読み物」の内容を想像しましょう。
4. 「読む前に2」を読んで、質問に答えてみましょう。
5. 「読み物」を読みましょう(1回目)。この時は、単語リストを見ないで読みましょう。
6. 読んだ後で、「内容質問1」「内容質問2」の問題に答えてみましょう。
7. もう一度「読み物」を読みましょう(2回目)。この時は、分からない単語や文法は「単語リスト」や「文法表現リスト」を使って、意味を確認しながら、読みましょう。
8. もう一度「読み物」を読みましょう(3回目)。この時は、「単語リスト」や「文法表現リスト」を見ないで読みましょう。
9. そして、最後にもう一度、「内容質問1」「内容質問2」の問題を見て、自分の答えが正しいかどうか確認してみましょう。

◆ 聞く力を伸ばしたい学習者

1. タイトルとキーワードを読んで、「読み物」の内容を想像しましょう。
2. 次に「読む前に1」の単語の練習の質問に答えましょう。
3. その後で、音声ファイル(http://greatjapanese.jimdo.com/)を聞いてみましょう(1回目)。
4. 内容質問の問題も音声ファイルがありますから、「内容質問1」「内容質問2」の問題に答えてみましょう。「内容質問2」の問題の「この、その、あの」などを聞く問題や修飾の部分を聞く問題は、教科書の「読み物」を見ないと答えられない問題ですから、その時は「読み物」を見て答えましょう。

▲音声はこちら

5. もう一度音声ファイルを聞いてみましょう(2回目)。
6. そして、もう一度、「内容質問1」「内容質問2」の音声ファイルを聞いて、1回目の答えと比べてみましょう。
7. 次に教科書の「読み物」と内容質問を見ながら、音声ファイルを聞いてみましょう(3回目)。この時、聞き取れなかった部分の単語や文には、○や下線をして意味を確認してしましょう。
8. 最後に、もう一度教科書の「読み物」を見ないで、音声ファイルを聞いて、聞き取れなかった部分が聞き取れるようになったかどうか、確認してみましょう。

# 1 まぼろしの国を求めて

| ジャンル | 歴史 |
| --- | --- |
| 難しさ | ★★ |

**卑弥呼** 邪馬台国女王(不明〜250年頃)
**宮崎康平** 作家／古代史研究家(1917年〜1980年)

**キーワード** 古代史／謎／夢／情熱／好奇心

　歴史に詳しくない日本人でも卑弥呼という名前を知らない日本人はいないだろう。卑弥呼とは3世紀の日本列島にあった邪馬台国という国の女王で、中国の文献『魏志倭人伝』に登場する人物である。『魏志倭人伝』には、「邪馬台国はもともと男性の王が治めていたが、戦争が頻繁に起こったので、卑弥呼を女王としたところ、戦争がなくなり国が治まった。卑弥呼は鬼道を使って、30もの国々を治めていた」と記録されている。鬼道に関しては、色々な意見があるが、一般的には卑弥呼は巫女でシャーマニズム的な呪術を使った占いなどをしていたのではないかと考えられている。卑弥呼は建物の奥に閉じこもったきりで外に出ることはなく、弟だけが身の回りの世話をし、他の人の前にはほとんど姿を見せなかったと言われている。卑弥呼が治めた邪馬台国までの道のりは『魏志倭人伝』に書かれているが、その解釈を巡っては意見が分かれ、現在でも邪馬台国の場所は確定されておらず、古代史の中の最大の謎と呼ばれている。

　この邪馬台国の謎に取りつかれた人物はたくさんいるが、その中の一人に宮崎康平という人がいる。宮崎ははじめ鉄道会社に勤めていたが、過労のために両目を失明してしまう。失明を契機にして鉄道会社を退職した宮崎は、興味を持っていた邪馬台国の研究に情熱をかけるようになる。邪馬台国の場所を特定するために、宮崎は妻と一緒に白い杖にすがりながら、自分の足で『魏志倭人伝』に書かれた道のりを歩いてまぼろしの国を探し求めた。その調査記録と結果をまとめたものを『まぼろしの邪馬台国』として出版すると、これまで学者しか興味を持たなかった邪馬台国論争が一般の人にまで広がり、古代史ブームが起こったと言われている。

　宮崎は自身が行った調査の結果、邪馬台国は九州にあったと考えるようになったが、未だ邪馬台国の場所は特定されておらず、邪馬台国論争が続いている。分からないことを知りたいと思う人間の好奇心がある限り、まぼろしの国邪馬台国はこれからも私達の心をとりこにし続けるのだろう。

# 卑弥呼・宮崎康平 1

**読む前に 1 単語の練習** 次の☐の言葉を（ ）の中に入れて、文を完成しましょう。

> a. 学者　b. 論争　c. 解釈　d. 広がって　e. 治めて　f. まとめて

1) 生物がどのように誕生したかについて長い間（　）が行なわれている。
2) 文学作品は読む人によって（　）が違ってくるので、面白い。
3) このレストランはよくないうわさが（　）、お客さんが減ってしまった。
4) 美人で有名なクレオパトラはエジプトを（　）いた女王だ。
5) （　）が集まって、世界の環境問題について話し合った。
6) 今日の会議の内容を金曜日までに（　）、課長に出してください。

**読む前に 2**

1) あなたの国で歴史上有名な女性がいますか。その人はいつ頃の人で、どんなことをしましたか。
2) あなたが今までに情熱をかけたものがありますか。どうして、そのことに情熱をかけましたか。

**内容質問 1** 正しければ○を違っていれば×をしましょう。

1) （　）卑弥呼が女王になる前は戦争がすごく多かった。
2) （　）卑弥呼に会うことができたのは、卑弥呼の弟だけだった。
3) （　）宮崎は、怪我をして目が見えなくなってしまった。
4) （　）宮崎が本を出版したことで、日本に古代史ブームが起きた。
5) （　）宮崎は邪馬台国は本当にはなかったと考えるようになった。

**内容質問 2** 次の質問に答えましょう。

1) 卑弥呼について<u>正しくないこと</u>は次のどれですか。
   a. 卑弥呼が治めていた時代は平和だった。
   b. 卑弥呼は男の王のために占いをした。
   c. 卑弥呼は建物の中だけで生活していた。
   d. 卑弥呼はたくさんの国を治めていた。

2) 「その解釈」(10行目) の「その」は何のことですか。
   a. 卑弥呼の生活について
   b. 卑弥呼の仕事について
   c. 邪馬台国までの行き方について
   d. 邪馬台国があった場所について

3）宮崎はどのようにして邪馬台国の場所について研究をしましたか。
   a. 宮崎の妻に地図を調べさせた。
   b. 妻と一緒に歩いて調べた。
   c. 「魏志倭人伝」をよく読んで調べた。
   d. 『まぼろしの邪馬台国』という本を読んで調べた。

4）筆者によると、どうして「邪馬台国」は私達の心をとりこにし続けるのですか。
   a. 卑弥呼について興味を持つ人が多いと思うから。
   b. 人間は知らないことを知りたいという気持ちを持っているから。
   c. 邪馬台国の場所が九州にあるかどうか知りたいから。
   d. 人間は分からないことを特定したいと思うから。

**考えをまとめよう**

1）あなたの国の歴史には、どんな謎がありますか。
2）あなたの国に、宮崎のように何かに情熱をかけた人がいました／いますか。その人はどんなことに情熱をかけました／かけていますか。

### 文法・表現リスト

- □ 知らない日本人はいない　→ 140
- □ 卑弥呼とは　→ 137
- □ もともと　→ 216
- □ 女王とした　→ 130
- □ 女王としたところ　→ 122
- □ 鬼道に関しては　→ 162
- □ 閉じこもったきり　→ 44
- □ その解釈を巡って　→ 251
- □ 確定されておらず／特定されておらず　→ 91
- □ その中の一人に　→ 146
- □ 失明を契機にして　→ 243
- □ 一般の人にまで　→ 207
- □ 未だ　→ 18
- □ 好奇心がある限り　→ 30

## コラム1 読み方のポイント　速読（大意取り）の読み方

分からない言葉や文法はスキップしよう！

　文を読む時には、大きく分けて二つの読み方があります。一つは精読で、一文、一文、丁寧にしっかり理解して読む読み方です。もう一つは、速読（大意取り・*情報取り）で、文章全体の意味を速く理解するための読み方です。速読（大意取り）をする時には、分からない言葉や文法があっても、その言葉や文法でとまってしまうのではなく、その部分はスキップして先を読むようにしましょう。速読（大意取り）で大切なことは、文章全体の内容を理解することです。また、全体の文章の意味を理解してから、もう一度読み直すと、スキップした部分の言葉や文法の意味が分かったり、推測したりすることができることがあります。

大意取り = skimming　　情報取り = scanning　　推測する = to guess

＊「情報取り」の説明はコラム2（p.15）にあります。

## 2 古代から続く「和の精神」

**ジャンル**: 歴史
**難しさ**: ★

### 聖徳太子　皇族／政治家（574年？〜622年）

**キーワード** → 伝説／和／集団主義／価値観／憲法

　日本の古代史の中で聖徳太子は卑弥呼と並んで有名な人物です。聖徳太子についてはたくさんの不思議な伝説が残っています。例えば、聖徳太子の誕生についてはこんな面白い話があります。ある日聖徳太子の母親の夢の中に金色の僧が現れ、その僧が母親のおなかを借りたいと言います。その結果、母親は子供を身ごもり、男の子を馬屋の前で産みました。それが聖徳太子だったと言われています。これと似た話をどこかで聞いたことがありませんか。他にも2歳の時に東を向いて念仏を唱えたとか、一度に10人の話を聞いて理解出来たとか、馬に乗って空を飛んだといった伝説が残っています。

　成長した聖徳太子は、推古天皇という女性の天皇の政治を助けて、十七条の憲法を作ったと言われています。憲法という名前がついていますが、法律というよりは、仏教や儒教に基づいた道徳や生活の規範などが書かれています。この憲法の一番目に書かれているのが、かの有名な「和を以て貴しとなす」です。つまり「お互いに仲良くして、協力することを大事にしなさい。」ということです。では、どうして聖徳太子は「和を以て貴しとなす」を十七条の憲法の一番目としたのでしょうか。日本では昔から「和」を大切にする考え方があったようですが、その当時は戦争が続いて世の中が混乱しており、たぶん「和」があまり大切にされていなかったからではないかと言われています。

　聖徳太子は架空の人物ではないか、また彼が本当に十七条憲法を作ったのかといった議論もありますが、「和」は、古代の社会にとどまらず、現代の日本社会でも大切な価値観の一つであることは変わりません。日本人の集団主義、すなわち、個人の考えよりも集団の考えを優先して、周りの人と協調するという考え方は、この「和」の考え方に基づいていると言えます。最近では、個人の考えも大切にした方がよいと考えるようになりましたが、まだ集団主義の考え方は日本に強く残っています。もちろん和の精神のみを強調するのはよくないと思いますが、社会生活をする上でみんなで仲良く協調することは大切だと考えられるので、聖徳太子が大切にした和の精神をこれからも大切にしてほしいものだと思います。

## 読む前に 1　単語の練習
次の　　　の言葉と、その意味を説明している文を結びつけましょう。

> a. 不思議　b. 成長する　c. 憲法　d. 架空　e. 道徳　f. 協調する

1)（　）本当にはないけれど、人間の考えで作り出されたものやこと。
2)（　）助け合ったり、力を合わせて、何かをすること。
3)（　）ある社会で、法律ではなくてよいこと悪いことを決める考えや決まり。
4)（　）国の基本となる一番大切な法律。
5)（　）変なことや面白いこと。理由や原因が分からないこと。
6)（　）大きくなること。育つこと。

## 読む前に 2

1) あなたの国に憲法がありますか。あなたの国の憲法はいつ作られましたか。そして、何か特徴がありますか。
2) あなたの国では、集団の考え方が大切にされますか。それとも個人の考えが大切にされますか。例を使って説明して下さい。

## 内容質問 1　正しければ○を違っていれば×をしましょう。

1)（　）聖徳太子の母親の夢の中に不思議な僧が現れた。
2)（　）聖徳太子は天皇になって、十七条憲法を作った。
3)（　）十七条憲法は、日本の神道を基にしている。
4)（　）「和を以て貴しとなす」は、協力することが大切だという考え方だ。
5)（　）和の精神はもう日本の社会に全然残っていない。

## 内容質問 2　次の質問に答えましょう。

1) 聖徳太子が誕生した話は、どんな人が生まれた時の話と似ていると思いますか。
   a. ブッダ（Buddha）
   b. イエス・キリスト（Jesus Christ）
   c. ムハンマド・イブン（Muhammad）
   d. 孔子（Confucius）

2) 十七条憲法にはどんなことが書かれていますか。
   a. 仏教や儒教をもとにした生活のルールや考え方が書かれている。
   b. 和の精神をもとにした生活のし方や考え方が書かれている。
   c. 戦争についてのルールや決まりが書かれている。
   d. 日本人が新しく作った法律や決まりが書かれている。

3）次の中で「「和」の考え方に基づいた」（20行目）行動はどれですか。
   a. 周りの人の意見より自分の意見を大切にして行動する。
   b. 仲良くするために周りの人に親切にしてあげる。
   c. 周りの人を大事にして、自分のことは一番最後に考える。
   d. 自分の意見より周りの人の意見をよく聞いて、周りの人と協力する。

4）筆者は現代の日本社会では集団主義と個人主義のどちらが必要だと思っていますか。
   a. 集団主義より個人主義の方が必要だと考えている。
   b. 個人主義の方が集団主義より必要だと考えている。
   c. 個人主義も集団主義もどちらも必要だと思っている。
   d. 個人主義も集団主義もどちらも必要ないと思っている。

**考えをまとめよう**

1）あなたの国に、不思議な伝説や面白い話を持っている人物がいますか。どんな人物ですか。そして、どんな伝説が残っていますか。
   例）ジョージ・ワシントンの「桜の木の伝説」

2）日本人が大切にしている「和」という価値観について、あなたはどう思いますか。あなたの国にはどんな価値観がありますか。

### 文法・表現リスト

| | | | |
|---|---|---|---|
| □ 卑弥呼と並んで | →135 | □ その当時 | →116 |
| □ ある日 | →7 | □ 古代の社会にとどまらず | →178 |
| □ その結果 | →72 | □ 世の中が混乱しており | →91 |
| □ 念仏を唱えたとか、一度に10人の話を聞いて理解出来たとか | →120 | □ たぶん～大切にされていなかったからではないか | →84 |
| □ 空を飛んだといった伝説／～かといった議論 | →112 | □ この「和」の考え方に基づいている | →182 |
| □ 法律というより | →108 | □ 和の精神のみ | →189 |
| □ かの有名な | →35 | □ 社会生活をする上で | →21 |
| □ 一番目とした | →130 | □ 大切にしてほしいものだ | →223 |

## コラム2 読み方のポイント　速読（情報取り）の読み方

大切な情報を見つけよう！

　速読には大意取りの読み方の他に情報取りの読み方があります。大意取りは文章全体の意味を速く理解するための読み方ですが、情報取りは、必要な情報だけを文章の中から見つける読み方です。生活の中では、電車の時刻表を調べたり、メニューを読んだりする時、私達はたいてい情報取りをしています。必要な情報を速く見つけるためには、探している情報に関係ある数字や言葉（キーワード）の部分はゆっくり読むようにして、関係のないところはスキップして読むようにしましょう。

大意取り = skimming　　情報取り = scanning　　時刻表 = timetable

# 3 永遠のライバル

**ジャンル**: 歴史
**難しさ**: ★

**紫式部** 作家／歌人（1000年頃）
**清少納言** 作家／歌人（1000年頃）

**キーワード**: 女性作家の活躍／ライバル／仮名文字（国風文化）／小説・随筆

　平安時代以前の日本文化は、中国や朝鮮から強い影響を受けていました。しかし平安時代になると、日本の風土や生活にあった文化が作られるようになりました。その一つは仮名文字です。それまでは中国から伝わった漢字だけを用いて日本語を書いていました。けれども、漢字のみで日本語を明確に表すことは難しく、そこで平安時代の人々は漢字をもとにして仮名文字を作り出しました。仮名文字ができてはじめて自由に日本語を使って文を書き表すことができるようになりました。その結果、平安時代には仮名文字を使って、女性達が色々な文学作品を書くようになりました。平安時代の女性作家と言えば、やはり紫式部と清少納言でしょう。

　紫式部が書いた長編小説『源氏物語』、もう一方の清少納言が書いた随筆『枕草子』は現在でも多くの人に読まれています。そして、この二人は仲が悪く、ライバル関係にあったとよく言われています。その理由は、紫式部が彼女の日記の中で清少納言のことをあまりよく言っていないからです。紫式部は「清少納言は得意そうに漢字をたくさん使って文章を書いているくせに、よくみると間違いも多いし、その知識はたいしたことはない。人と違うところを見せたがる人は必ず見劣りし、よい人生の終わりを迎えられるわけがない。」と清少納言を批評しています。あまりのひどいコメントに驚く人もいるかもしれませんが、一方で清少納言は紫式部については何も語っていません。

　実は紫式部が宮仕えを始める前に、清少納言は宮仕えを終えていました。ですから、二人は直接会ったことはなかったので、二人がライバル関係ではなかったという意見もあります。ですが、紫式部が宮仕えを始めた時には、清少納言の『枕草子』は既に評判となっていたので、そんな清少納言の才能に紫式部は一方的にものすごいライバル心を燃やしたのかもしれません。もしかすると、紫式部が清少納言をライバルと考えなかったら、『源氏物語』が生まれることもなかったのかもしれません。ですから、そういう意味では紫式部にとって清少納言は永遠のライバルだったのでしょう。

## 読む前に 1  単語の練習　次の□の言葉を（　）の中に入れて、文を完成しましょう。

a. 得意な　b. 永遠　c. 評判　d. 知識　e. 才能　f. 既に

1) この映画は（　）がいいので、見てみたいと思っている。
2) 朝寝ぼうをしてしまい、急いで学校へ行ったが（　）試験は終わっていた。
3) 私は絵の（　）がないので、犬の絵を描いてもみんな犬だと分かってくれない。
4) 父は料理が（　）ので、私が子供の時はよく夕食を作ってくれた。
5) 結婚した時は幸せが（　）に続くと思ったが、すぐに離婚してしまった。
6) 私の国には地震がないので、日本へ行くまで地震についての（　）はほとんどなかった。

## 読む前に 2

1) あなたの国の文学作品で一番古い作品は何ですか。それはどんな作品ですか。
2) あなたの言語では、どんな文字を使いますか。また、その文字はどのように出来ましたか。

## 内容質問 1　正しければ○を違っていれば×をしましょう。

1) (　) 平安時代にひらがなを使って女性が文学作品を書き始めた。
2) (　) 紫式部は清少納言の文章は間違いが多くてよくないと言っている。
3) (　) 清少納言は『枕草子』の中で、紫式部の悪口を書いている。
4) (　) 紫式部と清少納言は会ったことがある。
5) (　) 『源氏物語』が書かれてから、『枕草子』が書かれた。

## 内容質問 2　次の質問に答えましょう。

1) 「その結果」(6行目) の「その」は何を指しますか。
   a. 日本の風土や生活にあった文化が作られた。
   b. 漢字を用いて日本語を書くようになった。
   c. 漢字だけで日本語を書くことは難しい。
   d. 仮名文字を使って自由に日本語が書けるようになった。

2) 「その理由」(11行目) の「その」は何を指しますか。
   a. 『源氏物語』がよく読まれている。
   b. 『枕草子』がよく読まれている。
   c. ライバル関係にあったという。
   d. 清少納言が紫式部を嫌いだった。

3）紫式部が清少納言について言っていないことはどれですか。
   a. 清少納言は漢字をたくさん使って文を書いている。
   b. 清少納言の漢字の知識はあまり深くない。
   c. 清少納言は人よりも優れていると見せたがっている。
   d. 清少納言は死ぬまで幸せだろう。

4）筆者によるとどうして紫式部にとって、清少納言は永遠のライバルなのですか。
   a. 紫式部より清少納言の方が漢字をよく知っていたから。
   b. 宮仕えの時間が清少納言の方が長かったから。
   c. 清少納言が書いた『枕草子』が非常に人気があったから。
   d. 清少納言が紫式部を批判しているから。

### 考えをまとめよう

1）あなたの国で有名なライバル関係にあった人がいますか。どんな人達ですか。どうして、その人達はライバルでしたか。
2）あなたの国にどんな有名な女性作家がいますか。また、あなたの国で女性が作家として活躍し始めたのはいつ頃からですか。

### 文法・表現リスト

- ☐ 朝鮮から強い影響を受けていました → 157
- ☐ 漢字のみで日本語を → 189
- ☐ 文字を作り出しました → 79
- ☐ 仮名文字ができてはじめて → 96
- ☐ その結果 → 72
- ☐ 女性作家と言えば → 111
- ☐ もう一方の → 212
- ☐ 書いているくせに → 45
- ☐ 迎えられるわけがない → 236
- ☐ あまりのひどいコメントに → 5
- ☐ 一方で清少納言は → 17
- ☐ もしかすると → 215
- ☐ 紫式部にとって → 177

---

## コラム3 読み方のポイント　文章の構成を考えよう1

序論・本論・結論

　文を読む時には、文章の構成を考えることも大切です。文章の構成には、色々なタイプがありますが、よく使われる構成は、「序論・本論・結論」、*「起承転結」などです。
　「序論・本論・結論」の構成は、論文などに使われることが多く、序論では、この文章を書く理由や本論に必要な背景（バックグラウンドインフォメーション）などが書かれています。そして、本論には研究の内容やそこから導き出される筆者の意見などがあります。そして、結論には、この文章で筆者の言いたかったことのまとめがあります。ですから、読む時にもこの構成を考えて読むと、文章をよく理解できるようになります。

導き出す = to elicit; to derive

*「起承転結」の説明はコラム4（p.21）にあります。

# 4 個性的な戦国大名

ジャンル：歴史
難しさ：★★

## 織田信長　戦国大名（1534年〜1582年）

**キーワード**　南蛮文化（外国文化の影響）／伝統／個性／国家の統一

　2007年の調査によると日本人が一番好きな歴史上の人物は織田信長だそうです。織田信長が生きた時代は戦国時代です。戦国時代は日本の各地に力を持った武士が現れ、各々の国を大きくしようとして、戦争が再三起きた時代です。信長はそんな時代に尾張の国(現在の愛知県)で武士の子供として生まれました。父親の死後、信長が家を継いで尾張の国を統一すると、どんどん自国を広げていき、日本の統一を夢見ました。しかし、家来の明智光秀の裏切りによって、天下統一の夢を実現する前に殺されてしまいました。日本の頂点に立つことができなかった人物なのに、日本人が好きな歴史上の人物として信長を選ぶ理由の一つは、たぶん信長が非常に個性的な人物だったからではないかと思います。

　信長は若い頃は変わった服装をして、その行動も普通の人とは違っていたと言われます。そのために周りの人は彼のことを「尾張のおおうつけ」と呼んで馬鹿にしていたとか。しかし、信長は伝統にとらわれず、伝わったばかりの鉄砲を初めて戦争に取り入れたり、誰もが自由に商売ができるようにしたりするなど、それまで他の武士が思い付かなかったことを始めました。また信長は、その頃日本に来たポルトガルの宣教師から南蛮（その当時の日本人は、外国のことをこう呼んでいました）の文化や知識を取り入れることにも積極的でした。信長はワインを飲むどころか南蛮の服であるマントを着たりもしていたとも言われています。また派手好きで、馬揃えという軍事パレードを京都で行ったりしました。

　戦国時代の武士には個性的な人物が多いのですが、その中でも信長は非常に強い個性を持っていたと言えます。普通、日本の社会では周りの人と同じことをしなければいけないという考えがとても強く、個性的であることは長所だとは思われません。しかし、信長のような個性的な人間に惹かれるところをみると、本当は日本人も心の底では、個性的になりたいという気持ちがあるのかもしれません。

## 読む前に 1  単語の練習　次の □ の言葉と、その意味を説明している文を結びつけましょう。

a. 商売（しょうばい）　b. 長所（ちょうしょ）　c. 再三（さいさん）　d. 非常に（ひじょうに）　e. 伝統（でんとう）　f. 実現する（じつげんする）

1) (　) 普通より程度が高い。とても。
2) (　) 物を売ったり買ったりすること。
3) (　) 昔から続いている習慣や考え方など。
4) (　) 人やもののいいところやすばらしいところ。
5) (　) 計画などが現実になったり、実際に行われること。
6) (　) 何度も繰り返すこと。

### 読む前に 2

1) あなたの国で戦争がたくさんあった時代がありますか。それは、いつですか。どうして戦争が多かったのですか。
2) あなたの国で、外国から色々な影響を受けた指導者がいましたか。それは、誰ですか。どんな影響を受けましたか。

### 内容質問 1  正しければ○を違っていれば×をしましょう。

1) (　) 戦国時代には、日本の色々な場所で戦争があった。
2) (　) 織田信長の父親が尾張の国を大きくした。
3) (　) 若い頃信長は、周りの人から馬鹿にされていた。
4) (　) 信長は外国から来た新しい物が好きだった。
5) (　) 日本の社会では、個性的であることはいいことだと思われている。

### 内容質問 2  次の質問に答えましょう。

1)「日本の頂点に立つ」(7行目)に一番近い文はどれですか。
   a. 日本で一番高い山に登る。
   b. 日本を支配する人になる。
   c. 日本で一番大きい国を持つ。
   d. 日本で一番戦争が強い武士になる。

2) 日本人が信長を好きな理由は何ですか。
   a. 信長は裏切りによって死んでしまったから。
   b. 個性的な人物だから。
   c. いつも夢を持っていた人物だから。
   d. 日本を統一した人物だから。

3）「その行動」（10行目）は何ですか。
   a. 信長の行動
   b. 変わった行動
   c. 普通の行動
   d. 個性的な行動

4）筆者は日本人が信長に憧れる本当の理由は何だと思っていますか。
   a. 信長は派手なことが大好きだったから。
   b. 日本人は実は信長のような個性的な人物になりたいと思っているから。
   c. 信長は戦争に強く、自国を大きく広げたから。
   d. 信長は積極的に新しいことを取り入れたから。

1）あなたの国で一番人気がある歴史上の人物は誰ですか。その人が人気がある理由は何だと思いますか。
2）あなたの国で個性的な人はどう考えられていますか。それは、どうしてだと思いますか。

### 文法・表現リスト

| | | | |
|---|---|---|---|
| □ 歴史上 | → 63 | □ 馬鹿にしていたとか | → 119 |
| □ 各地 | → 31 | □ 戦争に取り入れたり／知識を取り入れる | → 20 |
| □ 各々の国 | → 26 | □ 当時 | → 116 |
| □ 大きくしようとして | → 229 | □ こう呼んで | → 48 |
| □ そんな時代 | → 76 | □ 飲むどころか | → 123 |
| □ どんどん自国を広げて | → 138 | □ 派手好き | → 65 |
| □ 裏切りによって | → 183 | □ 惹かれるところをみると | → 127 |
| □ たぶん信長が〜個性的な人物だったからではないか | → 84 | | |

---

**コラム4　読み方のポイント　文章の構成を考えよう2**

　日本語のエッセイなどでよく使われる文章の構成に「起承転結」があります。「起」は導入（イントロダクション）で、「承」は「起」に続いて、それをさらに広げる部分です。「転」では、これまで書いてきた視点とは違った視点から話題について話す部分です。例えば、「起・承」では読者の視点で書いていたものが、「転」で筆者の視点に変わったり、日本人の視点で書いていたものが、外国人の視点に変わったりします。そして最後に「結」、つまりこの文章で筆者の言いたかったことのまとめがあります。この文章の構成のスタイルは、英語などのヨーロッパの言葉を母語とする人には、あまり親しみのないスタイルですから、気をつけるようにしましょう。

視点＝ viewpoint　　母語＝ mother tongue　　親しみ＝ familiarity

# 5 技術者の誇り

**ジャンル** 経営
**難しさ** ★★

## 本田宗一郎　ホンダ創業者／技術者（1906年～1991年）

**キーワード**　技術者／創業者／経営／世襲

1　ホンダと言えば、今日では自動車メーカーとして世界的に有名だが、ホンダはもともと自転車に付けるエンジンを販売する会社として出発した。そのエンジンを開発したのは、ホンダの創業者でもある本田宗一郎だ。本田と車の関わりは、東京にあった自動車修理工場から始まる。本田は1922年からこの修理工場に6年間勤務し、自動車修理や整備の技術を習得した。その後、故郷の静岡に戻り、自動車修理工場を開き、修理工場を大きくした。しかしながら、さらなる高度な技術の必要性を感じ、1937年、浜松高等工業高校（現静岡大学工学部）の聴講生として、3年間金属工学の研究に努めた。その結果、1947年に自転車につける補助エンジンの開発に成功し、1948年に現在のホンダの前身となる会社を設立した。その後、ホンダはオートバイ、自動車、小型ジェット機、そして二足歩行のロボットアシモまで、数々の製品を製造する大企業になった。

　本田はホンダという大企業の創業者で経営者であるが、経営に関しては後のホンダ副社長藤沢武夫に頼る部分が多く、本田はというと、自分自身は技術者だと考えていたようだ。そして、技術者であることに誇りを持っていたようで、こんなエピソードが残っている。1981年、長年の本田の活躍に対して政府から勲章が贈られることが決まり、本田は天皇からその勲章をもらう式に出席することになった。本田は技術者の正装は白い作業着であるから、燕尾服ではなくその作業着を着ていくと言い、周囲の者を慌てさせた。結局は周りの人々の説得もあり、当日はもちろん燕尾服で式に出席したそうだが、本田の考え方がよく分かるエピソードである。

　本田と藤沢は日本の会社の創業者にしては珍しく会社は個人の持ち物でないという考えを持っており、本田も藤沢も自分の子供をホンダに入社させなかった。そして現在でもこの考え方は守られており、ホンダは実力本位の採用を行っている。また、会社の社長は技術者でなければいけないという藤沢の考え方を尊重し、本田が辞めた後も、社長には技術者が選ばれている。ホンダは色々な意味で日本でも珍しいタイプの会社かもしれない。

## 読む前に ① 単語の練習

a～cの言葉の中から適当な言葉を選んで、（　）に入れて文を完成しましょう。

1) a. 販売する　b. 成功する　c. 製造する
兄はアメリカから輸入した服を（　）会社に勤めている。

2) a. 贈って　b. 頼って　c. 慌てて
授業中に先生に急に質問されて（　）しまった。

3) a. 周囲　b. 結局　c. 企業
この言葉の意味を辞書やネットで調べたが、（　）よく分からなかった。

4) a. 誇り　b. 実力　c. 修理
コンピュータが壊れてしまったので、（　）をしてもらわなければならない。

5) a. 感じて　b. 努めて　c. 辞めて
キューリー夫人（Marie Curie）は物理の研究に（　）、最後はノーベル賞をもらった。

## 読む前に ②

1) あなたの国では、どんな大企業がありますか。また、どんな産業が強いですか。
2) あなたは技術者のタイプだと思いますか。それとも経営者のタイプだと思いますか。どうしてそう思いますか。

## 内容質問 ①

正しければ○を違っていれば×をしましょう。

1) （　）本田は車の修理技術を最初に大学で学んだ。
2) （　）本田が最初に開発したのは自転車の補助エンジンだった。
3) （　）本田は自分のことを経営者とはあまり考えていなかったようだ。
4) （　）本田は自分の子供を自分の会社に入社させなかった。
5) （　）ホンダでは、社長に技術者が選ばれている。

## 内容質問 ②

次の質問に答えましょう。

1) 本田はどのようにして補助エンジンの開発に成功しましたか。
   a. 自動車修理工場で整備の技術を習得して、補助エンジンの開発に成功した。
   b. 自動車修理工場で6年間働いて、補助エンジンの開発に成功した。
   c. 高等工業高校で3年間研究をして、補助エンジンの開発に成功した。
   d. 高度な技術を高等工業高校の聴講生から教えてもらって、補助エンジンの開発に成功した。

2)「こんなエピソード」(14行目) はどんなエピソードですか。
   a. 補助エンジンを開発したエピソード
   b. ホンダの経営に関するエピソード
   c. ホンダの前身となる会社を設立するエピソード
   d. 政府から勲章をもらう時のエピソード

3) 本田はどうして燕尾服でなく白い作業着で勲章をもらう式に参加しようとしましたか。
   a. 燕尾服を持っていなかったから。
   b. 技術者の正装は作業着だと考えていたから。
   c. 燕尾服を着るのが好きじゃなかったから。
   d. 作業着がホンダの制服だったから。

4)「この考え方」(22行目) は、どんな考え方ですか。
   a. 会社は創業者の持ち物ではないという考え方
   b. 技術者として誇りを持たなければいけないという考え方
   c. 社長は技術者でなければいけないという考え方
   d. ホンダを自分の子供のように大切にするという考え方

---

**考えをまとめよう**

1) あなたの国に本田のように技術者として成功した人がいますか。その人はどんな人ですか。どうして成功しましたか。
2) 本田は会社は個人の持ち物ではないという考えから、子供を自分の会社に入社させませんでしたが、あなたの国の創業者はどうですか。それについてどう思いますか。

---

**文法・表現リスト**

| | | | |
|---|---|---|---|
| □ ホンダと言えば | → 111 | □ 経営に関して | → 162 |
| □ もともと | → 216 | □ 本田はというと | → 195 |
| □ しかしながら | → 60 | □ 活躍に対して | → 175 |
| □ さらなる | → 58 | □ 当日は | → 116 |
| □ その結果 | → 72 | □ 創業者にしては | → 166 |
| □ 二足歩行のロボットアシモまで | → 207 | □ 持っており／守られており | → 91 |

# 6 女性経営者の先駆け

**ジャンル**　経営
**難しさ**　★

## 和田カツ　　ヤオハン創業者（1906年～1993年）

**キーワード**　女性経営者／ビジネス／女性の地位／ドラマ

　ヤオハンというスーパーマーケットの名前を聞いたことがありますか。今は他の会社に買収されて、ヤオハンというスーパーマーケットはありませんが、1970年代から90年代にかけて日本はもちろんのことシンガポール、香港、アメリカなどでスーパーマーケットを経営していた日本の会社です。和田カツというのは、夫和田良平とともにこのヤオハンを創業した女性です。

　カツは、明治39年に「八百半」という大きな青果商の長女として生まれました。けれど、カツは実家の商売が嫌いで、会社員と結婚したいという夢を持っていました。その頃は、女性が勉強するものではないと考えられていた時代でしたが、会社員と結婚するためには、学歴が必要だと考えたカツは、両親をなんとか説得し、高等小学校を卒業した後も女学校に進学して勉強を続けました。

　会社員との結婚を希望していたカツですが、結局両親には逆らうことができず20歳の時、店の店員だった良平と無理矢理結婚させられてしまいました。結婚した二人は独立して、「八百半商店」という小さな店を開業しました。店といっても、露店に過ぎない店でしたが、カツは店を持った以上は、店を大きくしてみせるという目標を持ち、自分の衣服さえ買わずにせっせと働きました。けれど、カツは夫が病気になったあげく、子供の死という不幸にも見舞われてしまいます。その上、20年かけて作った店を火災によって失ってしまったりもしました。カツは様々な困難にあったものの、そんな困難にも負けるものかと必死に働き、もちまえのアイデアで店をどんどん大きくしていきました。女性が社会進出するのが難しかった時代に会社の経営に乗り出したカツは日本の女性経営者の先駆者だと言えます。

　かなり以前に放送されたテレビドラマの『おしん』は、日本やアジアで非常に人気がありましたが、この主人公の「おしん」のモデルの一人が和田カツだと言われています。ドラマの『おしん』を見たり、カツの自伝『わが青春』を読んだりすると、カツの考え方や苦労が分かって、あなたが会社を経営する時の参考になるかもしれませんね。

## 読む前に 1 　単語の練習

次の▭の言葉を（　）の中に入れて、文を完成しましょう。

a. 地位（ちい）　b. 逆らって（さか）　c. 商店（しょうてん）　d. 困難にあって（こんなん）　e. 火災（かさい）　f. 参考（さんこう）

1) このあたりには、料理に関係する品物を売る（　）が集まっている。
2) インドは人口が多いので、これから世界での（　）はもっと重要になってくるだろう。
3) 兄はどんな（　）も、絶対諦（あきら）めない。
4) 大きな地震の時は、地震といっしょに津波（つなみ）や（　）が起きるので、注意が必要だ。
5) レポートを書かなければいけないので、（　）になる本を探しに図書館に行った。
6) 妹は両親に（　）、大学に行かずに就職してしまった。

## 読む前に 2

1) あなたの国では、誰が結婚を決めますか。両親が結婚を決めることがありますか。
2) あなたは将来、会社や店を経営したいと思いますか、思いませんか。それは、どうしてですか。

## 内容質問 1 　正しければ○を違っていれば×をしましょう。

1) （　）今、もうヤオハンという会社はない。
2) （　）和田（わだ）カツは一人でヤオハンという会社を作った。
3) （　）和田カツは、家の仕事が好きだった。
4) （　）和田カツの人生には色々な問題があった。
5) （　）和田カツは『おしん』というテレビドラマのモデルの一人だ。

## 内容質問 2 　次の質問に答えましょう。

1) 和田（わだ）カツはどうして、勉強することは大切だと考えていましたか。
   a. 実家の商売をするためには、勉強は大切だと考えていた。
   b. 会社員と結婚するためには、勉強は大切だと考えていた。
   c. 両親のために、勉強することは大切だと考えていた。
   d. その頃は女の人はあまり勉強しなかったが、女の人も勉強することは大切だと考えていた。

2) 和田（わだ）カツが最初に開いた店はどんな店でしたか。
   a. 両親が開いていた店を新しくした「八百半商店（やおはん）」という店だった。
   b. シャツやパンツなどを売る店だった。
   c. 店と言うことができないくらいの小さい店だった。
   d. 両親が開いていた店を小さくした店だった。

3）和田カツが会社を作った頃は何をすることが難しかったですか。
   a. 普通の人が会社を作ることが難しかった。
   b. 女性が社会で働くことが難しかった。
   c. 女性が子供を産んで育てることが難しかった。
   d. 会社を経営することが難しかった。

4）筆者は、どんなことをすると和田カツの考え方や苦労が分かると思っていますか。
   a. 『おしん』というドラマを見ると分かる。
   b. 『おしん』という本を読むと分かる。
   c. 和田カツが書いた本を読むと分かる。
   d. 『おしん』というドラマを見たり、和田カツが書いた本を読むと分かる。

**考えをまとめよう**

1）1925年頃のあなたの国の女性の地位は、どうでしたか。今とどんなことが違いましたか。
2）あなたの国には、和田カツのような女性経営者がいます／いましたか。その人は、どんな人でどんな会社を経営しています／いましたか。

**文法・表現リスト**

- ☐ 1970年代から90年代にかけて → 36
- ☐ 和田カツというのは → 106
- ☐ 和田良平とともに → 133
- ☐ 勉強するものではない → 224
- ☐ なんとか説得し → 153
- ☐ 店といっても → 114
- ☐ 露店に過ぎない → 170
- ☐ 店を持った以上は → 11
- ☐ 夫が病気になったあげく → 2
- ☐ その上 → 71
- ☐ 火災によって → 183
- ☐ 困難にあったものの → 225
- ☐ 負けるものか → 219
- ☐ どんどん大きくして → 138
- ☐ 乗り出した → 79

---

**コラム5 読み方のポイント  抽象的 vs 具体的**

　文章によっては抽象的な考えが書かれている部分と具体的な例などを使って書かれている部分があります。抽象的に書かれている部分は単語も抽象的な言葉が使われていて、理解するのが難しいことがあります。けれど、文を書いている人も抽象的な部分が読んでいる人に理解するのが難しいと考えている時は、たいてい抽象的に書かれている部分の後に、具体的な例を使って説明しています。ですから、読んでいる時に抽象的で分かりにくいなと思った時は「例」「例えば」というような言葉を探して、まず具体的な部分を読んでみましょう。その後に抽象的な部分を読むと分かりやすくなります。

抽象的 = abstract　　具体的 = concrete

# 7 日本のファストフード

**ジャンル** 経営
**難しさ** ★★

## 白石義明　回転寿司発明者（1913年～2001年）

**キーワード** 寿司／発明／食文化／ビジネスチャンス

今、和食は健康的な食べ物だという理由で世界的に人気を集めている。和食の中でも世界に一番広がった料理といったら、間違いなく寿司だろう。寿司は生の魚に塩をかけ、米で漬けて発酵させ、保存食として魚に限って食用にしたのが始まりだとされている。それが、次第に魚だけでなく米も一緒に食べるようになり、現在の握る形の寿司になったのは、19世紀のはじめ頃だった。にぎり寿司は江戸の町のファストフードで、簡単に安く食べられる食べ物として考え出され、はじめは屋台で食べるものだった。寿司の材料として、東京湾でとれた魚や貝を使っていたので、このにぎり寿司は江戸前寿司とも呼ばれるようになった。このにぎり寿司がだんだん日本全国に広がり、現在に至っているのである。

江戸のファストフードに過ぎなかった寿司は、いつの間にか高級料理に変わってしまい、つい30年から40年ぐらい前までは、お正月や誕生日、そして来客があった時などの特別な時にしか食卓に上らないご馳走だった。そんな高級料理だった寿司をもう一度、手軽な大衆料理に変えたのが白石義明である。そして、この白石こそが回転寿司の生みの親なのである。

白石は大阪で立ち食いの寿司店を経営していたが、寿司職人の確保が難しくなり、この問題をどのように解決したらよいか考えていた。そんな折りに、ビール工場の見学に行く機会があり、工場で使用されていたベルトコンベアを見ているうちに、白石は回転寿司のヒントを思い付いたのである。いいアイデアを見つけたとはいうものの、レストランで使うとなると、そのままベルトコンベアを使うわけにもいかず、なかなか思うような機械ができなかった。しかし、色々な工夫を加えた末に、ようやく回転する特殊なベルトコンベアを開発し、とうとう1958年に回転寿司の店「廻る元禄寿司」を完成させた。その後、白石はベルトコンベアの特許を取り、全国に店舗を増やしていった。

1978年に特許が切れると、次々と回転寿司の店が増え、一気に一般的になり、現在では全国で2000店以上あるようだ。日本にとどまらず外国にも広がった回転寿司だが、現在は寿司に限らず、タイなどでは回転しゃぶしゃぶの店が現れるなど他の料理にも応用されている。このように白石の発明はこれからも世界の食文化を変えていくのではあるまいか。

## 読む前に 1　単語の練習　次の□の言葉とその意味を説明している文を結びつけましょう。

| a. 高級（こうきゅう）　b. 工夫（くふう）　c. 職人（しょくにん）　d. 発明（はつめい）　e. 特殊（とくしゅ）　f. 応用する（おうようする） |
|---|

1) (　　) 色々考えて、いい方法やアイデアを見つけ出す。
2) (　　) 持っている知識や技術を他のことに使う。
3) (　　) 今までなかったものを、新しく作り出すこと。
4) (　　) 自分が持っている技術を使って、何か物を作り出す人。
5) (　　) 品物やことがらなどの程度がとても良い、すばらしいこと。
6) (　　) 普通のものと違って、特別な物やこと。

## 読む前に 2

1) あなたは、回転寿司で寿司を食べたことがありますか。いつ、どこで食べましたか。
2) あなたの国のファストフードにはどんな食べ物がありますか。

## 内容質問 1　正しければ○を違っていれば×をしましょう。

1) (　　) 寿司は保存食として考え出された。
2) (　　) 寿司は、はじめは高級な食べ物だった。
3) (　　) 白石は回転寿司を始める前は、寿司店を経営していた。
4) (　　) 回転寿司は特許が切れてから、全国にすぐに広まった。
5) (　　) 回転寿司はまだ世界に広がっていない。

## 内容質問 2　次の質問に答えましょう。

1) 「ベルトコンベア」(17行目)を修飾している言葉はどこから始まりますか。
   a. 「そんな折りに〜」から
   b. 「ビール工場の〜」から
   c. 「見学に行く機会〜」から
   d. 「工場で使用され〜」から

2) 今から30、40年前の寿司について正しい説明はどれですか。
   a. ファストフードだった。
   b. 手軽な大衆料理だった。
   c. 特別な時にしか食べられなかった。
   d. よく食卓に上がる食べ物だった。

3）白石は何をヒントに回転寿司を考え出しましたか。
   a. 立ち食いの寿司を見て、考え出した。
   b. 寿司職人と話している時に、考え出した。
   c. ビールを飲んでいる時に、考え出した。
   d. 工場を見学している時に、考え出した。

4）筆者の考えに一番近い文はどれですか。
   a. 白石が発明した回転寿司はこれからも世界の色々な国に広がっていくだろう。
   b. 白石が発明したベルトコンベアはこれからも世界の食生活を変えていくだろう。
   c. 白石が発明したベルトコンベアはどんどん変化して、もっと便利になっていくだろう。
   d. 白石が発明したベルトコンベアは回転寿司だけでなくしゃぶしゃぶなどにも使われるようになるだろう。

1）あなたの国でご馳走と言える食べ物は何ですか。その食べ物にはどんな歴史がありますか。また、あなたの国の食文化はどのように変わってきましたか。
2）あなたの国には、どんなものを発明した人がいますか。またその人は、どうやってそれを発明しましたか。その人はその発明をビジネスチャンスに結びつけましたか。

### 文法・表現リスト

| | | | |
|---|---|---|---|
| □ 食べ物だという理由で | → 109 | □ いつの間にか | → 14 |
| □ 料理といったら | → 113 | □ そんな折りに | → 28 |
| □ 間違いなく | → 206 | □ 見ているうちに | → 23 |
| □ 魚に限って | → 160 | □ 見つけたとはいうものの | → 225 |
| □ 始まりだとされている | → 128 | □ レストランで使うとなると | → 136 |
| □ 考え出され | → 79 | □ 工夫を加えた末に | → 64 |
| □ 食べるものだった | → 222 | □ ようやく回転する | → 232 |
| □ だんだん | → 86 | □ 日本にとどまらず | → 178 |
| □ 現在に至っている | → 156 | □ 寿司に限らず | → 161 |
| □ ファストフードに過ぎなかった寿司 | → 170 | □ 変えていくのではあるまいか | → 95 |

# 8 情報革命

**ジャンル** 経営
**難しさ** ★★★

## 孫正義　実業家（1957年〜　）

**キーワード** 経営／情報革命／理念／未来予測

　ソフトバンクは日本の企業の名前であるが、銀行というわけではない。ソフトバンクは、携帯電話、金融、インターネット事業などを傘下に置く持ち株会社で、プロ野球チームの福岡ソフトバンクホークスもこの会社のグループに属している。グループ会社は960社を数え、現在でもソフトバンクグループは成長を続けている。ソフトバンクの創業者でもあり現在も社長を務めているのが、天才起業家と呼ばれている孫正義である。

　孫正義は九州で在日韓国人の三世として生まれ、幼少時には韓国籍であることを隠して生活することにコンプレックスを感じていたという。高校1年の夏に英語研修のためにカリフォルニアに行き、その時、アメリカでは人種や国籍など関係なく実力があればアメリカ人にせよ外国人にせよ誰にでも成功するチャンスがあるということを知った。その後、大学生の時に周りの猛反対を押し切り、アメリカに渡り、事業家としての基礎を築き日本に戻った。

　約300年前から始まった産業革命であるが、現在でも私達はより高度な機械を作り続けている。しかしながら、孫は最近の情報革命というのは機械の革命よりもはるかに大きな革命であり、機械の革命が300年間続いていることからして、情報革命は今後300年以上続くだろうと考えている。そして、第一線でこの革命をリードしていくグループを作るのが創業者としての自分の役割だと発言している。ソフトバンクの理念は、「情報革命で人々を幸せに」である。そして、孫はこの理念を実現するためには、まるでタイムマシンで未来の世界に行って見て来たかのように、未来の人々の生活、社会を語れるビジョンを持つべきだと言う。2010年、グループの今後の方向性を決めるにあたって、新30年ビジョンを定めてソフトバンクは世間に公表した。この中で機械が人間の筋肉の代わりを果たしたように、300年後の世界では、人間の脳を越える人工知能（コンピュータ）が開発され、感情を持った脳型コンピュータが一般的になるという予測を立てている。そして、ソフトバンクは超知性を持ったコンピュータが人間を幸せにするために共存する社会の実現を目指すとしている。

　孫が掲げる理想やビジョンが大きすぎるあまり、ほら吹きだと言われることもあるが、ソフトバンクの予測が正しいか正しくないかは300年後の世界の人にしか分からない。

## 読む前に 1 　単語の練習

a～cの言葉の中から適当な言葉を選んで、（　）に入れて文を完成しましょう。

1) a. 経営　b. 金融　c. 企業
（　　）は、お金が余っているところから、お金を必要としている人に貸すという意味がある。

2) a. 属して　b. 数えて　c. 隠して
兄は会社の中では営業部に（　　）いるそうだ。

3) a. 筋肉　b. 感情　c. 知能
昨日は運動をしすぎたせいか、今日は足の（　　）が痛い。

4) a. 人種　b. 世間　c. 国籍
日本では二つの国の（　　）を持つことは許されないが、イギリスやカナダは認めているらしい。

5) a. 公表して　b. 目指して　c. 実現して
妹は小学校の先生を（　　）、今大学で勉強している。

## 読む前に 2

1) あなたの国で最近、急成長している会社がありますか。それはどんな会社で、急成長している理由は何ですか。

2) もしタイムマシンがあったら、あなたは過去、未来のどちらに行ってみたいですか。その理由は何ですか。

## 内容質問 1 　正しければ○を違っていれば×をしましょう。

1) （　　）ソフトバンクは色々な銀行を経営している会社の名前だ。
2) （　　）孫は子供の頃、在日韓国人ということを隠して日本で生活していた。
3) （　　）孫は大学生の時にアメリカに行って、実力があれば、誰でも成功するチャンスがあるということを知った。
4) （　　）孫は産業革命は、これから300年続くと考えている。
5) （　　）孫が考えるビジョンはとても大きいので、孫のことを嘘つきだと思う人がいる。

## 内容質問 2 　次の質問に答えましょう。

1)「チャンス」（10行目）を修飾している言葉はどこから始まりますか。
　　a.「関係なく～」から
　　b.「アメリカ人～」から
　　c.「誰にでも～」から
　　d.「成功する」から

2）孫はどうして情報革命が今後300年続くと考えていますか。
   a. 情報革命は大きな革命だから。
   b. 産業革命が300年前に始まったから。
   c. 機械の革命が300年既に続いているから。
   d. ソフトバンクが情報革命を300年リードするから。

3）孫は「情報革命で人々を幸せに」という理念を実現するためには何が必要だと考えていますか。
   a. タイムマシンを作って、未来の人々の生活を見る必要がある。
   b. タイムマシンのある未来の世界の生活を想像する必要がある。
   c. 未来の人々の生活について色々な人達と話し合う必要がある。
   d. 未来の生活をタイムマシンに乗って見て来たかと思えるように話せる必要がある。

4）ソフトバンクの新30年ビジョンの中に含まれていないのはどれですか。
   a. 機械が人間の筋肉の代わりをする。
   b. 人工知能が作られる。
   c. 感情を持つコンピュータが作られる。
   d. コンピュータと人間が共存する社会ができる。

1）あなたの国で、孫正義と同じように成功した実業家がいますか。それは誰ですか。その人はどうして成功しましたか。
2）孫はこれからも情報革命が続くと考えていますが、あなたは50年後の世界はどのように変わっていると思いますか。

### 文法・表現リスト

| □ 感じていたという | → 103 | □ 持つべきだと言う | → 201 |
| □ アメリカ人にせよ外国人にせよ | → 172 | □ 今後の方向性を決めるにあたって | → 155 |
| □ より高度な | → 233 | □ 筋肉の代わりを | → 41 |
| □ しかしながら | → 60 | □ 人間の筋肉の代わりを果たした | → 249 |
| □ 情報革命というのは | → 106 | □ ビジョンが大きすぎるあまり | → 6 |
| □ 続いていることからして | → 37 | □ 正しいか正しくないか | → 29 |
| □ まるでタイムマシンで未来の世界に行って見て来たかのように | → 209 | | |

# 9 成功する秘訣

| ジャンル | 経営 |
|---|---|
| 難しさ | ★★ |

## 秋元康　放送作家／作詞家／プロデューサー（1958年〜　）

**キーワード**　アイドル／起業／信念／運

　　AKB48は日本の女性アイドルグループだが、AKB48のプロデューサー、つまり生みの親にあたるのが秋元康だ。彼は放送作家、作詞家、プロデューサーなど様々な分野で活躍するマルチな能力の持ち主で、誰もが認める成功者といっても過言ではない。秋元は雑誌やインターネット記事のインタビューで、たびたび成功の秘訣について聞かれており、自身の経験を踏まえて彼の考えを述べている。秋元が考える成功する秘訣、秘密とは一体どんなものなのだろうか。

　秋元は野いちごを例えにしてよくこんな話をする。「みんなが行く野原に野いちごはないんです。もうみんなとってしまっていますから。だからみんなが行かない危ない場所にこそ野いちごはたくさんあるんです」。またこんなことも話している。「ひまわりブームの時に、自分もそのブームに乗ろうとして、慌ててひまわりの種をまく人がいます。けれど、そう考える人は多いので、一年後には、周りはひまわりだらけになって、その価値は暴落してしまいます。だから、ひまわりブームの時こそ、周りに惑わされずに、たんぽぽの種を植える勇気が必要なんです。成功する起業家は必ずその勇気を持っています」。秋元が言いたいのは、つまり、人と違うことをすること、そして周りが何をしているかではなく自分自身の行動に自信を持つことが、成功するためには大切だということではないだろうか。

　更に秋元はこうも話している。「運というのは、平等です。誰にも幸運、不運が巡ってきます。大切なことはそれに振り回されないことです。運の向きによって、軌道修正するのではなく、一度目標を決めたら迷わずに進むこと。そして、結果が出るまで辛抱強く待たなければいけません。たとえそれが失敗したとしても、その努力は次の種になります」。この発言からは、秋元が信念を持つこと、そして諦めずに待つことを大切だと考えていることが分かると思う。

　秋元以外にも世界にはビル・ゲイツのようにたくさんの成功した人物がいるが、彼らに共通する点は一体何なのだろうか。もし共通する点が分かったとしたら、それが成功の近道になるに相違ない。

## 読む前に 1  単語の練習
次の□の言葉とその意味を説明している文を結びつけましょう。

a. 分野　b. 述べて　c. 種　d. 価値　e. 平等　f. 諦めて

1) この果物は（　）があるので、気をつけて食べてください。
2) 読みたい本を買いに行ったが、本屋になかったので（　）家に帰った。
3) 外国に留学することは非常に（　）がある経験だと言われている。
4) 日本では男性と女性の地位はまだまだ（　）だとは言えないかもしれない。
5) 作家になるためには書き続けることが一番大切だと、ある本の中で有名な作家が（　）いた。
6) 技術の（　）では、日本は世界のどんな国よりも進んでいると思う。

## 読む前に 2

1) あなたの周りにマルチタレントを持っている人がいますか。その人はどんな人で、どんな才能を持っていますか。
2) あなたは運を信じますか、信じませんか。それはどうしてですか。

## 内容質問 1
正しければ○を違っていれば×をしましょう。

1) （　）AKB48という女性アイドルグループを作ったのは秋元だ。
2) （　）秋元は自分が書いた本の中で成功する方法について書いている。
3) （　）秋元はあるブームが始まったら、すぐにそのブームに参入することが成功につながると考えている。
4) （　）秋元は、誰にでも運と不運がやってくると思っている。
5) （　）秋元は失敗しないようにすることが大切だと思っている。

## 内容質問 2
次の質問に答えましょう。

1) 秋元が野いちごの話で言いたいことはどんなことですか。
   a. 危ないことをすると本当に欲しいものが手に入る。
   b. みんなと同じことをしていても、危ないことをすれば欲しいものが手に入る。
   c. みんなと同じことをしていても、一生懸命すれば欲しい物は手に入る。
   d. みんなと同じことをするのではなくて、少し危なくても違うことをしないと欲しい物は手に入らない。

2）秋元がひまわりの話で言いたいことはどんなことですか。
   a. 周りのみんなの意見と自分の意見が違っても自分の意見を変える必要はない。
   b. 周りのみんなの意見と自分の意見が違った時は、周りの人の意見を大切にするべきだ。
   c. 周りのみんなの意見と自分の意見をいつも比べて、違う時は自信を持っていても自分の考えを変えるべきだ。
   d. 周りのみんなの意見と自分の意見が違ったら、勇気を持って自分の意見を説明するべきだ。

3）「そう考える」（11行目）の「そう」は何を指していますか。
   a. 危ないところに野いちごがたくさんある。
   b. ひまわりブームが来るだろう。
   c. ブームに乗るためにひまわりの種をまいた方がいい。
   d. 慌てて野いちごを取りに行こう。

4）「運」について秋元の考え方に一番近いものはどれですか。
   a. 運がいい人と悪い人がいるので、運が悪い人は諦めることが大切だ。
   b. 運というのは、平等なので、いいことも悪いことも必ずやってくる。
   c. 運は人間を振り回してしまうものなので、大切にした方がいい。
   d. 幸運と不運というのは、本当にはないものなので、信じない方がいい。

**考えをまとめよう**

1）あなたの国に、秋元のように色々な分野で同時に成功している人物がいますか。その人はどんな人物ですか。どうして、その人は成功したと思いますか。
2）あなたは、成功するためには何が必要だと思いますか。

**文法・表現リスト**

☐ 誰もが認める成功者といっても過言でない → 115
☐ 秘訣について聞かれており → 91
☐ 自身の経験を踏まえて → 250
☐ 一体どんなものなのだろうか／一体何なのだろうか → 13
☐ ひまわりだらけ → 85
☐ 大切だということではないだろうか → 97
☐ 秋元はこうも話している → 48
☐ 運というものは、平等です → 107
☐ 運の向きによって → 184
☐ たとえそれが失敗したとしても → 83
☐ 軌道修正するのではなく → 188
☐ もし共通する点が分かったとしたら → 214
☐ 近道になるに相違ない → 173

# 10 怪談の名人

**ジャンル** 芸術
**難しさ** ★★★

## 三遊亭圓朝　落語家（1839年〜1900年）

**キーワード** 落語／伝統芸能／ユーモア／娯楽

　　普通の人であれば落語と聞くと楽しい話、愉快な話と思うだろう。しかし、落語には滑稽噺いわゆる面白い話だけでなく、人情噺（人の気持ちや他人への思いやりについての物語）とか怪談噺（怖い物語）といった噺とかもあることを皆さんはご存じだろうか。

　　落語の始まりは江戸時代のはじめ頃とされていて、街角や小さな部屋で人々を集めて、面白おかしい噺を聞かせたところから始まった。落語を話す人も、はじめは落語を話すことを仕事としていたわけではなく、お坊さんや武士などが本業であった。噺の最後に落ち（さげとも言われて、噺の面白い結末など）がくるところから、「落とし噺」それが短くなって、落語となった。江戸の中頃をすぎると寄席と呼ばれる落語を観客に見せる場所が作られ、職業落語家が現れるようになる。現在の落語は高座と呼ばれる舞台に座って一人で、扇子と手拭いだけを使って噺をする形式が多いが、この頃の落語は鳴り物（太鼓や三味線）を鳴らしたり人形を使ったりした落語が人気を集めていたようだ。また、面白い噺だけだった落語に人情噺や怪談噺が取り入れられるようになり、一般大衆の娯楽として広がった。

　　怪談噺の名人と呼ばれた人が、江戸時代末期から明治時代にかけて活躍した初代三遊亭圓朝である。圓朝の父親も落語家であり、父親の影響もあって7歳の時には寄席の高座で落語を披露したという。圓朝は次第にその実力を現すようになるが、ある時、師匠の圓生に圓朝が演じようとしていた演目を先に演じられてしまい、演じる演目がなくなってしまうという出来事が起きた。なぜ圓生が圓朝の演目を演じたかは定かでないが、圓朝はこれをきっかけに、自作の落語、つまり新作落語を創作するようになる。

　　圓朝が創作した落語には『牡丹灯籠』などの怪談噺や『文七元結』などの人情噺があるが、それに加え圓朝は外国のものを翻案して落語を作ったりもした。有名な作品の中に『死神』という作品があるが、これはグリム童話の『死神の名付け親』または歌劇『クリスピーノと死神』をもとにしていると考えられている。

　　このように圓朝は、落語の世界においては別格と言われるくらいの落語家であった。しかし、落語の世界では弟子が名前を代々継いでいくのが普通のはずなのに、圓朝の名前は残念ながら継がれていない。今後、圓朝という名前を復活する落語家が出てくるのだろうか。

## 読む前に 1 　単語の練習　次の□の言葉を（　）の中に入れて、文を完成しましょう。

| a. 観客　b. 影響　c. 弟子　d. 次第に　e. 愉快な　f. 娯楽 |

1) 日本に来た時は日本語が全然分からなかったが、（　）分かるようになってきた。
2) 1950年代の（　）と言えば、映画ではないだろうか。
3) このアニメはとても（　）動物がたくさん出てくるので、子供に人気があります。
4) あの人は有名なお坊さんで（　）がたくさんいるそうだ。
5) 台風の（　）で、乗る予定だった新幹線が遅れている。
6) このコンサートホールは、約2000人の（　）が座れるようになっている。

## 読む前に 2

1) あなたの国に伝統芸能や古くから伝わる娯楽がありますか。それはどんな伝統芸能／娯楽ですか。その伝統芸能／娯楽はどのように伝えられていますか。
2) あなたの国には、どんな怖い話（怪談）がありますか。

## 内容質問 1 　正しければ○を違っていれば×をしましょう。

1) （　）落語は面白い噺しかない。
2) （　）落語を見せる場所を寄席という。
3) （　）現在の落語のスタイルでは扇子と手拭いだけを使う。
4) （　）圓朝は『死神』という落語を日本の古い物語から作った。
5) （　）今、圓朝という名前の落語家がいる。

## 内容質問 2 　次の質問に答えましょう。

1) 落語はどうして落語と呼ばれるようになりましたか。
   a. 街角や小さい部屋に人々を集めて話を聞かせたところから。
   b. 面白おかしい話を聞かせたところから。
   c. 話の最後に落ちという面白い結末があるところから。
   d. お坊さんや武士が話をしていたところから。

2) 江戸の中頃の落語にあって、現在の落語にないことはどれですか。
   a. 扇子と手拭いを使う。
   b. 太鼓や人形を使ったりする。
   c. 高座に座って一人で話をする。
   d. 人情噺や怪談噺がある。

3）圓朝はどうして落語を創作するようになりましたか。
　a. 自分が演じるつもりの落語を先に話されてしまったから自分だけの落語を作りたかった。
　b. 伝統的な日本の落語だけでなく、外国の面白い話を落語に取り入れたいと思ったから。
　c. 父も落語家で、落語を創作していたので、自分でも面白い落語を作ってみたかった。
　d. 全ての落語を覚えてしまい、新しく演じる落語がなくなってしまったから。

4）筆者は現在、圓朝という名前がないことについてどう思っていますか。
　a. 必ず復活すると思っている。
　b. 復活するかどうか分からないと思っている。
　c. 復活してほしいと思っている。
　d. 復活しなければいけないと考えている。

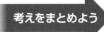

1）あなたの国では若い人達は伝統芸能についてどう思っていますか。あなたの国の政府は伝統芸能を守るためにどんなことをしていますか。

2）あなたの国の人はユーモアがあると思いますか。人々を笑わせるための娯楽がありますか。それはどんな娯楽ですか。

### 文法・表現リスト

- □ 人情噺とか怪談噺といった噺とか　　→ 120
- □ 怪談噺（怖い物語）といった噺　　　→ 112
- □ 江戸時代のはじめ頃とされて　　　　→ 128
- □ 聞かせたところから／
　　噺の最後に落ちがくるところから、「落とし噺」
　　　　　　　　　　　　　　　　　　→ 125
- □ 仕事としていたわけではなく　　　　→ 237
- □ 取り入れられるように　　　　　　　→ 20
- □ 江戸時代末期から明治時代にかけて　→ 36
- □ 披露したという　　　　　　　　　　→ 103
- □ ある時、師匠の圓生に圓朝が　　　　→ 7
- □ 演じようとしていた　　　　　　　　→ 229
- □ これをきっかけに　　　　　　　　　→ 242
- □ それに加え　　　　　　　　　　　　→ 163
- □『死神の名付け親』または歌劇『クリスピーノと死神』
　　　　　　　　　　　　　　　　　　→ 205
- □ 世界においては　　　　　　　　　　→ 158
- □ 別格と言われるくらいの　　　　　　→ 46
- □ 残念ながら　　　　　　　　　　　　→ 147

# 11 わびの精神

**ジャンル**　芸術
**難しさ**　★★★

## 千利休（せんのりきゅう）　茶人／商人（1522年〜1591年）

**キーワード**　茶道／伝統文化／わびの精神／文化の継承（けいしょう）

1　日本の伝統文化というと、まず茶道を思い浮かべる人が多いのではないでしょうか。茶道というものは言うまでもなく、作法（したが）に従ってお湯を沸かしてお茶を入れて飲むことを指（さ）します。茶の原産地（げんさんち）は中国で、中国では相当古くからお茶を飲む習慣があったようです。日本でお茶を飲む習慣が本格的に始まったのは、禅僧（ぜんそう）の栄西（えいさい）が1191年に留
5　学先だった中国からお茶の種と苗木（なえぎ）を日本に持ち帰ってからだと言われています。

　お茶ははじめ大変貴重（きちょう）で薬用（やくよう）として使われていたようですが、お茶の栽培（さいばい）が広がると、お茶を飲んで楽しむという習慣が徐々（じょじょ）に武士の間でも流行するようになりました。そして、16世紀後半までに現在まで伝わるお茶の作法が整（ととの）えられました。今、私達がよく目にする茶道は「わび茶」とも言います。15世紀の後半まで、茶会では中国から
10　伝わった高価（こうか）な道具が使用されていましたが、茶人の村田珠光（むらたじゅこう）が質素（しっそ）な道具を茶道に取り入れて以来、それが次第に茶道の主流（しゅりゅう）となり千利休（せんのりきゅう）という茶人が「わび茶」を完成させました。

　「わび茶」の精神は、不必要なものを全て捨て、シンプルさを大切にすることです。利休（りきゅう）は高価な道具は使わずに、「わび茶」にあうような素朴（そぼく）な道具を好んで使用したのみならず、自らデザインして製作したりもしました。そして、茶室の大きさも畳（たたみ）二枚
15　分の大きさにした上に、無駄な要素をできる限り排除（はいじょ）しようとしました。そして、お茶をたてる人と飲む人の心の交流を大切にしようとしたのです。

　利休はその時の権力者であった豊臣秀吉（とよとみひでよし）によって切腹（せっぷく）を命じられて69歳で命を落とします。利休が切腹を命じられた理由はよく分かっていません。しかし、秀吉（ひでよし）は権
20　力者だけあって派手（はで）なことが好きで、豪華（ごうか）な黄金（おうごん）の茶室を作ったりして利休（りきゅう）のわびの精神と対立したことが原因ではないかとも言われています。けれども、その真相（しんそう）は今日でも分かっていません。利休の死の原因はさておき、彼の死後、利休のわびの精神は弟子や子供達に受け継（つ）がれ、その後は彼らが家元（いえもと）になり、この世襲（せしゅう）の家柄（いえがら）を通して、その精神は代々伝えられて、今も日本の文化の大切な精神の一つとして残っています。

## 千利休 11

**読む前に 1　単語の練習**　a～cの言葉の中から適当な言葉を選んで、（　）に入れて文を完成しましょう。

1) a. 広がる　b. 伝わる　c. 命じる
   明日は雲が（　）ので、気温もあまり高くならないそうだ。

2) a. 貴重な　b. 高価な　c. 無駄な
   お忙しいところ（　）お時間を取ってくださり、ありがとうございます。

3) a. 流行して　b. 完成して　c. 製作して
   ホンダは車だけでなく飛行機やロボットを（　）いる。

4) a. 全て　b. 相当　c. 自ら
   晩御飯を食べる時間もないということは、（　）忙しいのでしょう。

5) a. 豪華な　b. 派手な　c. 不必要な
   パーティに行ったら、ステーキや寿司など（　）食べ物が並んでいた。

**読む前に 2**

1) あなたの国（文化）では、お茶を飲む習慣がありますか。その時、何か特別な決まりがありますか。

2) あなたは地味なものと派手なものとどちらの方が好きですか。それは、どうしてですか。

**内容質問 1**　正しければ○を違っていれば×をしましょう。

1) （　）はじめ日本ではお茶は薬として飲まれていた。
2) （　）今の茶道のスタイルは12世紀には完成していた。
3) （　）茶道が始まったころは、高いお茶の道具を使っていた。
4) （　）「わび茶」は、必要でないものを捨てたシンプルなスタイルが良いとされている。
5) （　）利休と秀吉は茶道について同じ考え方を持っていた。

**内容質問 2**　次の質問に答えましょう。

1) 日本でお茶を飲む習慣が始まったのはいつ頃ですか。
   a. 中国と同じぐらい相当古くから飲む習慣があった。
   b. 12世紀より後にお茶を飲む習慣が始まった。
   c. 15世紀後半にお茶を飲む習慣が始まった。
   d. 16世紀後半にお茶を飲む習慣が始まった。

2) 「それが」（11行目）の「それ」は何を指しますか。
   a. 中国から伝わった道具
   b. 高価な道具
   c. 村田珠光の持っていた道具
   d. 質素な道具

41

3）「わびの精神」はどんな精神ですか。
    a. 必要のないものをなくして、シンプルなことを大切にする精神
    b. 自分で道具をデザインしたりして、他の人と違うことをする精神
    c. 高価な道具を使わないで、お金を大切にする精神
    d. お茶をたてる人と飲む人の心の交流を大切にする精神

4）「その真相」(21行目)の「その」は何を指しますか。
    a. 秀吉が黄金の茶室を作った
    b. 秀吉が派手だった
    c. 秀吉が利休に切腹を命じた
    d. 利休とわびの精神が対立した

---

**考えをまとめよう**

1）あなたの国の伝統文化で世界に紹介したいものがありますか。それは、何ですか。どうして、その伝統文化を紹介したいですか。

2）あなたの国の伝統的な精神を表わすものがありますか。それは、何ですか。どんな精神ですか。

---

**文法・表現リスト**

| | | | |
|---|---|---|---|
| □ 伝統文化というと | → 105 | □ 好んで使用したのみならず | → 190 |
| □ 多いのではないでしょうか | → 97 | □ 大きさにした上に | → 22 |
| □ 茶道というものは | → 107 | □ 無駄な要素をできる限り | → 30 |
| □ 言うまでもなく | → 8 | □ 排除しようとしました／大切にしようとしたのです | |
| □ 作法に従って | → 165 | | → 229 |
| □ 目にする | → 210 | □ 権力者だけあって | → 77 |
| □ 道具を茶道に取り入れて | → 20 | □ 原因はさておき | → 194 |
| □ 質素な道具を取り入れて以来 | → 19 | □ 家柄を通して | → 245 |

---

### コラム5 読み方のポイント 類推しながら読む

　文章を読む時には、これから読む部分を類推しながら読むことも大切です。そのためには、タイトルや人物の職業、そしてキーワードなどを使ってどんな内容が書かれているか想像してみましょう。例えば、タイトルやキーワードに「女性経営者」という言葉があれば、その文章の中にはきっと会社と関係があることが書かれているでしょう。また、自分が持っている知識を使うことも大切です。タイトルやキーワードに「日本映画」という言葉があれば、日本映画について知っていることを、読み物を読む前に思い出してみましょう。類推することは大切ですが、類推しすぎてしまうと読み間違えをしてしまうことがあるので、気をつけるようにしましょう。

類推する = to guess; to analogize

# 12 妥協しない

**ジャンル** 芸術
**難しさ** ★★★

## 黒澤明（くろさわあきら）　映画監督（1910年～1998年）

**キーワード**　日本映画／完璧主義（かんぺきしゅぎ）／時代劇

　日本の映画監督は世界の映画監督に影響を与えている。例えば、『ラストエンペラー』の監督ベルナルド・ベルトリッチは溝口健二から、『キル・ビル』の監督クエンティン・タランティーノは深作欣二から影響を受けたと言っている。ベルトリッチ、タランティーノの両監督が影響を受けた溝口にしても深作にしてももちろん素晴らしい監督であることは確かだが、それ以上に世界的に有名な日本の監督と言えば黒澤明だと言ってもさしつかえないだろう。

　黒澤は20代のはじめ画家をめざしたが、助監督募集の広告を見て映画会社に入社する。黒澤は30本の作品を撮っているが、海外で初めて評価を得た作品は『羅生門』だ。黒澤はこの作品で、ベネチア国際映画祭金獅子賞を受賞して、彼の名前は一気に世界に広がった。

　黒澤は完璧主義だったようで、彼が撮る映画は映画会社の意向もかまわず多額の費用と日数がかかった。傑作と言われている『七人の侍』では、黒澤はハリウッドの西部劇に劣らない時代劇を作るために徹底的にリアリズムを追求し、妥協を許さなかったという。例えば、映画のロケーションの場所を探す際には、3か月の時間をかけた。そして、映画の中に出てくる100人近いエキストラの農民を本当の村人に見せるため、映画のストーリーと無関係であるのに、全てのエキストラを家族に分け、それぞれの名前と年齢、セットの中での家まで決めたばかりか、常に家族で行動するように求めた。また完璧主義者だけに、侍のテーマ音楽を作る際には黒澤の意見に沿って彼が気に入るまでなんと20回も作り替えられたそうだ。黒澤やスタッフ、出演者の努力もあって、『七人の侍』は公開されると大ヒットとなった。

　スティーブン・スピルバーグは、映画の撮影や製作に行き詰まった時に観る映画の一つとして『七人の侍』をあげているのはよく知られている話だ。また、ジョージ・ルーカスの『スター・ウォーズ』は黒澤の映画の影響を強く受けており、「ジェダイ」は時代劇の「時代」から、ジェダイのライトセーバーは日本の刀の持ち方をまねて両手で持つようになっている。そして、ダースベーダーは、もともと『七人の侍』にも出演した三船敏郎にオファーされたそうだが、そんな子供っぽい映画には出られないと三船が断ったため実現には至らなかったそうだ。このように黒澤の映画に対する姿勢、そして作品は世界の多くの監督らに影響を与えたが、今後も多くの監督に影響を与え続けていくに違いない。

### 読む前に 1　単語の練習　次の□の言葉を（　）の中に入れて文を完成しましょう。

| a. 主義（しゅぎ）　b. 費用（ひよう）　c. 撮影（さつえい）　d. 広告（こうこく）　e. 傑作（けっさく）　f. 監督（かんとく） |

1）モナ・リザ（Mona Lisa）は、絵の最高（　）と言われている。
2）スピルバーグ（Spielberg）はETやジュラッシック・パークを作った映画（　）だ。
3）アルバイトをして、留学するための（　）を貯めた。
4）このお寺には古い建物が残っているので、よく映画の（　）に使われる。
5）ルームメイトは肉を食べない（　）なので、野菜しか食べない。
6）新聞（　）を見て本を買う人が多いらしい。

### 読む前に 2

1）あなたの国で有名な映画監督（かんとく）は誰ですか。どんな映画を作りましたか。
2）あなたは黒澤明（くろさわあきら）の映画を見たことがありますか。どんな映画を見ましたか。

### 内容質問 1　正しければ○を違っていれば×をしましょう。

1）（　）タランティーノ監督（かんとく）は黒澤（くろさわ）から強い影響を受けている。
2）（　）黒澤は『羅生門（らしょうもん）』という映画で世界的に有名になった。
3）（　）黒澤が気に入らなかったので、『七人の侍（さむらい）』の音楽は何度も作り直さなければいけなかった。
4）（　）スピルバーグは困った時に、黒澤の映画を観るそうだ。
5）（　）ライトセーバーは、日本の刀（かたな）をイメージしている。

### 内容質問 2　次の質問に答えましょう。

1）「それ以上」の「それ」（5行目）は何を指（さ）していますか。
　　a.　『ラストエンペラー』や『キル・ビル』
　　b.　溝口健二（みぞぐちけんじ）や深作欣二（ふかさくきんじ）
　　c.　ベルトリッチやタランティーノ
　　d.　黒澤 明（くろさわあきら）

2）黒澤（くろさわ）はエキストラの人達を本当の村人に見せるために、どんなことをしましたか。
　　a.　エキストラに映画のストーリーを読ませた。
　　b.　エキストラの名前や年齢を決めて、家族に分け、家族で動くよう指示した。
　　c.　ロケーションの場所の近くに住んでいる人達をエキストラにした。
　　d.　本当の家族をエキストラとして雇（やと）って、家族で動くようにお願いした。

3）三船はどうして『スター・ウォーズ』に出演しませんでしたか。
   a. 『スター・ウォーズ』という映画が子供のための映画のようだったから。
   b. ジョージ・ルーカスの映画の作り方が好きでなかったから。
   c. 『七人の侍』に出演していて忙しかったから。
   d. 三船は出演したかったが、ジョージ・ルーカスがオファーを断ったから。

4）「黒澤の映画に対する姿勢」（26行目）を一番よく表しているのは次のどれですか。
   a. 映画会社の意向もかまわない
   b. 多額の費用と日数をかける
   c. 完璧主義で妥協を許さない
   d. 何度も作り替える

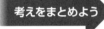

1）あなたの周りに完璧主義者がいますか。あなたは、完璧主義者についてどう思いますか。
2）あなたの国に、外国人に大きな影響を与えた人物がいますか。その人は、どんな人ですか。どんな影響を与えましたか。

### 文法・表現リスト

| | |
|---|---|
| □ 映画監督に影響を与えている／深作欣二から影響を受けた／黒澤の映画の影響を強く受けており／監督らに影響を与えた → 157 | □ それぞれの名前と年齢 → 74 |
| | □ 決めたばかりか → 193 |
| □ 溝口にしても深作にしても → 168 | □ 完璧主義者だけに → 78 |
| □ 有名な日本の監督と言えば → 111 | □ 黒澤の意見に沿って → 174 |
| □ 黒澤明と言ってもさしつかえない → 101 | □ なんと20回も → 151 |
| □ 評価を得た → 240 | □ 映画の影響を強く受けており → 91 |
| □ 映画会社の意向もかまわず → 213 | □ もともと → 216 |
| □ 許さなかったという → 103 | □ 子供っぽい映画 → 89 |
| □ ロケーションの場所を捜す際には／音楽を作る際には → 57 | □ 実現には至らなかった → 156 |
| | □ 映画に対する姿勢 → 175 |

# 13 水玉の女王

| ジャンル | 芸術 |
|---|---|
| 難しさ | ★★★ |

## 草間彌生　前衛芸術家（1929年〜）

**キーワード** ブランド品／前衛芸術／ビジネスと芸術（コラボレーション）

　　日本人はブランド品が大好きで、特に欧米のブランド品には目がない。海外旅行に出かけると老若男女を問わず、ブランド品を購入して戻ってくる。数あるブランド品の中で、日本の女性の憧れの対象となっているのは、何と言ってもルイ・ヴィトンではなかろうか。ルイ・ヴィトンと聞いて、誰もがすぐに思い浮かべるのは、LとVが重なった文字に花をシンプルにデザインしたモノグラムという模様に違いない。ところが、先日ルイ・ヴィトンの店の前を通った時、ショーウィンドーから私の目に入ってきたのは、モノグラムではなく、真っ赤な水玉が無数にプリントされた模様だった。気になったので、家に戻り次第インターネットで検索してみると、この模様はルイ・ヴィトンが草間彌生というアーティストとコラボレーションして作ったものであることが分かった。

　　草間彌生は、水玉をモチーフにした作品で有名な前衛芸術家だ。草間は子供の頃から統合失調症に悩まされ、その幻聴や幻覚から逃れるために絵を描き始めたという。京都の美術学校で日本画を学んだが、伝統を重視する日本画になじめず、1952年にニューヨークに渡り、絵画や彫刻の他に立体を使った作品などの制作も始める。次第に評価を得るが、1973年に体調を崩して日本に戻る。

　　幻聴や幻覚から発想を得て、原色を使って描かれた作品は見る者を圧倒する力があり、ロンドンのテート・モダン及びニューヨークのホイットニー美術館などで個展を開き、世界の100以上の美術館が彼女の作品を所蔵しているという。このように世界から高い評価を受けている一方、ルイ・ヴィトンとのコラボレーションや携帯電話のデザインなどを手がけている草間を芸術家というよりはビジネスに偏りすぎていると批判する人達も少なからずいる。

　　現在、草間は自宅ではなく病院に入り、そこで治療を受けつつ、スタジオに通い作品の制作を続けている。草間は絵を描くことは病気と戦うことでもあると発言しており、高齢にも関わらず命が続く限り絵を描き続けるつもりである。賛否両論がある彼女への評価であるが、草間彌生が芸術家として50年後の世界でどのような評価を受けているか見てみたいものである。

## 読む前に 1 　単語の練習

次の▭の言葉を（　）の中に入れて文を完成しましょう。

a. 崩して（くず）　b. 重視して（じゅうし）　c. 偏って（かたよ）　d. 批判して（ひはん）　e. 模様（もよう）　f. 憧れ（あこが）

1) 食事はバランスよく食べることが必要なので、肉ばかりに（　）しまうのはよくない。
2) 子供の時から歌手に（　）を持っていたが、歌が下手なので歌手にはなれなかった。
3) この大学では外国語の能力を（　）いるので、学生はみな留学することになっている。
4) 妹は花が大好きなので、花の（　）の服を何枚も持っている。
5) 祖父は先月から体調を（　）、病院に入院しています。
6) 今回の事故の政府の対応について対応が遅かったと、多くの人が（　）いる。

## 読む前に 2

1) あなたの国で有名な芸術家がいます／いましたか。その人はどんな芸術作品を作ります／作りましたか。
2) あなたの国には世界的に知られているブランドがありますか。あなたの国の人はブランド品が好きですか。それは、どうしてですか。

## 内容質問 1 　正しければ○を違っていれば×をしましょう。

1) （　）筆者はルイ・ヴィトンのショーウィンドーで、赤い水玉の模様を見た。
2) （　）草間は子供の頃から絵が好きだったので、絵を描き始めた。
3) （　）草間はニューヨークに行ってから、絵の勉強を始めた。
4) （　）世界各地の美術館が草間の絵を所蔵している。
5) （　）草間は病院に入院しているが、スタジオに行って絵を描いている。

## 内容質問 2 　次の質問に答えましょう。

1) 「モノグラム」(5行目)を修飾している言葉はどこから始まりますか。
   a. 「誰もが〜」から
   b. 「思い浮かべる〜」から
   c. 「LとVが〜」から
   d. 「シンプルに〜」から

2) 「家に戻り次第」(8行目)の意味に一番近い文はどれですか。
   a. 家に帰ってしばらくしてから
   b. 家に帰ってすぐに
   c. 家に帰る前に
   d. 家に帰ってだいぶ時間がたってから

3）草間がニューヨークから日本に帰国した理由は何ですか。
 a. ニューヨークにいて統合失調症になったため。
 b. ニューヨークの生活になじめなかったから。
 c. ニューヨークで病気になってしまったから。
 d. 日本で絵画や彫刻の制作をするため。

4）草間は世界から評価されていますが、一方で、社会からどのような批判を受けていますか。
 a. 芸術よりもビジネスに力を入れている。
 b. コラボレーションしたデザインがあまりよくない。
 c. 美術館が草間の絵を持ちすぎている。
 d. 草間の絵は前衛過ぎてよく分からない。

**考えをまとめよう**

1）あなたは前衛芸術について、どんなことを知っていますか。また、前衛芸術についてどう思いますか。
2）あなたは芸術と商業がコラボレーションすることについてどう思いますか。なぜ、そう思いますか。

**文法・表現リスト**

- □ 目がない／目に入って → 210
- □ 老若男女を問わず → 246
- □ 数あるブランド品の中で → 32
- □ 何と言っても → 152
- □ ルイ・ヴィトンではなかろうか → 98
- □ 家に戻り次第ネットで検索してみると → 62
- □ 絵を描き始めたという／作品を所蔵しているという → 103
- □ 評価を得る／発想を得て → 240
- □ ロンドンのテート・モダン及びニューヨークのホイットニー → 27
- □ 高い評価を受けている一方 → 16
- □ 芸術家というよりは → 108
- □ 批判する人達も少なからずいる → 66
- □ そこで治療を受けつつ → 87
- □ 発言しており → 91
- □ 高齢にも関わらず → 181
- □ 命が続く限り → 30
- □ 見てみたいものである → 223

## コラム6 読み方のポイント  段落

*はじめの接続詞に注意*

　文章はいくつかの段落からできているのが普通です。ですから、文章の大意をつかむときは、まず段落ごとにどのような内容が書かれているかを考えると、文章全体が理解しやすくなります。「序論・本論・結論」「起承転結」などの文章の構成を考えながら、段落ごとの大きな意味を理解するようにしましょう。また、段落と段落の関係を表す言葉が、段落の最初に使われることがよくあります。ですから、段落の最初にどんな言葉が使われているか注意しましょう。例えば、段落のはじめに「しかし」と書いてあれば、この段落と前の段落では何か対立することが書かれていますし、「また」と書いてあれば、前の段落に続いてさらに何かを説明していることが分かります。ですから、段落の最初にある「しかし」「また」などの接続詞に注意してみましょう。

段落＝ paragraph　　構成＝ organization　　対立する＝ to oppose; to conflict　　接続詞＝ conjunction

# 14 タングルウッドの奇跡

ジャンル：芸術
難しさ：★

## 五嶋みどり　ヴァイオリニスト（1971年〜　）

**キーワード**　天才ヴァイオリニスト／英才教育／親離れ／子育て／親子関係

　　五嶋みどりは世界的なヴァイオリニストとして有名な日本人です。みどりは、3歳頃からヴァイオリンの英才教育を母親の節のもとで受けます。彼女は母親の期待に応えて、どんどんと才能を伸ばし、1982年にはアメリカのジュリアード学院でヴァイオリンのレッスンを始めます。そして、11歳の時、ニューヨーク・フィルハーモニーのコンサートでデビューを飾り、天才少女と呼ばれるようになりました。その天才ぶりを示すエピソードがタングルウッドの奇跡です。

　　みどりが14歳の時、マサチューセッツ州で毎年夏に開かれる、タングルウッド音楽祭で演奏することが決まりました。レナード・バーンスタインの指揮で演奏中、彼女が使っているヴァイオリンの弦が切れてしまうというトラブルが起きました。この時、みどりが使っていたヴァイオリンは3／4サイズの大きさでしたが、コンサートマスターが使っていた普通サイズのヴァイオリンに持ち替えて演奏を続けました。ところが、コンサートマスターから借りたヴァイオリンの弦がまた切れてしまうトラブルが起きました。今度は、副コンサートマスターが持っているヴァイオリンを借りて、最後まで演奏を終えました。二度にわたって弦が切れるというトラブルで演奏を中断するところだったにも関わらず、慌てることなく冷静に落ち着いて、涼しい顔で演奏を続けたみどりにバーンスタインも感激し、コンサートが終わると彼女を何度となく強く抱きしめました。翌日のニューヨーク・タイムズ紙は「14歳の少女がタングルウッドをヴァイオリン三挺で征服」という見出しでこのニュースを伝え大きな話題になりました。

　　天才少女と言われたみどりも、全てが順調だったというわけではありません。その影で母親との関係で問題を抱えていたようです。母親のレッスンは厳しく、みどりが小さいからと言って全然妥協せず、納得いくまで何度も練習させたそうです。そんな母親に抵抗できなかったみどりは一時期、摂食障害という病気になってしまい病院に入院せざるを得ませんでした。その後、みどりは母親から自立しない限り病気を克服することはできないと考え、ボランティア活動や無料のコンサートなどを積極的に行い、その中で病気を克服していったそうです。みどりの親子関係は理想とは言えなかったかもしれませんが、この母親がいなかったら、みどりは天才と呼ばれることも一流のヴァイオリニストになることも、そして、何よりタングルウッドの奇跡も起こらなかったかもしれません。

### 読む前に 1  単語の練習　次の▭の言葉を（　）の中に入れて文を完成しましょう。

| a. 伸ばして | b. 感激して | c. 抵抗して | d. 克服して | e. 理想 | f. 障害 |
|---|---|---|---|---|---|

1）（　）の彼のタイプは、やさしくて、面白くて、背が高い人です。
2）店員が品物を盗んだ人を捕まえようとしたが、その人は（　）あばれた。
3）あのスポーツ選手は怪我を（　）、オリンピックで金メダルを取った。
4）子供が持っている能力を（　）あげることは両親の責任だと思う。
5）交通事故にあって、体に（　）が残ってしまった。
6）友達が結婚式でスピーチをしてくれたが、スピーチに（　）泣き出してしまった。

### 読む前に 2

1）あなたは子供の頃、ピアノやヴァイオリンなどクラシックの楽器を習ったことがありますか。どうしてそれを習いましたか。
2）あなたの国に「天才少女／少年」と呼ばれた人がいますか。その人は、どうして「天才少女／少年」と呼ばれましたか。

### 内容質問 1　正しければ○を違っていれば×をしましょう。

1）（　）母親は、みどりにヴァイオリンの英才教育を行った。
2）（　）タングルウッドで演奏した時、みどりが使っていたヴァイオリンは他の人よりも小さいものだった。
3）（　）タングルウッドではみどりが弾いていたヴァイオリンの弦が3度も切れてしまった。
4）（　）タングルウッドでの出来事は、テレビのニュースとして報道されて有名になった。
5）（　）子供の時から、みどりは厳しくレッスンをする母親によく抵抗していた。

### 内容質問 2　次の質問に答えましょう。

1）タングルウッドでヴァイオリンの弦が切れた時の五嶋みどりの態度はどうでしたか。
　　a. 何もなかったように演奏を続けた。
　　b. 慌ててしまいそうになったが、落ち着いて演奏を続けた。
　　c. 慌てることはなかったが、演奏を一度中止してしまった。
　　d. バーンスタインが何度も助けてくれたので、慌てずに演奏を続けることができた。

2）「その影」(19行目)の「その」は何を指していますか。
   a. 演奏
   b. 成功
   c. 征服
   d. 挑戦

3）「入院せざるを得ませんでした」(23行目)の意味に一番近い文はどれですか。
   a. 入院してしまった。
   b. 入院しなくてもよかった。
   c. 入院するより他なかった。
   d. 入院しないわけではなかった。

4）五嶋みどりはどのように摂食障害という病気から立ち直りましたか。
   a. 母親と理想の親子関係を作ることで治した。
   b. 病院に入院して治した。
   c. ヴァイオリンを辞めることで治した。
   d. ボランティア活動や無料コンサートなどをすることで治した。

**考えをまとめよう**

1）あなたは英才教育についてどう思いますか。どうして、そう思いますか。
2）五嶋みどりと母親のような関係をどう思いますか。また、理想の親子関係とはどのようなものだと思いますか。

**文法・表現リスト**

| | | | |
|---|---|---|---|
| □ 母親の節のもとで受けます | →191 | □ 何度となく | →134 |
| □ 母親の期待に応えて | →164 | □ 順調だったというわけではありません | →110 |
| □ どんどんと才能を伸ばし | →138 | □ 小さいからと言って全然妥協せず | →39 |
| □ 天才ぶり | →200 | □ 彼女を何度も強く抱きしめ／何度も練習させた | →149 |
| □ 二度にわたって | →186 | | |
| □ 演奏を中断するところだったにも関わらず | →181 | □ 入院せざるを得ませんでした | →59 |
| | | □ 自立しない限り | →141 |
| □ 慌てることなく | →51 | □ その中で病気を克服して | →145 |

# 15 瓢箪から駒

ジャンル： 文学
難しさ： ★

## 夏目漱石　小説家（1867年〜1916年）

キーワード　文豪／小説／エリート／本業と副業／神経衰弱

　文豪というのは作家の中でも特に優れた作家を指します。近代の日本文学の中で文豪というとやはり夏目漱石でしょうか。漱石は、『坊ちゃん』『こころ』などの小説を書いた作者です。時代が江戸から明治に移ろうとしている時に、漱石は江戸で生まれました。両親が年をとってからの子供であったのと末っ子だったという理由で、1歳の頃養子に出されました。しかしながら、養父母が離婚したため8歳の時に夏目家に戻ります。その後、成績が優秀だった漱石は、一生懸命勉強して、東京帝国大学（現東京大学）の英文科に入学します。非常に優秀で大学の成績はいつもトップだったそうです。しかしながら、この頃から漱石を死ぬまで悩ませる神経衰弱が始まったらしいのです。幼児期の養子の経験や兄達の死などが漱石が神経衰弱になった理由だろうと言われています。

　大学を卒業した漱石は、松山の中学校や熊本の高等学校の教師として英語を教えます。この頃、漱石は結婚しますが、妻は流産で精神的に不安定になり結婚生活はあまり上手くいかなかったようです。結婚生活はともかくとして、研究の面では評価された漱石は、1900年に文部省から英語研究のためにイギリス留学を命じられます。せっかくイギリスに渡った漱石ですが、現地の物価は高く、国からの生活費では満足な生活は難しく、そのあげく成果をあげなければいけないというプレッシャーから漱石は再び神経衰弱になってしまいます。漱石は勉強どころではなくなり、日本に帰国するよりほかありませんでした。1903年に日本へ帰国後、漱石は大学で講師の仕事をしますが仕事は上手くいかず、そのせいで相変わらず神経衰弱もよくなりませんでした。

　そんな折、親友に気晴らしに小説を書いたらどうかと勧められ、出来上がったのが『吾輩は猫である』という題名の小説です。1905年にこの小説が発表されて人気を得ると、漱石は『坊ちゃん』『草枕』と次々に小説を発表し、作家を職業にするようになります。「瓢箪から駒」という諺はこんなことを言うのでしょうか。

　このように気晴らしから始まった作家活動ですが、漱石が作家として活躍したのは亡くなるまでのたったの10年ぐらいです。その短い活動期間にも関わらず、素晴らしい作品を多く残し、漱石は文豪と呼ばれるようになりました。英文学者として成功せずに作家として成功するということは、おそらく漱石も考えていなかったでしょう。人生というのは本当に予想のつかないものだと思います。

## 夏目漱石

**読む前に ① 単語の練習**　次の☐の言葉を（　）の中に入れて文を完成しましょう。

> a. 優れた　b. 悩んだ　c. 満足な　d. 勧めた　e. 精神的な　f. 命じた

1) ウェイターは肉料理を（　）が、肉は食べたくなかったので魚の料理を注文した。
2) 何を専攻しようか色々（　）が、結局、経済を専攻することにした。
3) コーチは試合に遅れてきた選手に早くウォームアップをするように（　）。
4) 試験前に一生懸命勉強したが（　）結果が出なかった。
5) この学校には（　）学生が集まっているので、競争が激しい。
6) （　）ストレスが色々な病気の原因になっていることが分かっている。

**読む前に ②**

1) あなたの国でどんな人が文豪と呼ばれていますか。どんな小説を書きましたか。
2) あなたの国では神経衰弱になった人にどんな治療をしますか。

---

**内容質問 ①**　正しければ○を違っていれば×をしましょう。

1) （　）漱石の両親は子供がたくさんいたので、漱石を養子に出した。
2) （　）漱石は大学を卒業してから神経衰弱になった。
3) （　）漱石は結婚した頃の生活はとても幸せだった。
4) （　）イギリスでの留学生活は漱石にとっては辛いものだった。
5) （　）漱石が小説家として活動したのはとても短い間だった。

**内容質問 ②**　次の質問に答えましょう。

1) 漱石が神経衰弱になった理由は何だと考えられていますか。
   a. 漱石が小さい頃、養父母が離婚してしまったため。
   b. 帝国大学に入る勉強を一生懸命勉強したため。
   c. 学校でトップの成績をとるための勉強が大変だったため。
   d. 子供の頃の養子の経験や兄弟が早く死んでしまったため。

2) 「評価され」(13行目)は誰が何を評価しますか。
   a. 漱石が自分の研究を評価する。
   b. 漱石の妻が研究を評価する。
   c. 国が漱石の研究を評価する。
   d. イギリスが漱石の研究を評価する。

3）「そのせいで」（19行目）はどんなせいですか。
　　a. 妻との関係がよくなかった
　　b. 大学の講師の仕事が上手くいかない
　　c. 日本へ帰国した
　　d. 成果をあげなければいけないというプレッシャー

4）夏目漱石はどうして『吾輩は猫である』を書くことになりましたか。
　　a. 仕事がなかったので、生活するためのお金を得るため書くことにした。
　　b. 暗い気持ちを忘れるために書くことにした。
　　c. 友達に頼まれて、友達の代わりに書くことにした。
　　d. 小説家になりたいと考えていたために書くことにした。

**考えをまとめよう**

1）夏目漱石の小説を読んだことがありますか。その小説についてどう思いましたか。
2）あなたの国には夏目漱石のように本業ではなくて、別の仕事で成功した人物がいますか。その人は、どんな人で、どんなことで成功しましたか。

### 文法・表現リスト

| | | | |
|---|---|---|---|
| □ 文豪というのは | → 106 | □ 帰国するよりほかありませんでした | → 235 |
| □ 日本文学の中で文豪というと | → 105 | □ そのせいで | → 70 |
| □ 移ろうとしている時 | → 229 | □ 相変わらず神経衰弱も | → 1 |
| □ 末っ子だったという理由で | → 109 | □ そんな折り | → 28 |
| □ しかしながら | → 60 | □ 人気を得る | → 240 |
| □ 結婚生活はともかくとして | → 197 | □ たったの10年 | → 82 |
| □ 研究の面では | → 211 | □ 活動期間にも関わらず | → 181 |
| □ そのあげく | → 2 | □ 予想のつかないものだ | → 222 |
| □ 勉強どころではなくなり | → 126 | | |

# 16 ベストセラー作家

ジャンル：文学
難しさ：★★

## 村上春樹　小説家／翻訳家（1949年〜　）

キーワード　ベストセラー作家／翻訳スタイル／文学／社会現象

　　現代日本人作家で、一番人気があるのは村上春樹と言っていいでしょう。彼の代表作である『ノルウェイの森』は日本だけでも1000万部以上売れ、社会現象にもなりました。その後も、『ねじまき鳥クロニクル』『海辺のカフカ』と次々に作品を発表し、2009年に発表された『1Q84』はシリーズで300万部以上を売り上げています。ベストセラーの基準はないそうですが、仮に10万冊をベストセラーとすると、『ノルウェイの森』はその100倍売れたことになり、いかに大ヒットしたかが分かります。

　　村上春樹は大学生の時に学生結婚をして、学生のうちに夫婦でジャズ喫茶を始めます。大学卒業後、村上は店を経営しながら小説を書き始め、初めて書いた『風の歌を聴け』が新人のための文学賞を受賞し、作家としてデビューすることになります。この後の村上の活躍はもう皆さんのご存じの通りです。

　　『ノルウェイの森』は英語はもとより全部で36の言語に翻訳されていて、村上のファンは世界各国にいます。日本人の作家で、これほど多くの言語に翻訳されている作家は数少ないと言えるでしょう。村上の英語訳は、当然、日本語のオリジナルから翻訳されていますが、言語によっては日本語からではなく、英語からその言語に翻訳されているそうです。これを重訳というそうですが、重訳されるぐらいなら出版してほしくないと思う作家も多いようです。しかし、村上は重訳に反対どころか肯定的な立場をとっています。『翻訳夜話』という本の中で、村上は重訳についてこう述べています。「僕は細かい表現レベルのことよりは、もっと大きな物語レベルのものさえ伝わってくれればそれでいいやっていう部分はあります。作品自体に力があれば、多少の誤差は乗り越えていける。それよりは訳されたほうが嬉しいんです。」要するに、村上は重訳までしても読みたいと思ってくれる人がいるということの方を重視しているのです。

　　村上は小説家であると同時に翻訳家です。これまでサリンジャーやフィッツジェラルドなどの作品の翻訳を手がけています。村上は自分の翻訳についてはこう話しています。「一語一句テキストのままにやるのが僕のやり方です。そうしないと僕にとっては翻訳する意味がないから。自分のものを作りたいのであれば、最初から自分のものを書きます。」しかし、できる限りテキストに忠実に翻訳しようという村上の翻訳方法は逆に村上独特の翻訳スタイルを生み出しているという意見もあります。村上の自分の作品に対する翻訳の考え方と外国作品を翻訳する時の考え方が両極端とも言えるのはとても面白いと思います。

## 読む前に 1　単語の練習
次の □ の言葉を（　）の中に入れて、文を完成しましょう。

a. 基準（きじゅん）　b. 現象（げんしょう）　c. 独特な（どくとくな）　d. 多少（たしょう）　e. 活躍（かつやく）　f. 夫婦（ふうふ）

1) 海の水の温度が高くなる（　）が、天候に影響を与えることが知られている。
2) あの（　）は、結婚して今年で20年になるそうです。
3) 明治時代に日本で（　）をした外国人について調べている。
4) 日本は地震が多い国なので、建物には厳しい（　）がある。
5) 歌舞伎では（　）話し方をするので、日本人でも分かりにくい。
6) このＴシャツはＳサイズなので、私には（　）小さいが着られないことはない。

## 読む前に 2

1) あなたは村上春樹の作品を読んだことがありますか。それは、どんな作品ですか。
2) あなたの国にはどんなベストセラー作家がいますか。その人はどんな作品を書いていますか。その人の作品は社会現象になりましたか。

## 内容質問 1　正しければ○を違っていれば×をしましょう。

1) （　）10万冊売れるとベストセラーという決まりがある。
2) （　）村上は大学を卒業してすぐ、喫茶店を開いた。
3) （　）多くの国で翻訳本が出ている日本人作家はあまりいない。
4) （　）村上の作品は日本語からではなくて、英語から他の言葉に翻訳されることがある。
5) （　）村上は小説家であるが、翻訳家でもある。

## 内容質問 2　次の質問に答えましょう。

1) 重訳の説明として正しいものはどれですか。
   a. 一つの小説が色々な言語に翻訳されていることを重訳という。
   b. 一つの小説を他の言語に翻訳し、その翻訳された小説からまた他の言語に翻訳すること。
   c. 一度翻訳された小説を同じ言語で違う人が翻訳すること。
   d. 出版される前の小説を他の言語で翻訳してしまうこと。

2) 村上は自分の小説が翻訳される時、どんなことが大切だと考えていますか。
   a. 細かい表現レベルまできちんと翻訳されることが大切。
   b. 重訳されるのはよくないので、オリジナルから翻訳することは大切だ。
   c. 翻訳されたものに力があることが大切だと考えている。
   d. 物語レベルのものが読んでいる人に伝わることが大切だ。

3）「それより」（20行目）の「それ」は何を指しますか。
   a. 細かい表現
   b. 作品自体
   c. 力がある
   d. 多少の誤差

4）村上は外国の本を翻訳をする時、どんな方法で翻訳をしますか。それは、どうしてですか。
   a. ひとつひとつ丁寧に原語を翻訳する。そうでないと、村上自身の小説になってしまうから。
   b. ひとつひとつ丁寧に原語を翻訳する。そうしないと、小説家の気持ちを表すことができないから。
   c. 細かいことは気にせず物語レベルのことが伝わるよう翻訳する。そうしないと、日本語として変な翻訳になってしまうから。
   d. 細かいことは気にせず物語レベルのことが伝わるよう翻訳する。そうしないと、小説の力がなくなってしまうから。

**考えをまとめよう**

1）村上は内容がきちんと伝われば、細かい表現にはこだわらないと述べていますが、もしあなたが作家だったら、自分の作品をどのように翻訳してほしいと思いますか。
2）あなたは、原語と翻訳とどちらで小説を読みたいと思いますか。それは、どうしてですか。

**文法・表現リスト**

| | | | |
|---|---|---|---|
| □ 仮に10万冊をベストセラーとすると | → 40 | □ 重訳に反対どころか肯定的な立場を | → 124 |
| □ いかに大ヒットしたか | → 9 | □ こう述べています／こう話しています | → 48 |
| □ 学生のうちに夫婦でジャズ喫茶を始めます | → 23 | □ 重訳までしても | → 208 |
| □ ご存じの通りです | → 118 | □ 小説家であると同時に | → 132 |
| □ 英語はもとより | → 199 | □ 僕にとって | → 177 |
| □ 各国 | → 31 | □ できる限りテキストに忠実に | → 30 |
| □ これほど | → 202 | □ 逆に | → 43 |
| □ 言語によって | → 184 | □ 翻訳スタイルを生み出している | → 79 |
| □ 重訳されるぐらいなら | → 47 | □ 自分の作品に対する翻訳の考え方 | → 175 |
| □ 出版してほしくない | → 99 | | |

# 17 伝統が変わる時

ジャンル：文学
難しさ：★★

## 俵万智　歌人（1962年〜）

キーワード：短歌／詩／伝統／変化

　日本の伝統的な定型詩には短歌と俳句があります。短歌は五・七・五・七・七の31音で、俳句は五・七・五の17音で作られます。俳句には季節を表す言葉、季語が必要ですが、短歌には季語は必要ではありません。短歌の歴史は古く、日本最古の和歌集である『万葉集』に既に短歌が見られます。有名な歌人としては、藤原定家、小野小町、正岡子規等がいますが、現在も活躍している代表的な歌人と言えば俵万智でしょう。

　俵万智は高校の国語の教師として働きながら、1987年に歌集『サラダ記念日』を出版すると、たちまち歌集としては異例の280万部の大ベストセラーとなりました。『サラダ記念日』が大ベストセラーになった理由として、彼女の短歌が口語でカタカナを使うなど現代の私達にも非常に親しみやすいものであったということが言われています。では、彼女の代表作を一つ紹介しましょう。

『この味がいいね』と君が言ったから7月6日はサラダ記念日

　皆さんはこの短歌をどう思いますか。俵はこの短歌は実際にあったことをもとにしているが、そのままではなく、この歌を作るにあたって少し工夫を加えていると話しています。俵によると、実際はおいしいと言われたのは唐揚げだったけれど、唐揚げだとあまり爽やかでないし、7月のSの音との響きも考えて唐揚げからサラダに変更したそうです。

　短歌の世界では伝統が重んじられ、その上、文語体が使われることが当たり前で口語を使うものではありませんでした。しかし、俵はその伝統から離れ、カタカナを多用して分かりやすい口語で短歌を作りました。新しいものを取り入れるという俵の姿勢は、彼女の生き方にも表れていると思います。日本では結婚して子供を育てるのが当たり前だという考えがとても強いにも関わらず、俵は子供を産んだものの結婚はせず、シングルマザーとして子育てをしています。まだまだ俵のような生き方を理解し難いと考える人が多いことも事実ですし、当然伝統を維持することも意義のあることです。しかし、俵の短歌と彼女の生き方は、時代の流れとともに変化を受け入れていくことも大切だということを教えてくれているような気がします。

## 俵万智 17

**読む前に 1　単語の練習**　次の ☐ の言葉を（　）の中に入れて文を完成しましょう。

a. 代表的な　b. 爽やかな　c. 維持した　d. 意義　e. 離れた　f. 加えた

1) 最後に塩と胡椒を（　　）ら出来上がりです。
2) 日本の（　　）町と言えば、東京や京都だろう。
3) 家族は（　　）ところに住んでいるので、なかなか会う機会がない。
4) 台風は時速45キロの速度を（　　）まま、北に向かって進んでいる。
5) きのうは蒸し暑かったが、今日は湿度も下がって（　　）一日になった。
6) オリンピックは勝つことより参加することに（　　）があると言われている。

**読む前に 2**

1) あなたが好きな詩がありますか。どんな詩ですか。それはどうしてですか。
2) あなたの国ではシングルマザーは多いですか、少ないですか。それはどうしてですか。

**内容質問 1**　正しければ○を違っていれば×をしましょう。

1) （　）俳句は日本の一番古い歌集の中にも書かれている。
2) （　）俵の短歌は現代の私達にも親しみやすいので、俵の歌集はベストセラーになった。
3) （　）「『この味がいいね』と君が言ったから〜」（12行目）の短歌は本当にあったできごとをそのまま短歌にしたものだ。
4) （　）俵の新しいものを取り入れるという考え方は、短歌だけでなく彼女の生き方の中にも見つけることができる。
5) （　）日本では結婚はせずに子供を産んで育てるという考え方をよくないと思う人もまだ多い。

**内容質問 2**　次の質問に答えましょう。

1) 俵の短歌の特徴は何ですか。
   a. 俵は料理についての短歌を作る。
   b. カタカナの言葉を短歌に使う。
   c. 五・七・五・七・七の音を使わない。
   d. 俵の親しい人について短歌を作る。

2) 『この味がいいね〜』の短歌を作った時にした工夫はどれですか。
   a. 「おいしい」と言われたが短歌では「この味がいいね」に変えた。
   b. Ｓの音が好きだから7月という言葉を使った。
   c. 本当に食べたのは唐揚げだが、爽やかでないのでサラダに変えた。
   d. カタカナの言葉の方が爽やかだから、唐揚げをサラダに変えた。

3）俵の新しいものを取り入れるという姿勢の例はどれですか。
　　a. 実際にあったことを工夫して短歌を作る。
　　b. 伝統を重んじる。
　　c. 文語体を使う。
　　d. 結婚をしないで、子供を育てている。

4）筆者がこの文で一番いいたいことはどれですか。
　　a. 古い物も大切だが時代は変化するのでそれに合わせて変化することは大切だ。
　　b. 若い人は古い物を大切にしないが、やはり古い物も大切にした方がいい。
　　c. 古い物の中にも大切なことがあるので、時代が変わっても古い物を捨てない方がいい。
　　d. 古い物は時代とともに変化して残らないので、どんどん変わることは大切だ。

考えをまとめよう

1）あなたの国で詩は若い人に人気がありますか、ありませんか。それは、どうしてですか。
2）あなたは伝統と変化どちらの方が大切だと考えますか。どうして、そう考えますか。

**文法・表現リスト**

□ 歌人と言えば　　　　　　　　→ 111　　□ 新しいものを取り入れる／変化を受け入れていく
□ たちまち　　　　　　　　　　→ 81　　　　　　　　　　　　　　　　　　　→ 20
□ 歌を作るにあたって　　　　　→ 155　　□ 強いにも関わらず　　　　　→ 181
□ その上　　　　　　　　　　　→ 71　　□ 子供を産んだものの　　　　→ 225
□ 文語体が使われることが当たり前で／　　□ 生き方を理解し難い　　　　→ 61
　　子供を育てるのが当たり前だ　→ 3　　□ 時代の流れとともに　　　　→ 133
□ 使うものではありませんでした　→ 224　□ 教えてくれているような気がします → 230

## コラム8 読み方のポイント　指示詞

「こ・そ・あ」に注意

　文章を正確に読むためには、文章に使われている指示詞が文中のどんな言葉を指しているか理解しなければいけません。指示詞というのは、同じ言葉を繰り返して使わないために使います。例えば、「昨日レストランで友達とご飯を食べていました。その時、地震がありました。」の「その時」の「その」は指示詞で、「昨日レストランで友達とご飯を食べていた」をもう一度繰り返さないために「その」が使われています。日本語の指示詞には「この、その、あの」「これ、それ、あれ」「ここ、そこ、あそこ」「こんな、そんな、あんな」などがあります。文中に「その人」とか「このように」などのように指示詞が使われていたら、「その人」「このように」が文中の何を表しているか気をつけて文を読むようにしましょう。

指示詞 = demonstrative　　正確に = accurately　　さす = to point out　　繰り返す = to repeat

# 18 長寿番組のアニメ

ジャンル：漫画／アニメ
難しさ：★★

## 長谷川町子　漫画家（1920年～1992年）

キーワード：女性漫画家／アニメ／漫画／教育／視聴率

　「お魚くわえたどら猫追っかけて～」という歌を知っていますか。これはテレビアニメ『サザエさん』の主題歌で、日本人なら知らない人はいないと言っていいぐらい有名な歌です。テレビアニメの『サザエさん』は40年以上も続く長寿番組で、現在でも人気のある番組です。そして、このアニメのもとになった漫画の作者が長谷川町子という人物です。

　長谷川町子は高校生の時に有名な漫画家の弟子になる機会に恵まれ、漫画の勉強を本格的に始め、そして、女性としては初のプロの漫画家になりました。1946年からは、夕刊の4コマ漫画として『サザエさん』を書き始め、人気漫画家の仲間入りをしました。長谷川の代表作には『サザエさん』とともに『いじわるばあさん』、『エプロンおばさん』などの愉快な漫画があります。

　漫画の題名にもなっているサザエさんは主人公の名前で、陽気だけれど、そそっかしい性格の持ち主です。厳しい父親、優しい母親といたずら好きの弟、そして、しっかり者の妹の五人家族です。サザエさんは結婚していて子供も一人います。けれど、サザエさんは夫と子供と一緒に両親の家で生活をしています。『サザエさん』では、この家族を中心に平凡な日常の生活、例えば兄弟喧嘩や年中行事が描かれています。ですから、他のアニメのような派手なアクションやら不思議な魔法やら驚くようなことは出てきませんし、ましてヒーローなどは出てきません。

　では、どうして『サザエさん』は40年以上も人気を保ち続けているのでしょうか。その理由は色々あると思いますが、よく言われている理由の一つは、『サザエさん』には暴力もなければ乱暴な表現も出てこないということです。最近のアニメには暴力シーンや登場人物が話す言葉が過激すぎるものが多く見られます。そして、これらのアニメを子供の教育上よくないと思っている親達は、できるものなら、そんなアニメを見せたくないと考えています。その点『サザエさん』なら安心して子供に見させることができます。また、日本の四季がアニメの中に取り込まれているからだという人もいます。理由はどうあれ、色々なテレビアニメがある中で、普通の日常生活を描いた『サザエさん』の視聴率がとても高いことを聞いてほっとする人も多いのではないでしょうか。

## 読む前に 1 　単語の練習

a～cの言葉の中から適当な言葉を選んで、（　）に入れて文を完成しましょう。

1） a. 派手な　b. 乱暴な　c. 陽気な
　　仕事の面接の時には（　　）服は着て行かないほうがいいだろう。

2） a. 愉快な　b. 平凡な　c. 不思議な
　　父はサラリーマンで、母は主婦という（　　）家庭で育った。

3） a. 恵まれて　b. くわえて　c. 描いて
　　大学生の時に留学する機会に（　　）、オーストラリアで1年間を過ごした。

4） a. 作者　b. 題名　c. 人物
　　レポートを書いたが、いい（　　）が考えられなくて困っている。

5） a. 四季　b. 日常　c. 年中行事
　　日本には季節に関係した（　　）がたくさんある。

## 読む前に 2

1） あなたの国で視聴率が高い番組にはどんな番組がありますか。
2） あなたは子供の頃、テレビアニメを見ていましたか。どんな番組を見ていましたか。どうしてその番組が好きでしたか。

## 内容質問 1 　正しければ○を違っていれば×をしましょう。

1） （　）『サザエさん』の主題歌を知らない日本人は多分いない。
2） （　）長谷川町子は高校生の時にプロの漫画家のところで漫画の勉強をした。
3） （　）『サザエさん』は漫画の中の優しい母親の名前だ。
4） （　）『サザエさん』では、日常の普通の生活が描かれている。
5） （　）『サザエさん』は子供に安心して見せられるテレビアニメだ。

## 内容質問 2 　次の質問に答えましょう。

1）『サザエさん』の家には、何人の人が一緒に住んでいますか。
　　a. 3人
　　b. 5人
　　c. 7人
　　d. 9人

2）「ヒーローなどは出てきません」（17行目）は、どこにヒーローがいないのですか。
　　a. 『サザエさん』のアニメの中にヒーローがいない。
　　b. 他のアニメの中にヒーローがいない。
　　c. 私たちの生活の中にヒーローがいない。
　　d. 長谷川の書く漫画の中にヒーローがいない。

3）『サザエさん』が長寿番組になっていると思われる理由で正しくないものはどれですか。
   a. アニメの中に暴力シーンや乱暴な表現がないから。
   b. 『サザエさん』の中に教育上よくない親達が出てこないから。
   c. 『サザエさん』の中に日本の春夏秋冬が出てくるから。
   d. 子供が安心して見ることができるから。

4）筆者は現在のテレビアニメについてどう思っていると思いますか。
   a. 『サザエさん』のような長寿番組が少なくなっていると思っている。
   b. 『サザエさん』のような視聴率が高い番組が少なくなってきている。
   c. 暴力シーンや言葉が過激すぎないアニメの視聴率が高いことはよいと思っている。
   d. 暴力シーンや言葉が過激すぎないアニメの視聴率が高いことはよくないと思っている。

**考えをまとめよう**

1) あなたの国に長寿番組がありますか。その番組が長く続いている理由は何だと思いますか。
2) あなたはテレビアニメは子供の教育にとっていいと思いますか。それとも悪いと思いますか。なぜ、そう思いますか。

**文法・表現リスト**

| | | | |
|---|---|---|---|
| □ 日本人なら知らない人はいないと | → 140 | □ 暴力もなければ乱暴な表現も出てこない | → 217 |
| □ ～はいないと言っていいぐらい | → 46 | □ 子供の教育上 | → 63 |
| □ 『サザエさん』とともに | → 133 | □ 親達は、できるものなら | → 92 |
| □ いたずら好きの弟 | → 65 | □ その点 | → 102 |
| □ この家族を中心に | → 244 | □ 四季がアニメの中に取り込まれて | → 55 |
| □ 派手なアクションやら不思議な魔法やら | → 226 | □ 理由はどうあれ | → 196 |
| □ ましてヒーローなどは出てきません | → 204 | | |

**コラム9　読み方のポイント**

# 省略
しょうりゃく

　日本語の一つの特徴に省略があります。英語などでは、文には必ず主語が必要ですが、日本語では文脈から主語が類推できる場合は主語を使わないほうが自然です。また、主語だけでなく、目的語なども文脈から類推できる場合は省略されます。例えば「田中：(山田さんは)昼ごはん食べましたか。山田：まだ、(私は昼ごはんを)食べていません。」この会話の場合、普通、( )の中の言葉が省略されます。それは、文脈から類推できるからです。書き言葉の場合は話し言葉より省略は少ないですが、それでも文中にはたくさんの省略があります。例えば「このような考え方は変だと思いますが、どう思いますか。」では、「(私は)このような考え方～、(みなさんは)どう思いますか」のように、「私は」「皆さんは」が省略されています。ですから、文を読む時には省略に注意しましょう。

省略＝ omission　　主語＝ subject　　文脈＝ context　　類推する＝ to guess; to analogize

# 19 世界に誇る日本のアニメ

**ジャンル** 漫画／アニメ
**難しさ** ★

## 宮崎駿　アニメーター／映画監督（1941年〜　）

**キーワード** → 宮崎アニメ／模範／こだわり／反戦／メッセージ

　日本のアニメのこととなると日本人より詳しい外国人も多くなってきましたが、そんなアニメ好きに限らず、誰にでも知られているのが、映画監督でアニメーターの宮崎駿ではないでしょうか。宮崎の映画が公開になると見ないではいられない人も多かったことと思います。

　宮崎は子供の頃から絵が得意で、漫画やアニメのファンだったそうです。1963年に大学を卒業して、アニメーターとして日本の映画会社に就職しました。1971年には会社を辞めて、『ルパン三世』や『フランダースの犬』などの多くのテレビアニメの原画を描く仕事をしました。私も子供の頃、よくこれらの宮崎のテレビアニメを夢中になって見たものです。

　宮崎が映画監督として初めて撮った映画は『ルパン三世カリオストロの城』です。その後、スタジオジブリという会社を設立し、『となりのトトロ』をはじめとして『もののけ姫』などの数多くの名作を作りました。2001年に公開された『千と千尋の神隠し』は、世界的に人気を集め、第75回アカデミー長編アニメ賞を受賞しました。イギリスのインターネットサイトがイギリス人の子供達に模範にしたい映画キャラクターを聞いたところ、この映画の主人公千尋が第8位に選ばれたそうです（2013年時点）。このことから、公開から10年以上たった今でもたくさんの人が『千と千尋の神隠し』を見ていることが分かります。

　宮崎は色々なことにこだわりを持っている人のようですが、アニメは手書きにこだわり、更にアニメの中の人物の細かい動きにまで徹底的にこだわるそうです。人物の年齢や性別に合わせて、歩き方、走り方、荷物の持ち方などの動きを変えるのだそうですが、そのため、たった4秒のシーンに一年間を費やしてしまうこともあったそうです。宮崎の口癖は「面倒くさい」だそうですが、世の中で大事なものは必ず面倒くさいものだとも言っていて、面倒くさいからしないということではなくて、面倒なことは大切だと考えているようです。

　宮崎の映画のテーマは、エコロジーや反戦といったものが多いと言われています。もちろん、それ以外の家族愛などがテーマになっていることもあります。皆さんも宮崎の映画を見たら、その映画にどのような宮崎のメッセージが隠れているか考えてみると面白いでしょう。

# 宮崎駿

**読む前に 1　単語の練習**　次の ☐ の言葉を（　）の中に入れて文を完成しましょう。

> a. 秒（びょう）　b. 詳しい（くわしい）　c. 夢中（むちゅう）　d. 賞（しょう）　e. 位（い）　f. 面倒な（めんどうな）

1) コーラスの大会で、私達のグループは三（　）に選ばれた。
2) 弟はアイドルに（　）で全然勉強をしないので、両親は困っている。
3) ノーベル（　）は、1901年に始まり、現在、化学、物理、文学、平和などの分野がある。
4) 津波について（　）ことが知りたかったので、専門家に会いに行った。
5) 100メートルを10（　）で走れたら、オリンピックに出られる。
6) 一人で暮らしていると、家で料理をするのは（　）ので、外食が多くなってしまう。

**読む前に 2**

1) 宮崎駿（みやざきはやお）の映画の中で一番好きな映画は何ですか。それはどうしてですか。
2) あなたはアニメ映画を見ますか、見ませんか。それはどうしてですか。

**内容質問 1**　正しければ○を違っていれば×をしましょう。

1) （　）宮崎は子供の頃はあまり絵が上手でなかった。
2) （　）宮崎は大学を卒業して、すぐ『ルパン三世』の原画（げんが）を描（か）く仕事をした。
3) （　）宮崎が初めて映画監督として作った作品は『となりのトトロ』だ。
4) （　）『千と千尋の神隠し（せんちひろのかみかくし）』は、今でもイギリスで人気があるようだ。
5) （　）宮崎の映画のテーマは、エコロジーや反戦だけではない。

**内容質問 2**　次の質問に答えましょう。

1) 「アニメ好きに限らず」（2行目）の意味に一番近い文はどれですか。
    a. アニメの好きな人だけが
    b. アニメの好きな人にとっては
    c. アニメの好きじゃない人には
    d. アニメが好きな人だけでなく

2) 「このこと」（15行目）の「この」は何を指（さ）しますか。
    a. 『千と千尋の神隠し』が世界的に人気がある
    b. スタジオジブリを作った
    c. インターネットのサイトで千尋（ちひろ）が第8位に選ばれた
    d. アカデミー長編（ちょうへん）アニメ賞をもらった

3）宮崎はどうして4秒のシーンに一年間もかけましたか。
   a. 映画のキャラクターを決められなかったから。
   b. 人物の細かい動きにこだわったから。
   c. 面倒くさいシーンだったから。
   d. 手書きにこだわったから。

4）「考えて」（27行目）は誰が考えますか。
   a. 宮崎
   b. 日本人
   c. 筆者
   d. この文を読んでいる人

**考えをまとめよう**

1）あなたの好きな映画は何ですか。その映画には、どんなメッセージがあると思いますか。
2）アニメや映画の中の人物で模範にしたいキャラクターがいますか。その人物はどんな人物ですか。どうして、あなたはその人物を模範にしたいと思いますか。

**文法・表現リスト**

| | | | |
|---|---|---|---|
| □ 日本のアニメのこととなると | → 50 | □『となりのトトロ』をはじめとして | → 248 |
| □ そんなアニメ | → 76 | □ 映画キャラクターを聞いたところ | → 122 |
| □ アニメ好き | → 65 | □ このことから | → 54 |
| □ そんなアニメ好きに限らず | → 161 | □ 細かい動きにまで | → 207 |
| □ 宮崎 駿ではないでしょうか | → 97 | □ たった4秒のシーン | → 82 |
| □ 見ないではいられない人も | → 143 | □ 面倒くさいものだ | → 222 |
| □ テレビアニメを夢中になって見たものです | → 221 | □ エコロジーや反戦といったもの | → 112 |

# 20 萬画宣言

**ジャンル** 漫画／アニメ
**難しさ** ★★

## 石ノ森章太郎　漫画家／原作者（1938年〜1998年）

**キーワード** 漫画／ギネス記録／メディア

　　石ノ森章太郎は漫画家です。代表作には『サイボーグ009』、『HOTEL』などがありますが、更に学習漫画『マンガ日本経済入門』も石ノ森によって描かれました。石ノ森は漫画に限らず、特撮ヒーロー作品の『仮面ライダー』『秘密戦隊ゴレンジャー』の原作者でもあります。石ノ森はSF、時代物、少女向け漫画、大人向けのドラマまで、45年間の創作活動で770以上の作品を描き、その原稿の枚数は12万8千枚に達するそうです。これは一人の著者が描いた作品数としては世界記録だそうで、2008年にギネス記録として認定されました。

　　石ノ森は宮城県で生まれました。子供の頃は、3歳年上の姉が病弱気味で外出が難しかったため、その姉に学校の出来事などを絵に描いて見せていたといいます。『新宝島』という漫画を読んで手塚治虫の大ファンになった石ノ森は自分でも漫画を描き始め、漫画を描いては雑誌に投稿するようになります。運良く投稿した漫画が手塚治虫の目に留まり、高校生の石ノ森は漫画家としてデビューします。厳格な父は漫画家になるんじゃないと反対したそうですが、姉の応援を受けて、東京に独り上京し作家活動を始めます。そして次々と記憶に残る名作を生み出していきます。

　　石ノ森は残念なことに1998年に亡くなってしまいましたが、亡くなる前に「萬画宣言」と呼ばれる宣言をしました。漫画はもともと笑い、風刺、滑稽などのテーマを単純な線で表した絵のことを指しました。しかしながら、現在の漫画はただ面白いだけでなく様々なテーマを表現するメディアに成長しました。ですから、石ノ森は現在の漫画は昔の漫画とは同じではないと考え、別の名前を考える必要があると思いました。そして、考えついたのが「萬画」でした。「萬画」の「萬（万）」は「よろず」すなわち、色々という意味を持つこと。それに加え「萬画」を英語にするとMillion Artとなり、日本語と同じようにたくさんの意味を持ち、頭文字をとると"MA"ngaにつながること。これらの理由から石ノ森はこれからは漫画を「萬画」と呼ぼうではないかと提案したのです。「萬画」の方が「漫画」より未来に向かって可能性が広がる名前だと思いますが、皆さんはどう思いますか。

**読む前に 1　単語の練習**　a〜cの言葉の中から適当な言葉を選んで、（　）に入れて文を完成しましょう。

1) a. 達する　b. つながる　c. 広がる
　夏になると車の中の気温は50度に（　）ことがあるので、気をつけなければいけない。
2) a. 提案する　b. 成長する　c. 上京する
　（　）時は、たいてい新幹線を使うが、お金がかかるので、今回はバスを使った。
3) a. 応援　b. 記憶　c. 記録
　この寺の古い（　）は残っていないので、昔のことはよく分からない。
4) a. 原稿　b. 著者　c. 創作
　昔は手で（　）を書いたものだが、今はパソコンで書く人が多い。
5) a. 次々と　b. 単純な　c. 様々な
　今しているアルバイトは（　）仕事なので、バイト料もとても安いです。

**読む前に 2**

1) あなたは日本の漫画を読んだことがありますか。どんな作家のどんな漫画ですか。
2) あなたの国では、どんなマスメディア（新聞、雑誌、テレビ、インターネットなど）が一番よく使われていますか。それはどうしてだと思いますか。

**内容質問 1**　正しければ○を違っていれば×をしましょう。

1) （　）石ノ森は学習するために使う漫画も描いている。
2) （　）石ノ森は、アニメの作品の多さでギネスに登録されている。
3) （　）石ノ森は病気のお母さんに、学校の出来事を説明するために絵を描いていた。
4) （　）現在の漫画は色々なテーマを表現するメディアになっている。
5) （　）「萬」にはたくさんという意味がある。

**内容質問 2**　次の質問に答えましょう。

1) 「石ノ森」（10行目）を修飾している言葉はどこから始まりますか。
　a. 「『新宝島』〜」から
　b. 「漫画を〜」から
　c. 「手塚〜」から
　d. 「大ファン〜」から

2) 石ノ森の父親は彼が漫画家になることについてどう思っていましたか。
　a. 漫画家にとてもなってほしかった。
　b. 漫画家になってもいいと思っていた。
　c. 漫画家になるのはよくないと思っていた。
　d. 漫画家に絶対になってほしくないと思っていた。

3）石ノ森はどうして「漫画」ではなくて「萬画」という言葉を使った方がいいと考えていますか。
   a. 現在の漫画は昔のように単純な線で表した絵ではなく、もっと複雑な絵に変わったから。
   b. 現在の漫画は昔のように面白い話だけでなく色々なテーマがあるから、色々という意味を持つ「萬」という漢字を使った方がいいと思ったから。
   c. 現在たくさんの人が漫画を読んでいるので、「Million」という意味を持っている「萬」を使った方がいいと思ったから。
   d. 現在の漫画は色々なテーマを表現しているので、英語のMillionを翻訳して「萬」という漢字を使った方がいいと思ったから。

4）筆者は石ノ森が作った「萬画」という言葉についてどう思っていますか。
   a. 昔のままの「漫画」という言葉の方がよいと思っている。
   b. 「漫画」でも「萬画」でもどちらでもよいと思っている。
   c. 「漫画」も「萬画」もあまりよい言葉でないと思っている。
   d. 「萬画」の方が将来の漫画に合っていると思っている。

 考えをまとめよう

1）あなたは漫画を読みますか、読みませんか。それは、どうしてですか。
2）日本では子供のための漫画だけでなく、大人向けや学習漫画など色々な種類の漫画があります。あなたの国ではどうですか。また、あなたの国では漫画はどのように考えられていますか。それは、どうしてですか。

### 文法・表現リスト

| | | | |
|---|---|---|---|
| ☐ 石ノ森は漫画に限らず | → 161 | ☐ 残念なことに | → 52 |
| ☐ 病弱気味 | → 42 | ☐ もともと | → 216 |
| ☐ 絵に描いて見せていたといいます | → 103 | ☐ しかしながら | → 60 |
| ☐ 漫画を描いては | → 94 | ☐ ただ面白いだけでなく | → 80 |
| ☐ 目に留まり | → 210 | ☐ それに加え | → 163 |
| ☐ 漫画家になるんじゃないと | → 252 | ☐ 「萬画」と呼ぼうではないかと | → 228 |
| ☐ 名作を生み出して | → 79 | | |

## 21 栄光と挫折

| ジャンル | スポーツ |
|---|---|
| 難しさ | ★ |

### 高橋尚子　元マラソン選手／スポーツキャスター（1972年～　）

**キーワード** 近代オリンピック／挫折／希望／勇気／夢

　現在では色々なスポーツで女子選手が活躍していますが、近代オリンピックに男女を問わず参加出来るようになったのは1928年の第9回のアムステルダムオリンピックからです。日本もこの大会から女子選手をオリンピックに送っていますが、女子の陸上選手として初めて金メダルをとったのは、2000年のシドニーオリンピックの女子マラソンの高橋尚子選手です。日本陸上選手としては金メダルは64年ぶり、また優勝記録がその当時のオリンピック最高記録であったために、同じ年の10月に日本政府は国民栄誉賞を高橋に贈りました。

　高橋ははじめ中距離の選手でしたが、社会人チームの監督からマラソンを勧められ1997年からマラソンに転向しました。そして、めきめきと力をつけ、国民の期待に応えてオリンピックで優勝を果たします。高橋がマラソンの素質に恵まれていたことはもちろんですが、多い時で1日に80km、少なくても40kmの練習を毎日して体を鍛えていたからこそオリンピックで優勝出来たのだと思います。そんな彼女ですが、2004年のオリンピックの日本代表には、惜しくも選ばれませんでした。皆から期待されていただけに、高橋のショックも大きく、その上、練習している最中に足を怪我してしまい、一時は大好きな走ることを辞めようと考えるほど落ち込んでしまったそうです。そんな状態の中で、2005年に高橋は2年ぶりにマラソンに参加し、見事優勝します。高橋は優勝後のインタビューの中でこんなことを言いました。

　「暗闇の中でも夢を持つことで、一日一日、充実した時間を過ごすことができました。だから、今暗闇にいる人や悩んでいる人が、一日だけの目標でも3年後の目標でもいいので目標を持ってほしいです。そうすると、一日が充実すると思います。若い人、30代、そして中高年の方でも、24時間という時間は平等に与えられたチャンスの時間です。もう二度と来ないこの一日の時間を精一杯そして、充実した楽しい日にしてください。」

　栄光と挫折を味わった経験がある高橋だからこそ、このようなことが言えたのではないでしょうか。そして、怪我を克服して走る高橋の姿と、この言葉に勇気づけられた人もいるだろうと思います。スポーツは楽しむことはもとより、人々に勇気を与えるものなのかもしれませんね。

## 読む前に 1　単語の練習
次の□□の言葉を（　）の中に入れて文を完成しましょう。

a. 惜しい　b. 克服する　c. 平等に　d. 見事　e. 素質　f. 期待

1) 医者の父は僕が父と同じ医者になることを（　）している。
2) 男性と女性の地位がもっと（　）なってほしいと思う。
3) 自分の弱いところを（　）ために、たくさん練習をした。
4) 今年の桜は天気がよかったおかげで、（　）だった。
5) 試合の前に一生懸命練習したが（　）ことに、試合に負けてしまった。
6) 弟はスポーツが上手でみんなにスポーツの（　）があると言われている。

## 読む前に 2

1) あなたの国で陸上競技は人気がありますか、ありませんか。それはどうしてですか。
2) あなたは気分が落ち込んでしまった時にどんなことをしますか。

## 内容質問 1　正しければ○を違っていれば×をしましょう。

1) （　）近代オリンピックでは、第1回から女性選手が参加できた。
2) （　）高橋ははじめからマラソンの選手だった。
3) （　）高橋は2004年のオリンピックの代表に選ばれた。
4) （　）高橋は24時間を無駄に過ごさないようにして下さいと話した。
5) （　）筆者は高橋の走る姿から勇気をもらった人は多いと思っている。

## 内容質問 2　次の質問に答えましょう。

1) 高橋が国民栄誉賞を受賞した理由は何ですか。
   a. オリンピックで女子陸上選手として初めて金メダルをとったから。
   b. オリンピックで64年ぶりに金メダルをとったから。
   c. オリンピックで優勝した時の記録が最高記録だったから。
   d. オリンピックで陸上選手として64年ぶりのメダルで記録がオリンピック最高だったから。

2) 筆者は高橋がオリンピックで優勝できた理由は何だと思っていますか。
   a. 高橋にマラソンの素質があったから。
   b. 毎日たくさん練習して体を鍛えていたから。
   c. マラソンの素質もあったし、たくさん練習して体を鍛えていたから。
   d. 国民の期待が高橋に力を与えたから。

3）「そうすると」(20行目)の「そう」は何を指しますか。
   a. 目標を持つ
   b. 充実した時間を過ごす
   c. チャンスを待つ
   d. 楽しい日を過ごす

4）筆者はどうして高橋が「暗闇～ください」(18行目～23行目)というスピーチができたと思っていますか。
   a. 高橋が厳しい練習を経験してきたから。
   b. 高橋が成功と失敗の両方の経験をしたことがあるから。
   c. 高橋がいつも夢を持っていたから。
   d. 高橋が勇気ということを大切に感じていたから。

1）あなたの国にはどんな有名な女性スポーツ選手がいますか。どうしてその人は有名ですか。
2）あなたが勇気づけられた言葉がありますか。それは、どんな言葉ですか。どうしてその言葉に勇気づけられましたか。

**文法・表現リスト**

| | | | |
|---|---|---|---|
| □ 男女を問わず | → 246 | □ 練習している最中に | → 56 |
| □ 当時 | → 116 | □ 一時は | → 12 |
| □ 国民の期待に応えて | → 164 | □ 辞めようと考えるほど | → 202 |
| □ 優勝を果たします | → 249 | □ 考えるほど落ち込む | → 55 |
| □ 少なくても 40km | → 67 | □ 持ってほしい | → 99 |
| □ 期待されていただけに | → 78 | □ このようなことが言えたのではないでしょうか | → 97 |
| □ その上 | → 71 | □ スポーツは楽しむことはもとより | → 199 |

## コラム10 読み方のポイント　大切な部分を考えて読む

結論と理由が大切

　文章の中には大切な部分とあまり大切ではない部分があります。書いている人(筆者)の意見や気持ちが書かれているところは、もちろん大切な部分になります。そして、日本語の文章の構成では、たいてい筆者の意見や気持ちなどは、文章の最後に書かれていることが多いです。ですから、文章の構成をよく考えて結論や起承転結の「結」の部分は時間をかけて読むようにしましょう。

　また、「理由」が書かれているところはたいてい大切な部分になります。ですから、理由を表す接続詞「だから」、「それで」や接続助詞「～から」、「～ので」、「～ために」などの言葉が使われているところは気をつけて読むようにしましょう。

接続詞＝ conjunction 　　接続助詞＝ conjunctive particle

# 22 男の美学

**ジャンル** スポーツ
**難しさ** ★★

## イチロー（鈴木一朗）　プロ野球選手（1973年〜　）

**キーワード** → 大リーグ／美学／自己管理／謙虚さ／努力

1　過去約15年の間、日本の男の子が将来なりたい職業のトップはスポーツ選手です。スポーツ選手の中で一番人気があるのは、サッカー選手ですが、少し前までは野球選手がいつも一番でした。今、アメリカの大リーグで活躍しているイチロー（鈴木一朗）選手も子供の時から、野球選手になることを夢見ていたそうです。

5　イチローは子供の頃から野球少年で、毎日のようにバッティングセンターに通って、練習をしていたそうです。中学、高校でも野球部に入って投手として活躍していました。しかし、交通事故で怪我をしてからは、投手から野手に転向しなければなりませんでした。高校を卒業すると、1991年にプロ野球チームのオリックスに入団して、憧れだったプロ野球選手になります。その後、9年間日本のプロ野球で活躍したイチローですが、
10　2001年のシアトル・マリナーズ移籍に伴って、アメリカに移り大リーグでプレーするようになります。

　イチローはオールラウンドプレーヤーで、打撃、盗塁、守備で様々な記録を塗り替えました。しかし、イチローは滅多に感情を表さないし、メディアの取材に対しても消極的なことが多く、取材する人にすれば彼の態度は決してほめられるものではなく、
15　そのためこのような彼の態度を批判する人が少なからずいます。しかし、そのような態度の影には、彼なりの美学があるようです。イチローはシーズンオフの時には死ぬほど練習をしますし、シーズン中は、いつもと違うことをしたから今日は打てなかったという言い訳を作らないために、毎日全く同じルーティンをするといいます。毎日同じ時間に起き、同じ時間に同じメニューのご飯を食べ、同じ時間に家を出て、試合
20　をして、試合が終わったらグローブを磨く。このルーティンを一日として欠かさないそうです。毎日全く同じことを繰り返すなんて、彼の精神力の強さには感心させられるものがあります。

　イチローはアメリカや南米の選手が試合で70の力を100に見せて威圧するのに対して、イチローは100の力を持っているにしても70から80にしか見せない方がよいと
25　考えています。そして、そのようなアプローチで実際の試合で相手を負かせてこそ楽しいし、観客も面白いと思うのではないかと語っています。日本には「能ある鷹は爪を隠す」という諺がありますが、この諺とイチローの能力をひけらかさないという考え方は似ているかもしれません。そして、これも彼の美学の一つなのだと思います。

### 読む前に 1 　単語の練習　a〜cの言葉の中から適当な言葉を選んで、（　）に入れて文を完成しましょう。

1） a. 管理　b. 精神力　c. 能力
友達は（　）がすごく強いので、どんなプレッシャーにも負けない。

2） a. 謙虚さ　b. 憧れ　c. 感情
日本では（　）がとても大切なので、あまり家族のことなどは自慢しない。

3） a. 様々に　b. 消極的な　c. 滅多に
スポーツジムに入ったが仕事が忙しくて（　）行くことができない。

4） a. 態度　b. 観客　c. 記録
このコンサートホールは2000人の（　）が入ることができるそうだ。

5） a. 批判した　b. 感心した　c. 繰り返した
ボランティアに参加する人達のニュースを見て、すごく（　）ので、私もボランティアに参加しようと思った。

### 読む前に 2

1） 子供の頃、あなたが憧れていた職業は何ですか。それはどうしてですか。

2） あなたは自己管理ができていると思いますか、思いませんか。それはどうしてですか。

### 内容質問 1 　正しければ○を違っていれば×をしましょう。

1）（　）現在でも日本の子供達が一番なりたいスポーツ選手は野球選手だ。
2）（　）イチローは学生の頃はずっと投手だった。
3）（　）イチローは高校を卒業すると、すぐアメリカの大リーグで野球選手になった。
4）（　）イチローはシーズン中は、試合に遅れないように毎日同じルーティンで生活する。
5）（　）イチローは100の力を持っていたら、その100の力を全て見せることが大切だと思っていない。

### 内容質問 2 　次の質問に答えましょう。

1） イチローを批判する人達がいますが、その人達は、どんな理由で彼を批判しますか。
　a. イチローは全然練習しないし、いつも怒っているから。
　b. イチローは自分の気持ちを話さないし、インタビューにも協力しないから。
　c. イチローは一人で、他の色々な選手の記録を越えてしまったから。
　d. イチローは自分の美学を他の人に見せないから。

2) イチローは自分の成績が悪い時、どんな言い訳をしたくないと考えていますか。
   a. 死ぬほど練習をしなかったから。
   b. グローブを磨かなかったから。
   c. いつもと違うことをしたから。
   d. 同じことを繰り返したから。

3) 「楽しい」(25行目)は、誰が楽しいと思いますか。
   a. イチロー
   b. アメリカや南米の選手
   c. 観客
   d. 筆者

4) 「能ある鷹は爪を隠す」(26行目)の意味に一番近いものはどれですか。
   a. 能力のある人はいつも自分の力を相手に分かるように見せている。
   b. 能力のある人はいつもは自分の力を見せないが、本当に大切な時だけ自分の力を見せる。
   c. 能力のある人は素晴らしい力を持っているから、たいてい何でもできてしまう。
   d. 能力のある人は、100%の力ではなくて、少しの力で相手を倒してしまう。

**考えをまとめよう**

1) あなたの国で能力をひけらかすことについてはどう思われていますか。また、あなたはどう思いますか。
2) あなたは美学を持っていますか。どんな美学を持っていますか。

**文法・表現リスト**

| | | | |
|---|---|---|---|
| □ 移籍に伴って | → 179 | □ ルーティンをするといいます | → 103 |
| □ 取材に対しても/威圧するのに対して | → 175 | □ 一日として欠かさない | → 129 |
| □ 取材する人にすれば | → 171 | □ 同じことを繰り返すなんて | → 150 |
| □ 批判する人が少なからず | → 66 | □ 感心させられるものがあります | → 220 |
| □ 彼なりの美学 | → 148 | □ 100の力を持っているにしても | → 167 |
| □ 死ぬほど練習をします | → 202 | □ 相手を負かせてこそ | → 93 |

# 23 環境問題に取り組む登山家

| ジャンル | スポーツ |
| --- | --- |
| 難しさ | ★★ |

## 野口健　登山家／環境活動家（1973年〜　）

**キーワード**　富士山／ゴミと環境破壊／自然保護／社会貢献

1　日本のシンボルである富士山を見て、あなたがたはどう思うだろうか。頂上に雪をいただいた姿は気高く、神秘的である。そして、その優雅な姿を誰もが美しいと思うのではないだろうか。けれど、実際の富士山はゴミで汚れており、世界一ゴミが多い山と酷評されている。そんな富士山を綺麗にするために、「富士山が変われば日本が変わる」のスローガンを掲げて清掃登山を呼びかけているのが登山家の野口健である。

　野口は高校の時に冒険家植村直己の著書を読み登山を始める。16歳の時にモンブランの登頂に成功し、キリマンジャロ、マッキンリー、エベレストなど、世界の険しい山々の登頂に次々と成功した。そんな野口に環境問題を考えさせるきっかけになったのは、エベレスト登山だった。

10　野口が初めてエベレストに挑戦したのは、1997年の時だった。その時、標高6500m地点でヨーロッパ隊がゴミを積極的に拾っている姿を目にした。その一方で、その近くで日本隊がおきっぱなしにしていった大量のゴミを見つける。そして、ヨーロッパの登山隊からは、日本人はエベレストをゴミだらけの富士山のようにするつもりかと言われ、衝撃を受ける。この出来事以来、野口は環境問題について深く考えないわけにはいかなかった。メディアがエベレストのゴミ問題について大きく取り上げたおかげで、社会の人々のこの問題への関心が高まった。野口は友人や様々な人の協力を得て、2000年から山の環境をこれ以上壊すまいとエベレストと富士山の清掃登山を始めた。年間30万人の登山者がいる富士山では、一回の清掃登山で40トンのゴミを回収するという。

20　現在、野口は清掃登山をはじめとする様々な活動を行っているが、その中の一つに環境学校がある。これは自分から環境に対して行動し、多くの人にメッセージを発信出来る次世代の「環境メッセンジャー」の育成を目標にしており、年に数回、3泊4日程度の期間で、青少年を対象にして行われている。環境は一度壊そうものなら、なかなか元に戻すことはできない。将来の子供達のためにも、私達も野口のように待ったなしで環境問題に取り組みたいものだ。

### 読む前に 1 　単語の練習
次の □ の言葉とその意味を説明している文を結びつけましょう。

a. 頂上（ちょうじょう）　b. 清掃（せいそう）　c. 冒険（ぼうけん）　d. 貢献（こうけん）　e. 協力（きょうりょく）　f. 青少年（せいしょうねん）

1) (　) 危ないことや成功する可能性が低いことをすること。
2) (　) 年を取った人ではなくて、子供や若い人たちのこと。
3) (　) きれいにすること。
4) (　) ある目的に向かって、みんなで力を合わせてすること。
5) (　) 山などの一番高い所。
6) (　) ある出来事や社会に対して、よい結果になるように努力すること。

### 読む前に 2

1) あなたは登山が好きですか、嫌いですか。それはどうしてですか。
2) あなたは何か社会貢献していることがありますか。それは何ですか。

### 内容質問 1 　正しければ○を違っていれば×をしましょう。

1) (　) 遠くから見ると富士山はきれいだが、実は富士山にはたくさんのゴミが捨てられている。
2) (　) 野口は16歳の時に登ったモンブランで、環境について考えるようになった。
3) (　) エベレストには日本の登山隊が捨てたゴミがたくさんあった。
4) (　) 野口は世界の山をきれいにしたいと思い、清掃登山という活動を行っている。
5) (　) 野口は環境学校を作って、子供や若い人に環境問題を教えている。

### 内容質問 2 　次の質問に答えましょう。

1) 「衝撃を受ける」(14行目) は、誰が衝撃を受けましたか。
   a. ヨーロッパ隊の人
   b. 日本隊の人
   c. 野口
   d. 読んでいる人

2) 社会の人々はどのようにして環境問題に興味を持つようになりましたか。
   a. 野口の友達や様々な人が環境問題について話をしたから。
   b. ヨーロッパ隊の人が、日本の富士山はゴミだらけだと言ったから。
   c. ニュースやテレビで、エベレストのゴミ問題が放送されて、それをたくさんの人が見たから。
   d. 一年間に富士山に30万人の人が登って、その人達が富士山は汚いと言ったから。

3）「環境メッセンジャー」というのはどういうことをする人を指しますか。
   a. 環境問題を考えて行動し、その問題を社会の人々に知らせる人。
   b. 環境問題について研究をして、解決の方法を考える人。
   c. 清掃登山をして山をきれいにしている人。
   d. 環境学校に勤めて、青少年に環境問題を教える人。

4）筆者が環境問題について一番言いたいことは何ですか。
   a. 環境は一度壊してしまうと元に戻すことはできないので、将来の子供は大変だ。
   b. 野口のように環境問題については、すぐに解決するための運動をすることが大切だ。
   c. 青少年のために環境問題を考える環境学校をたくさん作ることが大切だ。
   d. 清掃登山をこれからもどんどん進めていく必要があると思っている。

1）あなたの国では、自然保護についてどんな取り組みがありますか。そして、若い人達はどのように環境問題について学びますか。
2）あなたの国では、どんな環境問題がありますか。その問題が起こる理由は何ですか。

### 文法・表現リスト

| | |
|---|---|
| □ 美しいと思うのではないだろうか | → 97 |
| □ ゴミで汚れており／目標にしており | → 91 |
| □ 環境問題を考えさせるきっかけになったのは | → 242 |
| □ 目にした | → 210 |
| □ その一方で | → 17 |
| □ おきっぱなしにして | → 198 |
| □ ゴミだらけの富士山 | → 85 |
| □ この出来事以来 | → 19 |
| □ 深く考えないわけにはいかなかった | → 238 |
| □ 取り上げたおかげで | → 24 |
| □ 協力を得て | → 240 |
| □ これ以上壊すまい | → 203 |
| □ 回収するという | → 103 |
| □ 清掃登山をはじめとする | → 248 |
| □ その中の一つに | → 146 |
| □ 環境に対して | → 175 |
| □ 一度壊そうものなら | → 231 |
| □ 3泊4日程度 | → 90 |
| □ 取り組みたいものだ | → 223 |

# 24 命のビザ

**ジャンル** 政治
**難しさ** ★★★

## 杉原千畝　外交官（1900年～1986年）

**キーワード** 戦争／人道援助／職責／難民

　リトアニア共和国で尊敬され、切手にまでその肖像画が使われている人物がいる。その人物というのは、リトアニアの日本総領事代理を務めた杉原千畝である。杉原がそこで領事代理を務めたのは、たった1年だけであったが、その滞在の最後の1か月という短い期間に、杉原は多くの人々の運命を変えることになった。

　杉原がリトアニアに赴任してわずか四日後の1939年9月1日、ドイツ軍がポーランドに侵攻して第二次世界大戦が始まる。その後1940年8月にリトアニアはソ連に併合されることが決まり、各国の外交官はリトアニアから退去することが決まった。既にドイツによるユダヤ人迫害は始まっており、ポーランドに住むユダヤ人の中にはドイツ軍から逃れ国境を接しているリトアニアへ難民として入国して来る人々がいた。ユダヤ人難民はリトアニアも安全ではないと考えており、アメリカや他の安全な第三国への出国を望んでいた。そのためにはリトアニアからソ連を通り、日本を経由して行くより仕方がない。1940年7月になり、多くのユダヤ人が日本領事館に通過ビザを求めて押しかけるようになった。杉原は、日本政府に通過ビザの発給の許可を求めたが、日本の政府はドイツとの同盟を考えていただけにドイツ政府の政策に反するようなことはできなかった。そのため日本政府は杉原に通過ビザの発給は許可出来ないと回答してきた。

　杉原は二日の間、寝ることもなく、人道と責務の間で苦悩したという。無断でビザを発給すれば、職はもとより命までとられかねない。しかし、色々考えた末に、目の前にいる人々を見殺しにするわけにはいかないと決心し、杉原個人の判断でビザを発給する道を選択することになる。杉原はそれからリトアニアを退去するまでの1か月間、寝る間もおしんでビザを書き続けた。また、ビザの申請に必要な書類がなくてもビザを発給したという。リトアニアを離れる汽車に乗ってまで懸命にビザを書き、最後のビザを渡した時には列車は既に動き始めていたそうだ。

　杉原が発給したビザのおかげで6000人ものユダヤ人の命が助かったと言われている。命を助けられたユダヤ人達は杉原のことを忘れず、戦争が終わり次第、彼らは杉原のことを探し始めたが、杉原のいどころは分からずじまいだった。しかし、戦後、28年目にようやく杉原を見つけ出し再会を果たしたという。

### 読む前に 1　単語の練習

次の☐の言葉とその意味を説明している文を結びつけましょう。

| a. 申請（しんせい）　b. 滞在する（たいざい）　c. 回答する（かいとう）　d. 援助（えんじょ）　e. 経由する（けいゆ）　f. 外交（がいこう） |

1) (　) 外国との付き合いや交渉をすること。
2) (　) 直接ではなくて、ある場所を通ってから、目的地に行くこと。
3) (　) 許可などの願いを出すこと。
4) (　) 長い間、ある場所に泊まること。
5) (　) 困っている人に対して、行動、物、お金などを使って手伝ってあげること。
6) (　) 質問やアンケートなどに対して答えること。

### 読む前に 2

1) 第二次世界大戦の時に、ドイツ軍はユダヤ人を迫害（はくがい）しましたが、あなたはユダヤ人の迫害（はくがい）についてどんなことを知っていますか。
2) あなたの国には難民（なんみん）がいますか。どこの国からの難民（なんみん）ですか。その人たちが難民（なんみん）になった理由は何ですか。

### 内容質問 1　正しければ○を違っていれば×をしましょう。

1) (　) 杉原（すぎはら）がリトアニアへ来てしばらくしてから、第二次世界大戦が始まった。
2) (　) リトアニアに逃げてきたユダヤ人はアメリカなどの安全な国へ行きたかった。
3) (　) 杉原は通過ビザを出した方がいいかどうか、寝ずに考えた。
4) (　) 杉原は日本政府の許可なく通過ビザを発給（はっきゅう）した。
5) (　) 杉原が亡くなる前に、命を助けられたユダヤ人達は杉原に会うことができなかった。

### 内容質問 2　次の質問に答えましょう。

1) 1940年頃、リトアニアにはどんな人達が入って来ましたか。
    a. ポーランドに住むドイツ人
    b. ポーランドに住むユダヤ人
    c. ドイツに住むユダヤ人
    d. ソ連（れん）に住むポーランド人

2) どうして日本政府は杉原（すぎはら）に通過ビザの発給（はっきゅう）はできないと連絡しましたか。
    a. 日本政府はユダヤ人といい関係を持っていなかったから。
    b. 日本政府は杉原（すぎはら）のことを信用していなかったから。
    c. 日本政府はドイツといい関係を作りたかったから。
    d. 日本政府はリトアニアの政府と悪い関係を作りたくなかったから。

3）「命までとられかねない」（18行目）の意味に一番近い文はどれですか。
   a. 殺されてしまうかもしれない。
   b. 殺されてしまう。
   c. 殺されなければならない。
   d. 殺されても何も言えない。

4）杉原に助けられたユダヤ人は、戦後何をしましたか。
   a. 杉原を探し出そうとしたが、見つけることはできなかった。
   b. 杉原のことを探し出すために、杉原について本を書いた。
   c. 杉原のことを探し出したが、杉原はもうなくなっていた。
   d. 杉原のことを探し出して、もう一度会った。

考えをまとめよう

1）あなたの国で尊敬されている外国人がいますか。その人は、どうして尊敬されていますか。
2）あなたの国で人道援助の分野で活躍した／している人物がいますか。その人はどんな人道援助をしました／していますか。

### 文法・表現リスト

| | | | |
|---|---|---|---|
| □ 切手にまで | → 207 | □ とられかねない | → 34 |
| □ その人物というのは | → 106 | □ 色々考えた末に | → 64 |
| □ たった1年だけ | → 82 | □ するわけにはいかないと | → 238 |
| □ わずか四日後 | → 239 | □ 寝る間もおしんで | → 241 |
| □ 各国の外交官 | → 31 | □ 汽車に乗ってまで | → 100 |
| □ ユダヤ人迫害が始まっており／安全ではないと考えており | → 91 | □ ビザのおかげで | → 24 |
| | | □ 6000人ものユダヤ人 | → 218 |
| □ 日本を経由して行くより仕方がない | → 234 | □ 戦争が終わり次第 | → 62 |
| □ 同盟を考えていただけに | → 78 | □ 杉原のいどころは分からずじまいだった | → 68 |
| □ 寝ることもなく | → 51 | □ ようやく杉原を | → 232 |
| □ 苦悩したという／発給したという／果たしたという | → 103 | □ 見つけ出し | → 79 |
| | | □ 再会を果たした | → 249 |
| □ 職はもとより | → 199 | | |

# 25 日本の約束

**ジャンル** 政治
**難しさ** ★★★

## 佐藤栄作　政治家（1901年〜1975年）

**キーワード** 政治家／ノーベル賞／平和／核問題／非核三原則

　ワンガリー・マータイ、アウンサンスーチー、ネルソン・マンデラ、バラク・オバマ、そして、佐藤栄作。この五人に共通することは何だか分かりますか。実はこの五人、ノーベル平和賞を受賞した人達です。佐藤以外の人がノーベル平和賞をもらった理由は皆さんも分かると思いますが、佐藤栄作がどんな人物で、どうしてノーベル平和賞を受賞することになったのか、皆さんは分かりますか。

　佐藤栄作は日本の政治家です。佐藤は政治家になる前の約24年間は官僚として働きました。1949年の選挙に保守政党から出馬し当選し、政治家になり、建設大臣など数々の重職を務めました。1964年から1972年の約7年6か月の間は、総理大臣として国政を担当し、敬老の日、体育の日、建国記念の日等の祝日の制定、沖縄の返還、公害対策基本法の制定などを行いました。そして、1967年、佐藤は国会で核兵器について日本は「核兵器を持たず、作らず、持ち込ませず」という方針、つまり非核三原則を表明しました。非核三原則は法律ではありませんが、それ以後、日本はこの非核三原則を国の基本方針として、核兵器には関わらないという立場をとっています。この非核三原則が評価され、1974年に佐藤はノーベル平和賞を受賞することになったのです。

　ただ佐藤の死後、アメリカと他国の間で戦争が起こった場合にアメリカ軍が核を日本に持ち込むことを認めるような発言を佐藤がしていたことが分かり、残念なことに佐藤が必ずしも非核三原則に賛成していたわけではないことが明らかになりました。このことから、佐藤のノーベル平和賞の受賞を巡っては、現在ではそれに値しないのではないかと考える人達がいないわけではありません。

　佐藤がノーベル平和賞に値しないにしても、非核三原則の精神そのものはノーベル平和賞に値するものだということに反対する人はいないのではないでしょうか。本当に大切なことは、ノーベル平和賞を受賞するかしないかではなく、世界全ての人々が戦争の恐怖から解放され、人権が尊重され、そしてよりよい環境で安心して生活できるようになることです。ですから、将来、ノーベル平和賞が必要のない世の中がきてほしいなと思わずにはいられません。

## 読む前に 1　単語の練習

次の □ の言葉を（　）の中に入れて文を完成しましょう。

a. 務める　b. 祝日　c. 評価する　d. 尊重する　e. 恐怖　f. 方針

1）11月3日は「文化の日」という国民の（　　）になっている。
2）短い時間で外国語を話す能力を（　　）のは難しい。
3）大学生活ではお互いの意見を（　　）ことは大切だと思う。
4）私は犬が大好きだが、犬に（　　）を感じる人も少なくない。
5）会社の（　　）で、来月からできるだけ残業を少なくすることになった。
6）父は、今年の4月から中学校の校長を（　　）ことになった。

## 読む前に 2

1）あなたの国でノーベル平和賞をもらった人がいますか。その人はどうして、ノーベル平和賞をもらいましたか。
2）あなたの国で原子力が使われていますか。使われているとしたら、何をする目的で使われていますか。

## 内容質問 1　正しければ○を違っていれば×をしましょう。

1）（　）佐藤は政治家になる前はビジネスマンだった。
2）（　）非核三原則は日本の法律ではない。
3）（　）日本の政府は核兵器に関係してはいけないという考え方を持っている。
4）（　）最近では、佐藤はノーベル平和賞をもらえるようなことをしなかったと思う人が多い。
5）（　）筆者はノーベル平和賞より、世界の人々が安心して生活できる社会が大切だと考えている。

## 内容質問 2　次の質問に答えましょう。

1）次の中で佐藤がしなかったことはどれですか。
　a. 政府の役人として仕事をした。
　b. 色々な国民の休日を作った。
　c. 大臣となって国の政治を動かした。
　d. 公害について研究して発表した。

2）非核三原則とは何ですか。
　a. 核兵器を持たない、作らない、そして国内に持ち込まないという意味。
　b. 核兵器を持たない、作らない、そして外国の国に持って行かないという意味。
　c. 核兵器を作らない、外国に売らない、そして輸入しないという意味。
　d. 核兵器は日本では作らないで、外国から輸入して、そして使うという意味。

3）「発言」（16行目）を修飾している部分はどこから始まりますか。
   a. 「アメリカと〜」から
   b. 「戦争が〜」から
   c. 「アメリカ軍が〜」から
   d. 「核を〜」から

4）「反対する人はいないのではないでしょうか」（21行目）の意味に一番近い文はどれですか。
   a. 反対する人が多いだろう。
   b. 反対する人が少ないだろう。
   c. 反対する人がいないだろう。
   d. 反対する人がいるかもしれない。

1）あなたの国で原子力の使い方について、どのような方針がありますか。それについてあなたはどう思いますか。
2）あなただったら、どんな人にノーベル平和賞をあげたいと思いますか。その理由は何ですか。

### 文法・表現リスト

| | | | |
|---|---|---|---|
| □ 持ち込ませず／日本に持ち込む | → 55 | □ 人達がいないわけではありません | → 237 |
| □ それ以後 | → 10 | □ 値しないにしても | → 167 |
| □ 核兵器には関わらない | → 159 | □ 精神そのもの | → 73 |
| □ 残念なことに | → 52 | □ 反対する人はいないのではないでしょうか | → 97 |
| □ 必ずしも非核三原則に賛成していたわけではない | → 33 | □ 受賞するかしないか | → 29 |
| | | □ よりよい環境 | → 233 |
| □ このことから、佐藤のノーベル平和賞 | → 54 | □ 世の中がきてほしい | → 99 |
| □ 平和賞の受賞を巡っては、 | → 251 | □ 世の中がきてほしいな | → 139 |
| □ それに値しない | → 154 | □ 思わずにはいられません | → 69 |

# 26 消えゆく文化を守る

**ジャンル** 政治
**難しさ** ★★★

## 萱野茂　アイヌ文化研究者／政治家（1926年〜2006年）

**キーワード** → アイヌ／消える文化／少数民族／差別

1　日本は単一民族国家だと言われることがよくあるが、実はこれは正確ではない。なぜなら日本にはアイヌ人という先住民族が存在しているからだ。現在はアイヌ人と日本人の混血が進みアイヌの人口は減るばかりで、今の推計では約20万人程度に過ぎないと考えられている。

5　アイヌ民族は本州の東北地方、北海道、サハリン（旧樺太）地域を中心として13世紀にはアイヌ文化を成立させていたと思われる。和人（日本人）は生活の基礎を田畑を耕す農耕においていたが、それに対してアイヌ民族は狩猟や採取を中心にした生活を送り、和人との交易で生計を立てていた。宗教、衣服、習慣も和人と異なり、アイヌ語を話していた。アイヌ語は日本語よりエスキモーの言語に近いと言われており、札幌
10　（サッ：乾いた、ポロ：大きい、ペ：川）、積丹（サク：夏、コタン：村）などアイヌ語がもとになった地名が北海道や東北にたくさん残っている。しかし、日本人と違った文化を持った少数民族のアイヌ民族を日本人は差別したり、明治政府がアイヌ民族の同化政策を進めた結果、前述したようにアイヌ民族の人口は急激に減ってしまった。そのため、アイヌ文化は消滅するおそれがあると言われている。実際、アイヌ語について
15　はユネスコが消滅しかねない言語として、最高ランクの「極めて深刻」の区分に指定している。

　このような現状を改善するために活動したのが萱野茂である。萱野はアイヌ民族の出身であり、減りつつあるアイヌの文化をなくすまいとアイヌの民具や民話を収集し記録し続けた。また、萱野は1994年からは参議院議員として活動し、減る一方のアイ
20　ヌ文化を保護しようではないかと訴え、アイヌの伝統について国民に知識を普及するとともに啓発を図るアイヌ文化振興法という法律の成立に力を注いだ。萱野が議員として活動したのは4年という短期間であり、「人（狩猟民族）は足元が暗くなる前に故郷に帰るものだ」という言葉を残して議員を引退した。

## 読む前に 1　単語の練習
次の□□の言葉とその意味を説明している文を結びつけましょう。

a. 改善する　b. 深刻　c. 実際　d. 引退する　e. 普及する　f. 故郷

1) (　) ある地位や仕事を辞めたり、スポーツ選手がそのスポーツを辞めてしくなること。
2) (　) 社会に広まって、一般的になること。
3) (　) ものごとの本当の姿や状態。
4) (　) ものごとや問題が大きく、とても大変な状態。
5) (　) ものごとをよい方向に変えること。
6) (　) 生まれて育った場所。

## 読む前に 2

1) あなたの国に少数民族が住んでいますか。その人達の文化はどんな文化ですか。
2) あなたの国の地名はどのように決められましたか。例を使って説明してください。

## 内容質問 1　正しければ〇を違っていれば×をしましょう。

1) (　) 日本は単一民族国家だ。
2) (　) アイヌ人は農耕を中心とした生活を送っていた。
3) (　) アイヌ語がもとになった地名がたくさん残っている。
4) (　) 明治政府はアイヌ人の生活を日本人と同じにしようとした。
5) (　) ユネスコはなくなってしまう可能性のある言葉のランキングを作っている。

## 内容質問 2　次の質問に答えましょう。

1) アイヌ人の生活について正しくない文はどれですか。
   a. アイヌ人は 魚や動物を捕って生活していた。
   b. アイヌ人は日本人（和人）と生産物を交換して生活していた。
   c. 日本人（和人）と違う服を着て生活していた。
   d. 日本人と同じ神を信じて生活していた。

2) 「このような現状」(17行目) は何を指しますか。
   a. アイヌ文化が消滅してしまうかもしれない
   b. ユネスコが消滅してしまうかもしれない
   c. 日本人がアイヌ人を差別している
   d. アイヌの人口が減っている

3）萱野はアイヌ文化を守るために色々なことをしましたが、次のどれは<u>しませんでした</u>か。
   a. アイヌの民具や民話を集めたり、記録したりした。
   b. 議員になってアイヌを守る法律を作ろうとした。
   c. アイヌ語を消滅する可能性がある言葉に指定した。
   d. アイヌの伝統を保護した方がよいと呼びかけた。

4）「人(狩猟民族)は足元が暗くなる前に故郷に帰るものだ」(22行目) という言葉はどのような意味だと思いますか。
   a. 規則正しく生活することは大切だ。
   b. 自分が生まれた場所を大切にすることは大切だ。
   c. 健康に生活することは大切だ。
   d. 遅くなり過ぎる前に辞めることは大切だ。

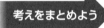 考えをまとめよう

1）あなたの国には差別されている人々がいます／いましたか。どんな人が差別されています／いましたか。
2）あなたの国には消滅が危惧されている文化や言葉、習慣がありますか。それらは、保護されていますか。どのように保護されていますか。

### 文法・表現リスト

| | | | |
|---|---|---|---|
| □ 人口は減るばかりで | → 192 | □ 消滅するおそれがある | → 25 |
| □ 20万人程度 | → 90 | □ ユネスコが消滅しかねない | → 34 |
| □ 20万人程度に過ぎない | → 170 | □ 減りつつある | → 88 |
| □ 成立させていたと思われる | → 117 | □ 文化をなくすまい | → 203 |
| □ 採取を中心にした | → 244 | □ 減る一方のアイヌ文化を | → 15 |
| □ それに対して | → 75 | □ 保護しようではないか | → 228 |
| □ 和人と異なり | → 121 | □ 普及するとともに | → 133 |
| □ エスキモーの言語に近いと言われており | → 91 | □ 故郷に帰るものだ | → 222 |

# 27 「武士道」の義

| ジャンル | 学者 |
|---|---|
| 難しさ | ★★ |

## 新渡戸稲造　農学者／教育者（1862年〜1933年）

**キーワード**　武士道／道徳教育／日本紹介／義／海外体験

　江戸時代が終わり、明治の時代になると多くの日本人が海外の優れた文化や教育、政治、哲学、技術などを学ぶために外国に留学するようになりました。武士の子供として生まれた新渡戸稲造も22歳の時、私費留学生としてアメリカに渡り、ジョンズ・ホプキンス大学で学んだ後、ドイツの大学に移り、農学を勉強し博士号を取得しました。その当時の多くの留学経験者は日本に帰国後は国の中心となって活躍しましたが、新渡戸も1891年に日本に戻ってからは、教育者として様々な学校の校長などを歴任し、日本の教育に貢献しました。更に学生時代から「太平洋の架け橋になりたい」と希望していた新渡戸は1920年に国際連盟ができると、国際連盟の事務次長になり、国際的な場でも活躍をしました。

　新渡戸の活動の中で何と言っても一番有名なのは『武士道』という本を執筆したことではないでしょうか。『武士道』という本は1900年にアメリカで出版されると、たちまち世界的なベストセラーになりました。では、なぜ新渡戸は『武士道』という本を書いたのでしょうか。

　新渡戸はある外国人から日本ではどんな宗教教育をしているのかと問われました。彼は日本には宗教教育がないと答えました。すると、その外国人は驚いて日本ではどのように道徳教育をしているのかと尋ねました。新渡戸はこの疑問に答えることができませんでした。新渡戸はその会話の後、日本人にとって何が道徳教育なのかを考え始めました。その結果、新渡戸は日本人は武士を理想の人間と考えて、その考え方や生き方を道徳としているにほかならないと考えるようになりました。そして、日本人の道徳である武士道を外国人に紹介できないものかと考え、英文で『武士道』を執筆し出版しました。

　新渡戸によると武士道というのは一人の武士が作り出した考えではなく、長い時間をかけて色々な武士の経験などから作り出された思想です。そして、この中で一番重要な考え方は義です。義というのは人間として正しいことを行うことです。ですから、人の道から外れたこと、例えば、嘘をついたり一度約束したことを守らないというのは、武士からすると絶対にしてはいけないことでした。『武士道』には義の他にも武士が大切だと思っていた考え方が説明されています。日本人の行動をもっとよく理解したいと思っている人は、『武士道』を読むといいかもしれません。

## 読む前に 1  単語の練習

a〜cの言葉の中から適当な言葉を選んで、（　）に入れて文を完成しましょう。

1) a. 哲学　b. 理想　c. 思想
   私の（　　）の彼女は、明るくて親切な人だ。
2) a. 重要な　b. 絶対に　c. 更に
   （　　）会議に遅れてしまい、課長に怒られた。
3) a. 貢献する　b. 活躍する　c. 希望する
   海外で（　　）ためには、日本語の他に外国語が話せる必要がある。
4) a. 疑問　b. 行動　c. 活動
   この太鼓のグループは日本だけでなく世界で（　　）をしている。
5) a. 執筆して　b. 出版して　c. 留学して
   あの作家は本を（　　）いる間は、ホテルで生活するそうだ。

## 読む前に 2

1) あなたの国で有名な教育者は誰ですか。どうして、その人は有名ですか。
2) あなたの国では宗教教育がありますか。どこで、どんな教育をしますか。

## 内容質問 1  正しければ○を違っていれば×をしましょう。

1) （　）明治時代にはたくさんの日本人が外国で勉強した。
2) （　）『武士道』という本は日本語で書かれた。
3) （　）江戸時代から日本には宗教教育があった。
4) （　）新渡戸は日本人は武士道を道徳と考えていると思った。
5) （　）武士道の義は、人間として正しいことをすることだ。

## 内容質問 2  次の質問に答えましょう。

1) 「太平洋の架け橋になりたい」（7行目）の意味に一番近い文はどれですか。
   a. 太平洋に大きな橋をつくりたい。
   b. 大きな太平洋の海のように、すばらしい人物になる。
   c. 太平洋の向こうにある国と日本をつなげる人になる。
   d. 太平洋の向こうにある国へ行って仕事をしてみたい。

2) 「その結果」（18行目）の「その」は何を指しますか。
   a. ある外国人と会話をした。
   b. 日本の宗教教育について考えた。
   c. 日本の道徳教育について考えた。
   d. 理想の人間について調べた。

3）新渡戸はどうして『武士道』という本を書きましたか。
   a. 日本人の生き方や考え方のもとになっている武士道を外国に紹介するため。
   b. 武士の素晴らしさを外国の人に理解してもらうため。
   c. 日本で行っている道徳教育を外国でも使ってもらうため。
   d. 新渡戸が理想としている武士を外国の人に紹介するため。

4）「義」の考え方を説明していない文はどれですか。
   a. 人間として正しいことをすること。
   b. 道を歩く時に道の真ん中を歩かないこと。
   c. 嘘をついてはいけないこと。
   d. 約束したことを守ること。

### 考えをまとめよう

1）あなたの国（文化）では、人々はどのように道徳を学んでいると思いますか。
2）あなたの国で現在一番大切な考え方は何だと思いますか。その考え方はどこからきていると思いますか。

### 文法・表現リスト

- ☐ 当時 → 116
- ☐ 何と言っても → 152
- ☐ 本を執筆したことではないでしょうか → 97
- ☐ たちまち世界的なベストセラーに → 81
- ☐ ある外国人 → 7
- ☐ 日本人にとって → 177
- ☐ その結果 → 72
- ☐ 道徳としているにほかならない → 180
- ☐ 紹介できないものか → 144
- ☐ 武士が作り出した考え → 79
- ☐ 義というのは → 106
- ☐ 武士からすると → 38

## コラム11 読み方のポイント　重要な言葉を見つける

丸や下線をしよう

　文章の中には、その文章を理解するために重要な言葉やフレーズがいくつかあります。ですから、その重要な言葉やフレーズの部分が出てくる部分をていねいに読むと、文章の理解が深くなります。では、どんな言葉やフレーズが重要な言葉やフレーズになると思いますか。たいていの場合、繰り返して使われている言葉やフレーズは重要な言葉と考えていいでしょう。ですから、同じ言葉やフレーズが使われている部分には、丸をしたり下線を引いたりして、注意して読むようにしてみましょう。

丸 = circle　下線 = underline

# 28 ミスター・トルネード

| ジャンル | 学者 |
| --- | --- |
| 難しさ | ★★★ |

## 藤田哲也　気象学者（1920年〜1998年）

**キーワード** 竜巻／自然災害／国際基準／貢献

　　藤田哲也の名前は日本ではあまり知られていないと思います。世界でも藤田の名前を知っている人はごくわずかでしょう。けれど、竜巻が起きた時によく竜巻の大きさを表すF1とかF2とかいう言葉は、竜巻の多い国に住んでいる人なら誰でも聞いたことがあるのではないでしょうか。そのF1、F2のFというのは、FujitaスケールのFでこのスケールを考え出したのが藤田哲也です。というわけで、彼はミスター・トルネードとも呼ばれています。

　　藤田は東京大学で博士号を取得後、1953年にアメリカのシカゴ大学に招かれます。アメリカでは竜巻が多発する地域がありますが、その当時、竜巻の研究はまだ遅れていて、竜巻を予測することはできず、そのせいで大きな被害が出ていました。藤田は竜巻の被害を少なくする必要があると感じ、その研究に力を注ぎ、竜巻の発生メカニズムを解明しました。まず、大気中に親雲と呼ばれる発達した積乱雲が現れ、それが上空で回転を始めます。次に、親雲に向かって地上から上昇気流が起こります。そして、上昇気流は親雲の回転の影響を受けてスピンを始め、それが竜巻になるのです。発生のメカニズムが解明されたことで、竜巻の予測が可能になり、現在では竜巻が発生する20分前には警報を出すことができるようになりました。また、その頃は竜巻の回数は記録されていましたが、その規模は記録されていませんでした。そこで藤田は建物被害などから竜巻の最大風速を推定する方法を考案しました。これがFujitaスケールで、現在ではこのスケールが竜巻の国際基準となっています。

　　藤田のもう一つの功績は、ダウンバーストという下降気流を発見したことです。藤田は1975年に起こった飛行機事故の原因を調査し、ダウンバーストという現象がこの事故を起こした原因であると主張しました。けれど、アメリカの気象学者達は観測による記録がないので、藤田の主張は受け入れかねると、藤田の意見を否定しました。しかし、その後の藤田の調査によりダウンバーストが実際に観測されると藤田の主張が認められるようになり、現在では飛行機事故を避けるために各地の空港にダウンバーストを観測する気象レーダーが設置されています。

　　世界の人々のために貢献したにも関わらず、藤田のようにその名前をあまり知られていない人が他にもたくさんいると思います。私達の生活はそのような人々によって支えられていることを忘れるべきではないと思います。

## 読む前に 1　単語の練習

a～cの言葉の中から適当な言葉を選んで、（　）に入れて文を完成しましょう。

1) a. 被害　b. 貢献　c. 功績
政治家は、その国の人々の生活を豊かにするために（　　）しなければいけない。

2) a. 主張した　b. 避けた　c. 支えた
金曜日の夜は混むので、金曜日の夜を（　　）ほうが、予約を取りやすいです。

3) a. 現象　b. 観測　c. 基準
あの場所は空気がきれいなので、月や星を（　　）するのに適している。

4) a. 招いて　b. 認めて　c. 注いで
あの研究者は癌を治すための研究に力を（　　）いる。

5) a. 否定する　b. 発見する　c. 予測する
地震の研究は進んでいるが、まだ（　　）のは難しい。

## 読む前に 2

1) あなたの国の気候はどんな特徴がありますか。

2) あなたの国で竜巻が起こることがありますか。いつ、どんな被害がありますか。

## 内容質問 1　正しければ○を違っていれば×をしましょう。

1) （　）竜巻の大きさを表すF1、F2のFは藤田のFだ。
2) （　）藤田がアメリカに行った頃には、アメリカでは既に竜巻の研究が進んでいた。
3) （　）藤田がシカゴ大学に行った頃は、竜巻の回数は記録されていたが、大きさや強さは記録されていなかった。
4) （　）藤田の功績は、竜巻のスケールを作っただけでない。
5) （　）藤田の名前は日本でも、世界でもあまり知られていないと筆者は考えている。

## 内容質問 2　次の質問に答えましょう。

1)「そのせいで」(9行目)の「その」は何を指しますか。
   a. 竜巻が多発する地域
   b. 竜巻の研究が遅れている
   c. 竜巻を予測することができない
   d. 竜巻がよく起きる

2)「それが」(13行目)の「それ」は何を指しますか。
   a. 積乱雲
   b. 上空
   c. 大気中
   d. 上昇気流

3）藤田は何を使って竜巻の風の強さを測る方法を考え出しましたか。
   a. 上昇気流が発生する時間
   b. 建物の被害
   c. 親雲の大きさ
   d. 回転する速さ

4）筆者がこの文章で言いたいことは何ですか。
   a. 竜巻の恐ろしさを忘れてはいけない。
   b. 藤田の名前を忘れてはいけない。
   c. 藤田が竜巻のスケールを作ったことを忘れてはいけない。
   d. 藤田のように私たちの生活のために貢献した人々を忘れてはいけない。

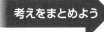
考えをまとめよう

1）あなたの国で一番恐れられている自然災害は何ですか。どうして、その自然災害は恐れられていますか。
2）あなたの国で世界の人々のために貢献した人がいますか。その人はどんな人ですか。どんなことに貢献しましたか。

**文法・表現リスト**

| | | | |
|---|---|---|---|
| □ ごくわずかでしょう | → 239 | □ 解明されたことで | → 49 |
| □ Ｆ１とかＦ２とか | → 120 | □ 観測による記録／藤田の調査により | → 185 |
| □ 聞いたことがあるのではないでしょうか | → 97 | □ 主張は受け入れ | → 20 |
| □ Ｆというのは | → 106 | □ 主張は受け入れかねる | → 34 |
| □ スケールを考え出した | → 79 | □ 各地 | → 31 |
| □ 当時 | → 116 | □ 貢献したにも関わらず | → 181 |
| □ そのせいで | → 70 | □ 忘れるべきではない | → 201 |
| □ 回転の影響を受けて | → 157 | | |

# 29 再生医療への挑戦

**ジャンル** 学者
**難しさ** ★★★

## 山中伸弥　医学者（1962年〜）

**キーワード**　倫理／再生医療／iPS細胞／ノーベル賞

　技術が進み、多くの病気を治せるようになりましたが、癌を始めとして、パーキンソン病、糖尿病など、完全に治しようがない病気もまだまだたくさんあります。そんな中、日本では2012年に山中伸弥教授がiPS細胞の研究でノーベル賞を受賞し、iPS細胞の利用が医療を更に発展させるものとして社会の期待を集めるようになりました。

　iPS細胞はどんな細胞にも変化できる性質を持った細胞です。要するに、iPS細胞からは、心臓の細胞や肝臓の細胞、神経細胞など、体の中の胎盤以外のどんな細胞でも作ることができます。しかし、これまではどんな細胞にでも変化できる細胞は受精卵を使わないことには作ることができず（受精卵を使ったこの細胞はES細胞と呼ばれます）、倫理的な問題を考慮する必要がありました。それに対して山中教授は受精卵ではなく、ある遺伝子を体の細胞に入れることで、iPS細胞を作る技術を世界で初めて考え出しました。

　iPS細胞を使うことで、再生医療、つまり、心臓、肝臓、皮膚などの細胞を新しく作り出して増やし、病気を持っている人に移植することが可能になります。それだけにとどまらず、iPS細胞で病気のメカニズムを調べることにも応用でき、病気を予防したり治療するための新薬の実験にも力を発揮できます。そのため、iPS細胞によって医療が更に前進するに相違ないと言われています。山中教授の他にも、有能な研究者によってどんな細胞にも変化できる細胞の研究が進んでいます。

　このようにiPS細胞にしろES細胞にしろ再生医療の分野は日々進歩していて、これからの医療はこれらの技術を抜きにしては考えられないでしょう。このように医療を全く変えてしまうような技術を考え出した山中教授ですが、iPS細胞の開発までには一度や二度の失敗どころか、失敗や苦労の連続だったそうです。ノーベル賞を受賞した後で、「研究はマラソンに似ています。柔道やラグビーと違って勝ち負けだけでなく、最後まで諦めずに走りぬくことが大切です。」というようなことを話しています。これからの研究者も山中教授のように失敗に負けずに、研究を続けて素晴らしい成果をあげてほしいと思います。

山中伸弥 29

**読む前に 1 単語の練習**　次の□の言葉とその意味を説明している文を結びつけましょう。

a. 有能（ゆうのう）　b. 医療（いりょう）　c. 心臓（しんぞう）　d. 発揮する（はっき）　e. 進歩する（しんぽ）　f. 教授（きょうじゅ）

1) (　) 体の一部で、血液を体、全体に送る仕事をしている。
2) (　) 大学で教えている先生。
3) (　) 薬や技術を使って病気や怪我を治すこと。
4) (　) 技術や社会などがよい方向に変わっていくこと。
5) (　) 持っている力を外に表し出すこと。
6) (　) すばらしい能力を持っていること。

**読む前に 2**

1) あなたの国ではどんな病気が多いですか。それはどうしてですか。
2) 50年前の医療（いりょう）と現在を比べてどんなことが変わったと思いますか。

**内容質問 1**　正しければ○を違っていれば×をしましょう。

1) (　) iPS 細胞（さいぼう）というのは、色々な細胞に変わることができる細胞のことだ。
2) (　) 山中（やまなか）教授は体の細胞から初めて iPS 細胞を作ることに成功した。
3) (　) iPS 細胞は病気のメカニズムを調べるためにも使うことができる。
4) (　) 山中教授は新しい iPS 細胞を作れるようになるまでに、何度も失敗をした。
5) (　) 山中教授は研究はマラソンのように苦しいので大変だと思っている。

**内容質問 2**　次の質問に答えましょう。

1) 「それに対して」（9行目）のそれは何ですか。
    a. iPS 細胞（さいぼう）
    b. 受精卵（じゅせいらん）を使った細胞
    c. 倫理的（りんり）な問題
    d. 考慮する必要

2) 山中（やまなか）教授の iPS 細胞（さいぼう）の特徴は何ですか。
    a. 受精卵（じゅせいらん）を使って作る。
    b. 心臓（しんぞう）の細胞を使って作る。
    c. 胎盤（たいばん）から細胞を取って作る。
    d. 遺伝子（いでんし）を細胞に入れて作る。

3）「これからの医療はこれらの技術を抜きにしては考えられない」(18行目)の意味に一番近い文はどれですか。
   a. これからの医療はiPS細胞やES細胞の技術がないと進歩しない。
   b. これからの医療はiPS細胞やES細胞の技術を使わなくても進歩する。
   c. 医療が進歩するためには再生医療の技術を使わない方がいい。
   d. 医療が進歩するために研究者達の技術をさらに高くする必要がある。

4）「思います」(25行目)は、誰が思いますか。
   a. 山中教授
   b. 病気の人
   c. 日本人
   d. 筆者

1) iPS細胞などを使った再生医療についてどう思いますか。どうしてそう思いますか。
2) 医療の中で、再生医療以外に倫理的に問題だと考えられていることがありますか。それはどんな問題ですか。

### 文法・表現リスト

| | | | |
|---|---|---|---|
| □ 癌を始めとして | → 248 | □ それだけにとどまらず | → 178 |
| □ 完全に治しようがない | → 227 | □ iPS細胞によって | → 183 |
| □ そんな | → 76 | □ 前進するに相違ないと | → 173 |
| □ そんな中 | → 145 | □ iPS細胞にしろES細胞にしろ | → 169 |
| □ 受精卵を使わないことには | → 142 | □ これらの技術を抜きにしては | → 247 |
| □ それに対して | → 175 | □ 二度の失敗どころか | → 123 |
| □ ある遺伝子 | → 7 | □ 走りぬくこと | → 187 |
| □ 考え出しました / 作り出し | → 79 | □ 成果をあげてほしい | → 99 |

## コラム12 読み方のポイント　文章の種類

　文章には色々な種類があります。大きく分けると、何かを説明していたり、意見を述べている説明文や意見文、筆者の感想などを書いているエッセイ文、そしてストーリーの物語文です。それぞれの種類によって、理解するポイントが違ってきます。説明文や意見文では、筆者の主張や考え方を理解することが一番大切です。エッセイ文ではもちろん、筆者がどのように感じたか、つまりある出来事についての筆者の感想を理解することが中心になります。そして、物語文では、登場人物の気持ちがどうであるかを考えなければいけません。ですから、文章の種類によって、何が大切かを考えて読むようにしましょう。

述べる = to express　　主張 = assertion; opinion　　感想 = impression; opinion　　登場人物 = character

# 30 不気味の谷

| ジャンル | 学者 |
| --- | --- |
| 難しさ | ★★ |

## 石黒浩　ロボット工学者（1963年〜　）

**キーワード**　ロボットとの共存／人間らしさ／不気味の谷／インターフェイス

1　鉄腕アトムの誕生日は2003年4月7日です。アトムの誕生から10年以上過ぎましたが、まだアトムのようなロボットは生まれていません。しかし、アトムのようなロボットが活躍する世界が、あと少しで実現するかもしれません。

　　石黒浩教授はヒューマノイドロボット研究の第一人者です。これまでに子供や女性
5　アナウンサー、そして自分にそっくりなアンドロイドを開発しました。石黒は人間にとって一番親しみやすいインターフェイス（情報のやり取りを仲介するもの）は人間だと考えています。現在、我々が使っているインターフェイスはコンピュータのマウスや携帯電話のボタンなどです。しかし、コンピュータや携帯電話の操作は複雑すぎて、これらのインターフェイスを使いこなせない老人や子供達がいます。ですから、石黒
10　は誰もが使えるインターフェイス、つまり全ての人が親しみを感じることができる人型のロボットを開発すべきだと考えています。そんな考えのもと、色々なロボットを開発した教授ですが、試しに子供達にロボットを見せたところ、普段ならロボットを喜ぶはずの子供達が教授のロボットを見たとたん、すごくおびえてしまいました。子供達はなぜおびえてしまったのでしょうか。

15　石黒は、その理由を「不気味の谷」現象だと考えています。ロボットの外見や動作が人間に近づけば、私達は親しみを覚えます。つまり、親密度が高くなります。ロボットが人間に近づくにつれて、親密度は上がっていきますが、だいぶロボットが人間に似てくると、逆にある時点で親密度が極端に下がってしまい、不気味というか恐ろしいというか見ている人は不安に感じるようになります。例えば、よくできた人形を
20　見た時、不気味に感じる感情を考えると分かりやすいと思います。しかし、人間と区別できないほど外見や動作が非常にリアルになると、また親密度は上がっていきます。この現象を線グラフにすると、親密度が一度谷に落ちるように下がるので、「不気味の谷」現象と呼んでいます。

　　石黒は「不気味の谷」を乗り越えるために、今度は女性のアンドロイドを作製しま
25　した。そして、今も「人間らしさ」を求めて研究を重ねています。石黒は人間らしさを生じさせているものは何かということを研究することは、実は人間を理解することにつながっていると言います。ロボットを通して人間を理解するというのはとても面白いと思います。

### 読む前に 1 　単語の練習

a～cの言葉の中から適当な言葉を選んで、（　）に入れて文を完成しましょう。

1) a. 恐ろしい　b. 不安な　c. 全て
時間通りに待ち合わせ場所に行ったが誰もいなかったので、（　）気持ちになった。

2) a. 老人　b. 我々　c. 教授
はっきりした（　）の定義はないらしいが、だいたい65歳以上の人のことだそうだ。

3) a. 動作　b. 現象　c. 操作
コピー機の（　）がよく分からなかったので、同僚に教えてもらった。

4) a. 生じて　b. つながって　c. 重ねて
あの人は努力を（　）、最後は世界的に有名な会社の社長になった。

5) a. 普段　b. 試し　c. 現在
私の先生は（　）はとても元気だが、今日はとても疲れているようにみえる。

### 読む前に 2

1) あなたの国では、鉄腕アトムのようなロボットのヒーローがいますか。それは、どんなヒーローですか。そのロボットヒーローはどんなことが出来ますか。

2) あなたの国では、生活の中でロボットが使われていますか。どういう目的でどんなロボットが使われていますか。

### 内容質問 1 　正しければ○を違っていれば×をしましょう。

1) (　) 現在、日本では既に鉄腕アトムのようなロボットが作られている。
2) (　) 石黒は、石黒にそっくりなアンドロイドのロボットを作った。
3) (　) 石黒は、現在あるインターフェイスは子供や老人にとって使いにくいと思っている。
4) (　) 石黒が作ったアンドロイドを見た子供は怖がってしまった。
5) (　) 石黒は人型ロボットを作ることは、人間を理解することにつながると考えている。

### 内容質問 2 　次の質問に答えましょう。

1) インターフェイスの例でないものはどれですか。
    a. アナウンサー
    b. コンピュータのマウス
    c. 携帯電話のボタン
    d. ロボット

2）「その理由」(15行目)の「その」は何を指しますか。
   a. 老人や子供が現在のインタフェースを難しいと思う
   b. 人型ロボットを開発する
   c. 子供達がすごくおびえた
   d. 子供がロボットを喜ぶ

3）「不気味の谷」現象というのはどんな現象ですか。
   a. 人型ロボットを見ると子供が怖がるという現象
   b. ロボットが人間に近づいていくと、人は不安を感じるという現象
   c. ロボットが人間の動作を真似ると不気味に見えてしまうという現象
   d. ロボットが人形に見えてしまい人間には見えないという現象

4）石黒によると人型ロボットを研究すると何が分かるようになりますか。
   a. 不気味さを理解することができる。
   b. 「不気味の谷」を乗り越える方法が分かるようになる。
   c. 人間について分かるようになる。
   d. 人間の面白さが理解できるようになる。

**考えをまとめよう**

1）人間のようなロボット、つまりアンドロイドは必要だと思いますか。どうしてそう思いますか。
2）あなたは「不気味の谷」現象を経験したことがありますか。それは、どんな経験でしたか。

**文法・表現リスト**

| | | | |
|---|---|---|---|
| □ あと少しで | → 4 | □ 人間に近づくにつれて | → 176 |
| □ 人間にとって | → 177 | □ 逆に | → 43 |
| □ インターフェイスを使いこなせない | → 53 | □ ある時点 | → 7 |
| □ 開発すべきだ | → 201 | □ 不気味というか恐ろしいというか | → 104 |
| □ そんな考えのもと | → 191 | □ 区別できないほど | → 202 |
| □ ロボットを見せたところ | → 122 | □ ロボットを通して | → 245 |
| □ ロボットを見たとたん | → 131 | | |

## ■文法表現リスト
〈説明の表記・記号〉

| 記号 | 意味 | 例 |
|---|---|---|
| S | 文 | -------- |
| Predicate | 述語 | -------- |
| aff. | 肯定形 | 食べる、おもしろい、有名だ、食べた、おもしろかった、有名だった |
| neg. | 否定形 | 食べない、おもしろくない、有名じゃない、食べなかった、おもしろくなかった、有名じゃなかった |
| V | 動詞 | 食べる、走る、勉強する |
| Ai | い形容詞 | おいしい、楽しい、高い |
| Ana | な形容詞 | 便利、元気、有名 |
| N | 名詞 | 本、家、テニス、学校 |
| Np | 名詞句 | 大学のある町、日本語を勉強している人 |
| V masu-stem | 動詞ます形 | 食べ、走り、勉強し |
| V neg. | 動詞否定形 | 食べない、走らない、勉強しない |
| V volitional | 動詞意思形 | 食べよう、走ろう、勉強しよう |
| する -V stem | する動詞の語幹 | 勉強、食事、掃除 |
| Ai stem | い形容詞 stem | おいし、楽し、高 |
| Ai neg. stem | い形容詞否定形 | おいしく、たのしく、高く |
| Ana stem | な形容詞 stem | 便利、元気、有名 |
| Ana stem な | な形容詞名詞修飾形 | 便利な、元気な、有名な |
| te-form | て形 | 動詞　：食べて、走って、勉強して<br>い形容詞：おいしくて、たのしくて、高くて<br>な形容詞：便利で、元気で、有名で<br>名詞　：本で、家で、テニスで |
| non-past　plain | 普通形　非過去 | 動詞　：食べる、食べない<br>い形容詞：おいしい、おいしくない<br>な形容詞：便利だ、便利じゃない<br>名詞　：本だ、本じゃない |
| past　plain | 普通形　過去 | 動詞　：食べた、食べなかった<br>い形容詞：おいしかった、おいしくなかった<br>な形容詞：便利だった、便利じゃなかった<br>名詞　：本だった、本じゃなかった |
| counter | 助数詞 | 枚、個、人 |
| particle | 助詞 | が、は、で、を、に etc. |
| QW | 疑問詞 | どこ、だれ、いつ、どんな |
| (　) | 省略可能項目 | スーパー（か）または、コンビニで買える。 |

| 1. | 相変わらず(あいか) | |
|---|---|---|
| 本文 | そのせいで相変わらず神経衰弱(しんけいすいじゃく)もよくなりません [15 夏目漱石] | |
| 英訳/説明 | as usual; as always; as ever; the same as before<br>現在の状況が前と変化がないことを表す。 | |
| 文型 | 相変わらず＋ S; N ＋は相変わらずだ | |
| 例文 | 1. 相変わらず寒い日が続いておりますが、いかがお過ごしですか。<br>2. 弟は中学生になっても、相変わらずゲームで遊んでばかりいる。<br>3. 一生懸命勉強したが、日本語の能力は相変わらずだ。 | |

| 2. | ～あげく | |
|---|---|---|
| 本文 | そのあげく成果(せいか)をあげなければいけないというプレッシャーから [15 夏目漱石] | |
| 英訳/説明 | after; on top of all that ; in the end; finally<br>迷惑(めいわく)や負担(ふたん)になることが続いた後で、ある結果や展開(てんかい)になったことを表す。 | |
| 文型 | V past plain ＋あげく；N の＋あげく；その＋あげく | |
| 例文 | 1. あの学生は何度もクラスに遅れた。そのあげく試験の日は授業に来なかった。<br>2. 車を買おうかどうか色々と考えたあげく、結局買うのはやめた。<br>3. 喧嘩(けんか)のあげく、最後には相手を殴(なぐ)ってしまった。 | |

| 3. | 当たり前 | |
|---|---|---|
| 本文 | 文語体(ぶんごたい)が使われることが当たり前で [17 俵万智] | |
| 英訳/説明 | usual; ordinary; obvious<br>誰が考えてもそう期待すること、当然(とうぜん)のことを表す。 | |
| 文型 | N ＋は当たり前だ；当たり前の＋ N | |
| 例文 | 1. 日本では家に入る時、靴を脱ぐのが当たり前だ。<br>2. 最近の若者は、挨拶(あいさつ)にしてもマナーにしても当たり前のことが出来ない。<br>3. この国では、子供を送り迎えするのが当たり前で、日本のように子供一人で登校させることはない。 | |

| 4. | あと～ | |
|---|---|---|
| 本文 | あと少しで実現するかもしれません [30 石黒浩] | |
| 英訳/説明 | after ~; the remaining ~; ~ more<br>条件や目標を満た(み)すまでに必要な数や量を表す。 | |
| 文型 | あと＋ number; あと＋少し / ちょっと | |
| 例文 | 1. あと一年で大学を卒業する予定です。<br>2. この教室は狭いので、あと 3 人しか座れません。<br>3. 申し訳(わけ)ありません。田中はすぐ戻ると思いますので、あと少々お待ちいただけますか。 | |

| 5. | あまりの～に | |
|---|---|---|
| 本文 | あまりのひどいコメントに驚く人もいる [3 紫式部] | |
| 英訳/説明 | due to an excessive ~; because ~ is so ~<br>程度が高すぎるためにという意味で、次にその結果がくる。 | |
| 文型 | あまりの＋ N ＋に | |
| 例文 | 1. あまりの雪の深さに車も動かなくなってしまった。<br>2. グランドでサッカーの練習をしていたが、あまりの暑さで気分が悪くなる人が多く、練習は中止になった。<br>3. あまりの面白さに時間を忘れて、ゲームを楽しんだ。 | |

| 6. | 〜あまり | |
|---|---|---|
| 本文 | 孫が掲げる理想やビジョンが大きすぎるあまり [8 孫正義] | |
| 英訳/説明 | because ~ is too ~; because ~ too much; due to an excessive ~<br>気持ちや状態の程度が高いことを表して、次にあまりよくない結果が続く。 | |
| 文型 | V non-past plain ＋あまり；Nの＋あまり | |
| 例文 | 1. 忙しさのあまり、見たかったテレビ番組を見忘れてしまった。<br>2. あの学生は間違いを気にするあまり、クラスではあまり話さない。<br>3. 飛行機事故を心配するあまり、飛行機に乗れない人がいる。 | |

| 7. | ある〜 | |
|---|---|---|
| 本文 | ある日聖徳太子の母親の夢の中に金色の僧が現れ [2 聖徳太子]<br>新渡戸はある外国人から日本ではどんな宗教教育を [27 新渡戸稲造] | |
| 英訳/説明 | certain<br>はっきり名前や指示対象を示さない言い方。 | |
| 文型 | ある＋N | |
| 例文 | 1. ある人から、健康のためにジョギングをするように勧められた。<br>2. 子供の時は野菜は嫌いだったが、ある時から食べられるようになった。<br>3. あの人はアメリカのある町でレストランを経営していた。 | |

| 8. | 言うまでもない | |
|---|---|---|
| 本文 | 茶道というものは言うまでもなく、作法に従ってお湯を沸かして [11 千利休] | |
| 英訳/説明 | needles to say ~; it goes without saying ~<br>すでに皆が分かっていること、知っていることを表す。 | |
| 文型 | N＋は言うまでもなくS；S(という)ことは＋言うまでもない | |
| 例文 | 1. 東京は言うまでもなく日本の首都です。<br>2. 寿司が日本の食べ物だということは言うまでもない。<br>3. 外国に行く時は、言うまでもなくパスポートが必要だ。 | |

| 9. | いかに〜か | |
|---|---|---|
| 本文 | いかに大ヒットしたかが分かります。[16 村上春樹] | |
| 英訳/説明 | how; how much<br>書き言葉的表現で、あることの程度が非常に高いことを表す。 | |
| 文型 | non-past: いかに＋V/Ai plain＋か；いかに＋Ana stem/ N＋か｜past: いかに＋V/Ai/Ana/ N plain＋か | |
| 例文 | 1. 子供が生まれて、子育てがいかに大変か分かった。<br>2. 外国人の友達が私に東京はいかに住みにくいかを話してくれた。<br>3. この本には健康がいかに大切かが書いてある。 | |

| 10. | 〜以後 | |
|---|---|---|
| 本文 | それ以後、日本はこの非核三原則を [25 佐藤栄作] | |
| 英訳/説明 | after ~<br>それより後という意味を表す。 | |
| 文型 | N＋以後；これ/それ/あれ＋以後 | |
| 例文 | 1. 大学卒業以後、大学時代の友達とは会っていない。<br>2. 娘が結婚して家を出た。それ以後、父親は一人で暮らしている。<br>3. 今年の夏は暑かったので、夏以後、体の調子があまりよくない。 | |

| 11. | ~以上は(いじょう) | |
|---|---|---|
| 本文 | 店を持った以上は、店を大きくしてみせるという [6 和田カツ] | |
| 英訳/説明 | since ~; as long as ~; once ~<br>何かの状況のもとではという意味で、次にそれに伴う自分の考えや責任などの表現が続く。 | |
| 文型 | V non-past/ past plain ＋以上は | |
| 例文 | 1. 自分でケーキを作る以上は、おいしいケーキを作りたい。<br>2. 約束した以上は、それを守らなければいけない。<br>3. アメリカで生活する以上は、英語が話せないと困る。 | |

| 12. | 一時は~(いちじ) | |
|---|---|---|
| 本文 | 一時は大好きな走ることを辞めようと考えるほど [24 高橋尚子] | |
| 英訳/説明 | momentary; for a while; at one time<br>過去の「少しの間は」「ある時は」という意味。 | |
| 例文 | 1. 病気になって一時はベッドから起き上がることも出来なかった。<br>2. 経済がよくなって一時はこの町もにぎやかだったが、今は静かだ。<br>3. 地震のために停電になって、一時は電車も止ってしまった。 | |

| 13. | 一体~か(いったい) | |
|---|---|---|
| 本文 | 秘密とは一体どんなものなのだろうか [9 秋元康] | |
| 英訳/説明 | (what, how, why, etc.) on earth<br>疑問文を強める。驚きや怒りなどの感情を表すこともある。 | |
| 文型 | 一体＋（QW）＋か | |
| 例文 | 1. 先週は気温が高くなったり低くなったりして、一体春なのか夏なのか分からないお天気だった。<br>2. この質問は難しすぎて、一体どうやって答えていいか分からない。<br>3. この車は一体いくらするんだろうか。 | |

| 14. | いつの間にか(ま) | |
|---|---|---|
| 本文 | いつの間にか高級料理に変わってしまい [7 白石義明] | |
| 英訳/説明 | before one knows; without one's knowledge<br>話し手の知らない間、気がつかない間にという意味。 | |
| 例文 | 1. 毎日忙しく生活していたら、いつの間にか一年が過ぎていた。<br>2. 強い雨が降っていたけど、いつの間にかに止んでいた。<br>3. 仕事で疲れたのか、いつの間にかソファで夫が寝ている。 | |

| 15. | ~一方(いっぽう) | |
|---|---|---|
| 本文 | 減る一方のアイヌ文化を保護しようではないかと訴え [26 萱野茂] | |
| 英訳/説明 | to keep ~ing; to continue to do ~; only ~<br>変化を表す動詞について、あることがよくない方向にどんどん進むことを表す。 | |
| 文型 | V non-past plain ＋一方 | |
| 例文 | 1. 運動を辞めてからは、太る一方だ。<br>2. 経済が回復して、仕事は忙しくなる一方です。<br>3. 日本は少子化で子供の数が少なくなる一方だ。 | |

| 16. | ~一方(いっぽう) | |
|---|---|---|
| 本文 | 世界から高い評価を受けている一方、 [13 草間彌生] | |
| 英訳/説明 | while ~; although ~; even though ~<br>前のことがらと後のことがらが対立していることを表す。 | |

| 文型 | non-past: V/Ai plain ＋一方 ; N である＋一方 ; Ana stem な＋一方 ｜ past: V/ Ai/ Ana/ N plain ＋一方 |
|---|---|
| 例文 | 1. パソコンは便利な一方、壊れると何も出来なくなって困ってしまう。<br>2. 世界全体の人口は増加している一方、人口が減っている国も多い。<br>3. 日本語のクラスでの発表が終わってほっとした一方、今度は成績が気になってきた。 |

| 17. | 一方で（いっぽう） |
|---|---|
| 本文 | 一方で清少納言は紫式部について [3 紫式部]<br>その一方で、その近くで日本隊がおきっぱなしにしていった [23 野口健] |
| 英訳/説明 | on the other hand<br>対立する二つのことがらを対比していう言い方。 |
| 文型 | S1。一方で＋S2; S1。その一方で、S2 |
| 例文 | 1. 日本の経済は少しずつよくなっている。しかし、一方で国民の間の格差は広がっている。<br>2. 国民は国に税金を安くして欲しいと言う。また、一方で国は教育や福祉にもっとお金を使うべきだとも言う。<br>3. 日本チームは守りがいい。その一方で、攻めるのはあまり得意ではない。 |

| 18. | 未だ（に） |
|---|---|
| 本文 | 未だ邪馬台国の場所は [1 卑弥呼] |
| 英訳/説明 | still ~; yet ~<br>「まだ」と同じ意味だが、「まだ」より少しフォーマルな表現。 |
| 例文 | 1. この事件は未だ解決されていない。<br>2. 留学できるなんて、未だに信じられない。<br>3. 父はなぜ会社を辞めたか未だに家族に話してくれない。 |

| 19. | ～以来 |
|---|---|
| 本文 | 質素な道具を茶道に取り入れて以来、それが次第に茶道の [11 千利休]<br>この出来事以来、野口は環境問題について深く考えないわけには [23 野口健] |
| 英訳/説明 | since ~; ever since ~<br>過去のある時点からある状況が現在まで続いていることを表す。 |
| 文型 | V te-form ＋以来 ; N ＋以来 |
| 例文 | 1. 日本に留学して以来、まだ一度も国に帰っていない。<br>2. この学校に入学以来、休まずに授業に出ている。<br>3. あのカップルは結婚して以来、喧嘩したことはないそうだ。 |

| 20. | 動詞＋入れる |
|---|---|
| 本文 | 鉄砲を初めて戦争に取り入れたり [4 織田信長]<br>変化を受けれ入れていく [17 俵万智] |
| 英訳/説明 | to put something in ~; to take something into ~<br>動詞のます stem 形について複合動詞を作り、「中に入れる」「承諾する」のような意味を付け加える。 |
| 文型 | V masu-stem ＋入れる |
| 例文 | 1. ここの四角の中に名前を書き入れて下さい。<br>2. 父は私たち子供の意見を全然聞き入れてくれない。<br>3. ホストファミリーの家族は私を本当の家族のように迎え入れてくれた。 |

| 21. | ～上で |
|---|---|
| 本文 | 社会生活をする上でみんなで仲良く協調することは大切だ [2 聖徳太子] |

| 英訳／説明 | when; in ~ing; in order to ~<br>何かをする時にという意味で、たいてい次に注意することや問題点などが続く。 |
|---|---|
| 文　型 | V non-past plain ＋上で |
| 例　文 | 1. 日本に住む上でいくつか注意することがあります。<br>2. 日本では上司といい関係を作る上で敬語が正しく使えることは大切です。<br>3. 外国で働く上で大切なことは何だと思いますか。 |

| 22. | ～上（に） | |
|---|---|---|
| 本　文 | 茶室の大きさも畳二枚分の大きさにした上に、無駄な要素を [11] 千利休 | |
| 英訳／説明 | in addition to ~; on top of that ~<br>あることがらに加えて、さらに他のことがらを付け加える表現。 | |
| 文　型 | non-past: V/Ai plain ＋上（に）；Nの＋上（に）；Nである＋上（に）； Ana stem な＋上（に）； その＋上（に）<br>past: V/ Ai/ Ana/ N plain ＋上（に） | |
| 例　文 | 1. あの店は安い上においしいから、いつも混んでいる。<br>2. あのアパートは不便な上に狭いから人気がない。<br>3. 友達は日本語が話せる上、MBAも持っているからすぐに仕事が決まった。 | |

| 23. | ～うちに | |
|---|---|---|
| 本　文 | 工場で使用されていたベルトコンベアを見ているうちに、白石は回転寿司のヒントを思いついた [7] 白石義明<br>学生のうちに夫婦でジャズ喫茶を始めます [16] 村上春樹 | |
| 英訳／説明 | while ~; during ~<br>何かをしている間、または、ある状態が続いている間にという意味で、次にその間に起きる、またはすることが続く。 | |
| 文　型 | V（状態） non-past plain ＋うちに；Vて＋いる＋うちに；Ai non-past plain ＋うちに；Ana stem な＋うちに；Nの＋うちに | |
| 例　文 | 1. 会議をしているうちにだんだんとプロジェクトの目標が決まってきた。<br>2. 昨日の夜は熱が高かったが、寝ているうちに熱が下がったのでよかった。<br>3. コンサートは大盛況のうちに終わりました。 | |

| 24. | ～おかげで・～おかげだ | |
|---|---|---|
| 本　文 | エベレストのゴミ問題について大きく取り上げたおかげで [23] 野口健<br>杉原が発給したビザのおかげで6000人ものユダヤ人の命が [24] 杉原千畝 | |
| 英訳／説明 | because ~; thanks to ~<br>「おかげ」は理由を表し、次にはいい結果が続く。 | |
| 文　型 | non-past: V/Ai-plain ＋おかげ；Nの＋おかげ；Ana-stem な＋おかげ ｜ past: V/Ai/Ana/N plain ＋おかげ | |
| 例　文 | 1. いい先生のおかげで日本語が上手になりました。<br>2. 病気が治ったのはこの薬が効いたおかげだ。<br>3. 天気がよかったおかげでたくさんの人がフリーマーケットに集まった。 | |

| 25. | ～おそれがある | |
|---|---|---|
| 本　文 | アイヌ文化は消滅するおそれがある [26] 萱野茂 | |
| 英訳／説明 | to be in danger of ~; to be at risk of ~; could<br>よくない出来事が起きる可能性があることを表す。 | |
| 文　型 | V non-past plain ＋おそれがある；Nの＋おそれがある | |
| 例　文 | 1. 明日は雪が積もって、電車やバスが止まるおそれがある。<br>2. インフルエンザは死ぬおそれもある病気なので、注意が必要です。<br>3. あの車は設計ミスで事故のおそれがあるらしい。 | |

| 26. | 各々<br>おのおの | |
|---|---|---|
| 本文 | 各々の国を大きくしようとして、戦争が再三起きた時代 [4 織田信長]<br>さいさん | |
| 英訳/説明 | each; respective<br>「それぞれ」の書き言葉的な表現。 | |
| 文型 | 各々の＋N | |
| 例文 | 1. 明日の会議には各々のアイデアを持って行くことになっている。<br>2. 私の家はセントラルヒーティングではないので、各々の部屋にヒーターがある。<br>3. アメリカでは各々の州に州の法律がある。 | |

| 27. | 及び<br>およ | |
|---|---|---|
| 本文 | ロンドンのテート・モダン及びニューヨークのホイットニー美術館など [13 草間彌生] | |
| 英訳/説明 | and; as well as<br>「と」の書き言葉的な表現。 | |
| 文型 | N1及びN2 | |
| 例文 | 1. 駅前の歯医者は木曜日及び日曜日はお休みだそうだ。<br>2. 新車の発表会は東京及び大阪で開かれることが決まっている。<br>おおさか<br>3. 翻訳及び通訳に関する仕事を担当することになった。<br>ほんやく | |

| 28. | 〜折り（に）<br>お | |
|---|---|---|
| 本文 | そんな折りに、ビール工場の見学に行く機会があり [7 白石義明]<br>そんな折り、友人に気晴らしに小説を書いたらどうかと [15 夏目漱石]<br>きば | |
| 英訳/説明 | at that time; on the occasion of; when<br>「時」の丁寧でかたい言い方。普通、あまりしばしば起こらないような場合に使われる。 | |
| 文型 | non-past: V/Ai plain＋折り（に）；Nの＋折り（に）；Ana stemな＋折り（に）；その＋折り（に）；<br>そんな＋折り（に）｜ past: V plain＋折り（に） | |
| 例文 | 1. 近くにお越しの折りには是非ご連絡下さい。<br>2. 来週先生にお会いする折りに、必要な資料をお渡ししてもよろしいでしょうか。<br>ぜひ<br>3. 寒さ厳しき折り、お体を大切になさって下さい。<br>きび | |

| 29. | 〜か〜か | |
|---|---|---|
| 本文 | ソフトバンクの予測が正しいか正しくないかは [8 孫正義]<br>大切なことは、ノーベル平和賞を受賞するかしないかではなく [25 佐藤栄作] | |
| 英訳/説明 | whether 〜 or; if 〜 or<br>「AかBのどちらか」という意味を表す。例1のように「肯定形 か否定形 か」の文型も多いが、例文2、3のように反意語を使うこともある。<br>こうてい | |
| 文型 | non-past: V /Ai plain＋か〜 V /Ai plain＋か；Ana stem /N＋か〜 Ana stem/N＋か；V /Ai plain aff.＋か〜 V /Ai plain neg.＋か；Ana stem /N aff.＋か〜 Ana stem/N neg.＋か｜ past: V/ Ai/ Ana/ N plain＋か〜 plain＋か | |
| 例文 | 1. 20年前のことなので、そんなことを言ったか言ってないか覚えていない。<br>2. 高いか安いかだけで考えると失敗することがある。<br>3. 私にとっては便利か不便かではなく、家賃が一番問題だ。<br>やちん | |

| 30. | 〜限り<br>かぎ | |
|---|---|---|
| 本文 | 分からないことを知りたいと思う人間の好奇心がある限り [1 卑弥呼]<br>こうきしん<br>無駄な要素をできる限り排除しようとしました [11 千利休]<br>はいじょ | |
| 英訳/説明 | as long as; as much as<br>範囲や限度を限定する言い方。<br>はんい　げんてい | |

| 文　型 | V plain ＋限り；Ana stem な＋限り；N/Ana stem である＋限り |
|---|---|
| 例　文 | 1. 日本では18歳にならない限り自動車の免許を取ることは出来ない。<br>2. 学生である限り、毎日学校に通うのは当たり前だ。<br>3. 私が聞いた限りでは、東京の地下鉄は便利で安全だそうだ。 |

| 31. | 各〜（かく） | |
|---|---|---|
| 本　文 | 村上のファンは世界各国にいます [16 村上春樹]<br>各地の空港にダウンバーストを観測する気象レーダーが [28 藤田哲也] | |
| 英訳/説明 | each; various<br>「それぞれの」という意味。 | |
| 文　型 | 各＋N | |
| 例　文 | 1. 環境にやさしい車が各社から発売されている。<br>2. 日本の各大学は学生を集めるために色々なことをしているらしい。<br>3. 各県からの優勝チームが集まってトーナメントがある。 | |

| 32. | 数ある〜の中で（かず） | |
|---|---|---|
| 本　文 | 数あるブランド品の中で、日本の女性の憧れの対象となっている [13 草間彌生] | |
| 英訳/説明 | among other things<br>たくさんあるものの中から、一つを選んでそれについて何かを述べる言い方。 | |
| 文　型 | 数ある＋N＋の中で | |
| 例　文 | 1. 数あるコンピュータ会社の中で、僕はアップルが一番好きです。<br>2. 数ある日本の山の中で、やっぱり富士山は一番美しい。<br>3. 数ある教科書の中では、この教科書が使いやすいと言われている。 | |

| 33. | 必ずしも〜というわけではない（かなら） | |
|---|---|---|
| 本　文 | 佐藤が必ずしも非核三原則に賛成していたわけではないこと [25 佐藤栄作] | |
| 英訳/説明 | not always; not necessarily<br>あることがらが間違いなくその通りだということではないことを表す。 | |
| 文　型 | 必ずしも＋V/Ai /Ana/ N plain ＋というわけでない；必ずしも Ana stem/N というわけでない | |
| 例　文 | 1. 日本人が必ずしもみんな和食が好きだというわけではない。<br>2. いい大学を卒業した人が必ずしもいい仕事が見つかるというわけでない。<br>3. 外国に住む時に、英語が必ずしも必要というわけではない。 | |

| 34. | 〜かねる・かねない | |
|---|---|---|
| 本　文 | 職はもとより命までとられかねない [24 杉原千畝]<br>アイヌ語についてはユネスコが消滅しかねない言語として [26 萱野茂] | |
| 英訳/説明 | かねる : be hard to ~; cannot ~；かねない : can ~; may ~; it is possible that<br>「かねる」は難しい、または出来ないという意味を表す。「かねない」は、何か悪い状況になってしまう可能性があることを表す。 | |
| 文　型 | V masu-stem ＋かねる・かねない | |
| 例　文 | 1. 納豆がおいしいというのは私には理解しかねる。<br>2. 毎日インスタントラーメンばかり食べていたら病気になりかねないと思う。<br>3. お客様、大変申し訳ありませんが、こちらでは分かりかねるのですが。 | |

| 35. | かの〜 | |
|---|---|---|
| 本　文 | 一番目に書かれているのが、かの有名な「和を以て貴しとなす」です [2 聖徳太子] | |

| 英訳/説明 | that ~; those ~<br>それを皆が知っていることを示す場合につける。「あの」よりかたい言い方。 |
|---|---|
| 文　型 | かの + N |
| 例　文 | 1. 来週はかの人気レストランに食事に行く予定だ。<br>2. レオナルド・ダ・ヴィンチのかの有名な絵画が、日本で公開されることになった。<br>3. アル・カポネは、かの悪名高いギャングだ。 |

### 36.　〜から〜にかけて

| 本　文 | 1970年代から90年代にかけて日本はもちろんのことシンガポール [6 和田カツ]<br>江戸時代末期から明治時代にかけて活躍した [10 三遊亭圓朝] |
|---|---|
| 英訳/説明 | from ~ till; from ~ to ~<br>時間や場所についての範囲を表す。 |
| 文　型 | N1 から N2 にかけて |
| 例　文 | 1. 東海から関東にかけて梅雨に入ったという発表があった。<br>2. この町では1月から3月にかけて雪が降ることがある。<br>3. 父の仕事の関係で10歳から15歳にかけて外国で生活を送った。 |

### 37.　〜からして

| 本　文 | 機械の革命が300年間続いていることからして [8 孫正義] |
|---|---|
| 英訳/説明 | judging from ~; based on ~<br>何かの判断となる根拠を表す。 |
| 文　型 | V/ Ai plain + ことからして ; Ana stem な + ことからして ; N + からして |
| 例　文 | 1. 異常な大雨が多くなったことからして、地球の温暖化が進んでいると思う。<br>2. あの人は着ている服からして、大学生だろう。<br>3. 高熱が続いていることからして、ただの風邪ではないと思う。 |

### 38.　〜からすると

| 本　文 | 武士からすると絶対にしてはいけないことでした [27 新渡戸稲造] |
|---|---|
| 英訳/説明 | from the standpoint of ~; for ~<br>判断する人、立場などを表す。 |
| 文　型 | N + からすると |
| 例　文 | 1. 利用者からすると、成田空港は東京まで遠いので少し不便だ。<br>2. 教える側からすると元気な子供の方が教えやすい。<br>3. このスポーツは見ている人からすると簡単そうだが、やってみると難しいらしい。 |

### 39.　〜からと言って〜ない

| 本　文 | 母親のレッスンは厳しく、小さいからと言って全然妥協せず [14 五嶋みどり] |
|---|---|
| 英訳/説明 | just because ~; even though ~<br>前件から当然だと思われることを否定する言い方。 |
| 文　型 | plain + からと言って〜ない |
| 例　文 | 1. アメリカに住んでいたことがあるからと言って英語が上手に話せるわけでない。<br>2. 料理が好きだからと言って、毎日料理を作って食べているわけではない。<br>3. 私が外国人だからと言って店員はゆっくり話したりしてはくれなかった。 |

| 40. | 仮に〜すると |
|---|---|
| 本文 | 仮に10万冊をベストセラーとすると、『ノルウェーの森』は [16 村上春樹] |
| 英訳/説明 | Suppose ~; Let's say ~; if ~; Assuming that ~ tentatively; Hypothetically if ~<br>「もし〜たら」という仮定を表す。 |
| 文型 | 仮に + S (plain) + とすると |
| 例文 | 1. 仮に一人で住むとすると、一か月にどのぐらいかかるだろうか。<br>2. 仮に今ここで地震が起きたとすると、被害を受ける人の数は数万人になるらしい。<br>3. 仮にロボットが家庭でも使われるようになるとすると、お年寄りや体の不自由な人の生活が楽になるだろう。 |

| 41. | 〜代わり |
|---|---|
| 本文 | この中で機械が人間の筋肉の代わりを果たしたように [8 孫正義] |
| 英訳/説明 | For ~; in place of ~; instead of ~; replacing; substituting for ~<br>ある物や人の代理としてという意味を表す。 |
| 文型 | Nの + 代わり ; Nに + 代わり |
| 例文 | 1. 友達が私の代わりにアルバイトに行ってくれた。<br>2. コンピュータの代わりをタブレットができるようになった。<br>3. レモンに代わり、ライムを料理に使ってみた。 |

| 42. | 〜気味 |
|---|---|
| 本文 | 3歳年上の姉が病弱気味で外出が難しかったため [20 石ノ森章太郎] |
| 英訳/説明 | on the side of ~; a touch of ~; rather<br>ある様子が見える・感じられるということを表す。 |
| 文型 | N + 気味 ; V masu-stem + 気味 |
| 例文 | 1. すみません、今日は風邪気味なので早く帰ってもいいですか。<br>2. 最近太り気味なので、もっと運動しようと思っている。<br>3. 仕事が忙しくて夜遅くまで起きているので、寝不足気味です。 |

| 43. | 逆に〜 |
|---|---|
| 本文 | 村上の翻訳方法は逆に村上独特の翻訳スタイルを生み出している [16 村上春樹]<br>だいぶロボットが人間に似てくると、逆にある時点で親密度が極端に下がって [30 石黒浩] |
| 英訳/説明 | conversely<br>「反対に」という意味を表す。 |
| 文型 | 逆に + S |
| 例文 | 1. 先生は子供に教えるのが仕事だが、逆に子供から習うこともある。<br>2. 車より電車の方が早いと思ったが、事故で電車が止まってしまって逆に時間がかかってしまった。<br>3. 褒められたいと思って掃除したら、父が大切にしている時計を壊してしまい、逆に怒られてしまった。 |

| 44. | 〜きり |
|---|---|
| 本文 | 卑弥呼は建物の奥に閉じこもったきりで外に出ることはなく [1 卑弥呼] |
| 英訳/説明 | only ~; since ~<br>あることが起こった後、その状態のままで変化がないことを表す。話し言葉では「っきり」になることが多い。 |
| 文型 | V past plain + きり ; あれ/それ/これ + きり |
| 例文 | 1. 日本に留学した兄は、日本へ行ったきり戻って来ません。<br>2. あのスポーツ選手は、怪我をして寝たきりになってしまったそうだ。<br>3. あの人には去年の夏に会った。でも、それきり一度も会っていない。 |

| 45. | ~くせ（に） | |
|---|---|---|
| 本文 | たくさん使って文章を書いているくせに、よく見ると間違いも多い [3 紫式部] | |
| 英訳/説明 | in spite of ~ ; despite the fact that ~<br>「けれど」という意味で、話し手の不満の気持ちや相手を非難する気持ちを表す。 | |
| 文型 | non-past: V/Ai plain ＋くせ(に)；N の＋くせ(に)；Ana stem な＋くせ(に) ｜ past: V/ Ai/ Ana/ N plain ＋くせ(に) | |
| 例文 | 1. あの人はお金をたくさん持っているくせに、とてもけちだ。<br>2. 子供のくせに、高い服を欲しがるので困る。<br>3. あの人はここに車を止めてはいけないことを知っていたくせに、教えてくれなかった。 | |

| 46. | ~くらい・ぐらい | |
|---|---|---|
| 本文 | 落語の世界においては別格と言われるくらいの落語家であった [10 三遊亭圓朝]<br>日本人なら知らない人はいないと言っていいぐらい有名な歌 [18 長谷川町子] | |
| 英訳/説明 | to the extent that ~; to the point that ~; so ~ that<br>程度を表す。例文3のように比喩的な表現にも使われる。 | |
| 文型 | S (plain) ＋くらい・ぐらい | |
| 例文 | 1. マラソンをした後は疲れて歩けないくらいです。<br>2. ドイツの車を買いたいですが、私の給料では買えないぐらい高いです。<br>3. このアルバイトは、泣きそうになるぐらい大変だそうです。 | |

| 47. | ~くらいなら・ぐらいなら | |
|---|---|---|
| 本文 | 重訳されるぐらいなら出版してほしくないと思う作家も多い [16 村上春樹] | |
| 英訳/説明 | (would rather ~) if ~<br>もしこのことをするのだったらということを表し、別の他のことの方がよいという意味が続くことが多い。 | |
| 文型 | S (non-past plain) ＋くらいなら・ぐらいなら | |
| 例文 | 1. 結婚して自分の自由がなくなるぐらいなら、結婚しない方がいいと考える若者が増えている。<br>2. 中古車で300万円払うぐらいなら、新車を買った方がいい。<br>3. 毎日仕事を休むぐらいなら、そんな会社は辞めたらどうですか。 | |

| 48. | こう~ | |
|---|---|---|
| 本文 | その当時の日本人は、外国のことをこう呼んでいました [4 織田信長]<br>村上は重訳についてこう述べています [16 村上春樹] | |
| 英訳/説明 | like this; this way<br>すぐ前に話したこと、またはすぐ後で話すことをさす。 | |
| 文型 | こう / そう V; こう / そう S | |
| 例文 | 1. どうして勉強するのと質問された時には、こう答えてみて下さい。考える力を学ぶためだと。<br>2. 明日までにレポートを出せと言われたが、急にそう言われても困ってしまう。<br>3. 午後からは雨になる。こうニュースで聞いたので、傘を持って家を出た。 | |

| 49. | ~ことで | |
|---|---|---|
| 本文 | 発生のメカニズムが解明されたことで、竜巻の予測が可能になり [28 藤田哲也] | |
| 英訳/説明 | to result in ~; because ~<br>理由や手段を表す。動詞が非過去形の場合は、手段の意味になることが多い。 | |
| 文型 | V/ Ai plain ＋ことで；Ana stem な＋ことで | |
| 例文 | 1. 一人で生活をすることで、家族の大切さが分かるようになる。<br>2. 会社を辞めたことで、両親には心配をかけてしまった。<br>3. 新しい薬が開発されたことで、この病気は治るようになった。 | |

| 50. | ～こととなると | |
|---|---|---|
| 本文 | 日本のアニメのこととなると日本人より詳しい外国人も多くなって [19 宮崎駿] | |
| 英訳/説明 | when it comes to ~; when the subject turns to ~<br>そのことがらについては、普通と違う態度になることを表す。 | |
| 文型 | Nの＋こととなると | |
| 例文 | 1. 夫は息子には厳しいのに、娘のこととなると甘い。<br>2. 友達はたいてい何でも話してくれるのに、ボーイフレンドのこととなると何も話してくれない。<br>3. 山田さんはペットのこととなると話がとまらない。 | |

| 51. | ～ことなく・こともなく | |
|---|---|---|
| 本文 | 慌てることなく冷静に落ち着いて、涼しい顔で演奏を続けた [14 五嶋みどり]<br>杉原は二日の間、寝ることもなく、人道と責務の間で [24 杉原千畝] | |
| 英訳/説明 | without ~<br>「～ないで」の書き言葉的表現。 | |
| 文型 | V/Ai non-past plain ＋ことなく ; Ana stem な＋ことなく | |
| 例文 | 1. 何もすることもなく、週末は過ぎてしまった。<br>2. 間違い電話がかかってきたが、謝ることもなくそのまま切られた。<br>3. この国は特に物価が高いこともなく、交通が不便なこともなく、それに治安もいいのでとても住みやすい。 | |

| 52. | ～ことに | |
|---|---|---|
| 本文 | 残念なことに1998年に亡くなってしまいました [20 石ノ森章太郎]<br>残念なことに佐藤が必ずしも非核三原則に賛成していたわけではない [25 佐藤栄作] | |
| 英訳/説明 | quite; totally<br>話し手の気持ちや感情を表す言い方。 | |
| 文型 | V past plain ＋ことに ; Ai non-past plain ＋ことに ; Ana stem な＋ことに | |
| 例文 | 1. 驚いたことに雪が50センチも積もった。<br>2. 嬉しいことに来週から夏休みで1週間休みだ。<br>3. このカードは便利なことに電車に乗ることも、コンビニで買い物をすることも出来る。 | |

| 53. | ～こなす | |
|---|---|---|
| 本文 | これらのインターフェイスを使いこなせない老人や子供達がいます [30 石黒浩] | |
| 英訳/説明 | to master; to handle; to manage<br>そのことがらを習得して、思い通りに何かを使ってあることができるという意味。自動詞と一緒には使えない。<br>例(X 歩きこなす ; X 泳ぎこなす) | |
| 文型 | V masu-stem ＋こなす | |
| 例文 | 1. 小さい子供でもコンピュータを使いこなしているので、驚く。<br>2. この曲は難しいので大人でも弾きこなせない。<br>3. この小さい船を乗りこなして、古代の人は南の島から日本に来た。 | |

| 54. | このことから | |
|---|---|---|
| 本文 | このことから、公開から10年以上たった今でもたくさんの人が [19 宮崎駿]<br>このことから、佐藤のノーベル平和賞の受賞を巡っては [25 佐藤栄作] | |
| 英訳/説明 | from this; because of this<br>前に述べたことが、次に話すことがらの根拠であることを表す。 | |

| | |
|---|---|
| 例文 | 1. この日本車はもう15年以上乗っている。このことから、日本車が壊れにくいことが分かると思う。<br>2. 自転車と車の事故が増えた。このことから、新しいルールが作られた。<br>3. 30度を超える日が何日も続いた。このことからも、地球の温暖化が進んでいることが推測できる。 |

## 55. 動詞＋込む

| | |
|---|---|
| 本文 | 四季がアニメの中に取り込まれている [18 長谷川町子]<br>核兵器を持たず、作らず、持ち込ませず [25 佐藤栄作] |
| 英訳/説明 | into; deeply<br>動詞について複合動詞を作り、「中に入る」「中に入れる」「十分にする」「深く何かをする」という意味を付け加える。 |
| 文型 | V masu-stem ＋込む |
| 例文 | 1. 飛行機にペットボトルで飲み物を持ち込んでもいいですか。<br>2. 今晩何が食べたいかと夫に聞いたら、夫は考え込んでしまった。<br>3. 世界を温かい愛で包み込んでくれるような曲だ。 |

## 56. ～最中に

| | |
|---|---|
| 本文 | 練習している最中に足を怪我してしまい [21 高橋尚子] |
| 英訳/説明 | in the middle of ~; in the midst of ~; during ~<br>動作や状態が続いている時という意味で、例文1、2のようにその時に何か予期しないことが起こる時に使われることが多い。 |
| 文型 | V te-form いる＋最中に ; Nの＋最中に |
| 例文 | 1. 留守をしている最中に、泥棒に入られてしまった。<br>2. 授業の最中に、地震があったのでびっくりした。<br>3. その時間は、飛行機で移動している最中だと思うので、電話には出られません。 |

## 57. ～際（に・には）

| | |
|---|---|
| 本文 | 映画のためのロケーションの場所を探す際には [12 黒澤明]<br>侍のテーマ音楽を作る際には黒澤の意見に沿って [12 黒澤明] |
| 英訳/説明 | when ~; in case of ~; upon ~<br>「時」のかたい言い方。日常的に起こることには使われない。 |
| 文型 | V plain ＋際（に・には）; Nの＋際（に・には） |
| 例文 | 1. 近くにお越しの際には、是非ご連絡下さい。<br>2. オリンピックが開かれる際には、ここでもサッカーの試合があるそうだ。<br>3. 病気で会社を休んだ際には、大変ご迷惑をおかけしました。 |

## 58. さらなる

| | |
|---|---|
| 本文 | さらなる高度な技術の必要性を感じ [5 本田宗一郎] |
| 英訳/説明 | further ~; even more ~; still more ~<br>「さらに」「もっと」のかたい言い方。 |
| 文型 | 「さらなる」は連体詞で、「さらに」「もっと」は副詞。 |
| 例文 | 1. 国民の生活は良くなってきたが、さらなる政府の援助が必要だ。<br>2. かなり上手に話せるようになってきたが、さらなる努力をして下さい。<br>3. 雨不足で、野菜の値段が上がっているが、さらなる値上がりが予測される。 |

## 59. ～ざるを得ない・せざるを得ない

| | |
|---|---|
| 本文 | 病気になってしまい病院に入院せざるを得ませんでした [14 五嶋みどり] |

| | | |
|---|---|---|
| 英訳/説明 | cannot help ~ing; have no choice but ~<br>他に方法がない、手段がないという意味を表す。少しかたい言い方。 | |
| 文　型 | V neg. +ざるを得ない ; する V masu-stem +せざるを得ない | |
| 例　文 | 1. 大学の勉強が難しくなって、アルバイトを辞めざるを得なかった。<br>2. 津波で家が流されて、引っ越しせざるを得ない状況だ。<br>3. コンピュータが壊れてしまったので、買い換えざるを得ない。 | |

| 60. | しかしながら | |
|---|---|---|
| 本　文 | しかしながら、孫は最近の情報革命というのは機械の革命よりも | [8 孫正義] |
| | しかしながら、養父母が離婚したため8歳の時に | [15 夏目漱石] |
| 英訳/説明 | however<br>接続詞「しかし」の書き言葉的表現。 | |
| 文　型 | しかしながら + S | |
| 例　文 | 1. 東京は日本で人口が一番多い。しかしながら、人口は減っているようだ。<br>2. 国の経済はよくなっている。しかしながら、国民の多くはそれを感じられない。<br>3. 新しいロケットを宇宙に送る実験を行った。しかしながら、実験は失敗してしまった。 | |

| 61. | ～（し）難い | |
|---|---|---|
| 本　文 | 俵のような生き方を理解し難いと考える人が | [17 俵万智] |
| 英訳/説明 | hard to ~; to be difficult to ~<br>そのことがらをするのが難しいという意味の書き言葉的表現。 | |
| 文　型 | V masu-stem + 難い | |
| 例　文 | 1. 昨日元気だった人が、病気で急に入院したというのは信じ難い。<br>2. コンピュータのない生活は想像し難い。<br>3. 高校時代にした留学の経験は何にも代え難いものでした。 | |

| 62. | ～次第 | |
|---|---|---|
| 本　文 | 家に戻り次第インターネットで検索してみると | [13 草間彌生] |
| | 戦争が終わり次第、彼らは杉原のことを探し始めた | [24 杉原千畝] |
| 英訳/説明 | as soon as ~<br>あることが終わってすぐ、次のことがらをするという意味。少しかたい表現。 | |
| 文　型 | V masu-stem + 次第 ; する -V stem + 次第 | |
| 例　文 | 1. 会議の結果が分かり次第、連絡いたします。<br>2. あの有名な大リーグの野球選手は日本到着次第、会見を開いた。<br>3. 終了時間になり次第、テストを集めますから名前は最初に書いておいて下さい。 | |

| 63. | ～上 | |
|---|---|---|
| 本　文 | 日本人が一番好きな歴史上の人物は | [4 織田信長] |
| | これらのアニメを子供の教育上よくないと思っている親達は | [18 長谷川町子] |
| 英訳/説明 | from the viewpoint of ~; in terms of ~; as a matter of ~; related to ~; in connection with ~<br>この視点から見た時、考えた時に、これに関連して、その世界でのという意味を表す。 | |
| 文　型 | N + 上 | |
| 例　文 | 1. ドラゴンは想像上の動物で本当には存在しない。<br>2. 貿易会社に勤めているので仕事上、英語を使うことが多い。<br>3. 健康上の問題で今年の旅行は諦めた。 | |

| 64. | ～末に(すえ) | |
|---|---|---|
| 本文 | 工夫を加えた末に、ようやく回転する特殊なベルトコンベアを開発し [7 白石義明] | |
| 英訳/説明 | after ~<br>書き言葉的表現で、何かを長い間したその最後に、あることがらが起こったり、したりすることを表す。 | |
| 文型 | V past plain ＋末に；N の＋末に | |
| 例文 | 1. 色々と考えた末に、会社を辞める決心をした。<br>2. どのアパートにしようか迷った末に、結局一番安いアパートに決めた。<br>3. 長い議論の末に、やっと皆が納得する結論が出た。 | |

| 65. | ～好き(ず) | |
|---|---|---|
| 本文 | また派手好きで、馬揃えという軍事パレードを [4 織田信長]<br>優しい母親といたずら好きの弟、そして、しっかり者の妹 [18 長谷川町子] | |
| 英訳/説明 | lover; enthusiast; fan<br>あることを好む傾向があることを示す。 | |
| 文型 | N ＋好き | |
| 例文 | 1. アニメ好きの人がよく行く場所は秋葉原だろう。<br>2. 兄は犬好きだが、妹は猫好きだ。<br>3. 両親は旅行好きなので、一年に三度は旅行に出かける。 | |

| 66. | 少なからず(すく) | |
|---|---|---|
| 本文 | ビジネスに偏りすぎていると批判する人達も少なからずいる [13 草間彌生]<br>彼の態度を批判する人が少なからずいます [22 イチロー] | |
| 英訳/説明 | not a few; not a little; considerably<br>「少なくない」という意味を表す。 | |
| 文型 | Np が／は少なからず(いる／ある)；少なからず＋のN | |
| 例文 | 1. 現在の政治に不満を持っている人が少なからずいます。<br>2. 健康を気にする人が増えて、少なからずの人がスポーツジムに通っている。<br>3. 敬語の間違いは、日本人でも少なからずある。 | |

| 67. | 少なくても(すく) | |
|---|---|---|
| 本文 | 多い時で１日に80km、少なくても40kmの練習を [21 高橋尚子] | |
| 英訳/説明 | at least<br>最低の限度を表す。「少なくとも」も同じ意味で使われる。 | |
| 文型 | | |
| 例文 | 1. 外国旅行をする時は、少なくても挨拶ぐらいはその国の言葉でしよう。<br>2. 車を買うためには少なくても100万円くらいは必要ではないか。<br>3. 忙しいが、少なくても毎晩5時間は寝たい。 | |

| 68. | ～ずじまい・せずじまい | |
|---|---|---|
| 本文 | 杉原のいどころは分からずじまいだった [24 杉原千畝] | |
| 英訳/説明 | to be ended up not ~ing; never<br>あることがらをしないで、または何かが起こらないで終わってしまうという意味で、たいてい話し手の残念だという思いを表す。 | |
| 文型 | V neg. ＋ずじまい；する -V stem ＋せずじまい | |
| 例文 | 1. 忙しすぎて、今日は昼ご飯を食べずじまいだった。<br>2. 各国の意見が分かれて、議論は進展せずじまいだった。<br>3. 映画を最後まで見たが、結局犯人は分からずじまいだった。 | |

| 69. | ～ずにはいられない | |
|---|---|---|
| 本文 | ノーベル平和賞が必要のない世の中がきてほしいなと思わずにはいられません [25 佐藤栄作] | |
| 英訳/説明 | cannot help ~ing; cannot help but ~<br>書き言葉的表現で、何かをしないでいることが出来ないということを表す。 | |
| 文型 | V neg. ＋ずにはいられない；する -V stem ＋せずにはいられない | |
| 例文 | 1. 私は甘い物が好きなので、毎日食べずにはいられません。<br>2. 電車の中で騒いでいる子供達を注意せずにはいられませんでした。<br>3. 映画を見て友情の大切さを感じずにはいられなかった。 | |

| 70. | ～せい（で） | |
|---|---|---|
| 本文 | 仕事は上手くいかず、そのせいで相変わらず神経衰弱もよくなりませんでした [15 夏目漱石]<br>竜巻を予測することはできず、そのせいで大きな被害が [28 藤田哲也] | |
| 英訳/説明 | because (of) ~<br>理由や原因を表し、その後よくない結果が続く。 | |
| 文型 | non-past: V/ Ai plain ＋せい（で）；N の＋せい（で）；Ana stem な＋せい（で）：この/その＋せい（で）<br>past: V/ Ai/ Ana/ N plain ＋せい（で） | |
| 例文 | 1. 台風のせいで、電車が止まってしまった。<br>2. 風邪をひいたせいで、熱が出て咳も止まらない。<br>3. 申し込んだのが遅かったせいで、サマーキャンプに行けなかった。 | |

| 71. | その上 | |
|---|---|---|
| 本文 | その上、20年かけて作った店を火災によって失って [6 和田カツ]<br>～重んじられ、その上、文語体が使われることが当たり前で [17 俵万智] | |
| 英訳/説明 | on top of that ~; moreover ~; in addition ~<br>「さらに」「それだけでなく」という意味を表す接続詞。 | |
| 文型 | その上＋S | |
| 例文 | 1. あの人は中国語が話せる。その上、ロシア語も話せるそうだ。<br>2. 大学の授業にクラブ活動、その上、アルバイトもあるのでとても忙しい。<br>3. 友達の家にはサウナがある。その上、プールもあってすごく広い。 | |

| 72. | その結果 | |
|---|---|---|
| 本文 | その結果、母親は子供を身ごもり、[2 聖徳太子]<br>その結果、平安時代には仮名文字を使って、女性達が [3 紫式部] | |
| 英訳/説明 | as a result that ~; consequently<br>前の文で言った原因と、後ろの結果を結びつける接続詞。 | |
| 文型 | その結果＋S | |
| 例文 | 1. アメリカに留学して英語を勉強した。その結果、英語が上手に話せるようになった。<br>2. 大きな津波が起きた。その結果、たくさんの家が流されてしまった。<br>3. アルバイトを始めた。その結果、勉強する時間がなくなり成績が下がってしまった。 | |

| 73. | そのもの | |
|---|---|---|
| 本文 | 非核三原則の精神そのものはノーベル平和賞に値するものだ [25 佐藤栄作] | |
| 英訳/説明 | the very thing; itself<br>「そのもの」の前にある名詞を強調する言い方。 | |
| 文型 | N ＋そのもの | |

| | | |
|---|---|---|
| 例 文 | 1. 私はピーマンの味そのものが好きではありません。<br>2. 結婚して、人生そのものが変わりました。<br>3. あの先生が悪いというのではなく、この国の教育システムそのものが悪いのだと思う。 | |

| 74. | それぞれ | |
|---|---|---|
| 本 文 | それぞれの名前と年齢、セットの中での家まで決めたばかりか [12 黒澤明] | |
| 英訳/説明 | each; respectively<br>二つ以上の物や人の、ひとつひとつを指す言い方。 | |
| 文 型 | それぞれ+の+N；それぞれ+S | |
| 例 文 | 1. 日本では家族はそれぞれ自分だけが使う箸がある。<br>2. リサイクルについて皆さんそれぞれの考えを書いて下さい。<br>3. 友達がそれぞれ好きな物を持って来て、パーティをすることになった。 | |

| 75. | それに対して | |
|---|---|---|
| 本 文 | それに対してアイヌ民族は狩猟や採取を [26 萱野茂] | |
| 英訳/説明 | on the other hand; whereas<br>対比を表す接続詞。 | |
| 文 型 | それに対して+S | |
| 例 文 | 1. 東京は高い建物が多い。それに対して私の町は高い建物が少ない。<br>2. 英語はアルファベットを使う。それに対して日本語は仮名と漢字を使う。<br>3. 父は娘には甘い。それに対して母は娘には厳しい。 | |

| 76. | そんな〜 | |
|---|---|---|
| 本 文 | 信長はそんな時代に尾張の国（現在の愛知県）で [4 織田信長] | |
| 英訳/説明 | such〜; like that; that sort of 〜<br>「そのような」の少しくだけた表現。 | |
| 文 型 | こんな/そんな/あんな+N | |
| 例 文 | 1. 働かずに楽をしたい。そんな考えは持つべきではない。<br>2. ハリウッドで活躍する俳優になりたい。そんな夢をかなえるために演技を勉強している。<br>3. 一週間で10万円儲かる。こんな話は危ないと思う。 | |

| 77. | 〜だけあって | |
|---|---|---|
| 本 文 | 秀吉は権力者だけあって派手なことが好きで [11 千利休] | |
| 英訳/説明 | as might be expected; precisely because 〜<br>理由、原因を表し、それから予想できるよい結果を表す。 | |
| 文 型 | non-past: V/Ai plain +だけあって；Ana stem な/N +だけあって｜ past: V/ Ai/ Ana/ N plain +だけあって | |
| 例 文 | 1. 毎日練習しただけあって、すごく上手になっている。<br>2. この製品は便利なだけあって、すごく売れているらしい。<br>3. このホテルは駅に近いだけあって、どこに行くにも便利だ。 | |

| 78. | 〜だけに | |
|---|---|---|
| 本 文 | 期待されていただけに、高橋のショックも大きく [21 高橋尚子]<br>政府はドイツとの同盟を考えていただけにドイツ政府の政策に反対するようなことはできなかった [24 杉原千畝] | |
| 英訳/説明 | as might be expected; precisely because 〜<br>当然だと思われる理由や原因を強調する表現。 | |

| | |
|---|---|
| 文型 | non-past: V/Ai plain ＋だけに ; Ana stem/N な＋だけに ｜ past: V/ Ai/ Ana/ N plain ＋だけに |
| 例文 | 1. 雨でピクニックが中止になった。楽しみにしていただけに、残念だ。<br>2. スミスさんは日本に住んでいただけに、日本の文化に詳しい。<br>3. あの人はスポーツ選手だけに、とても力が強い。 |

### 79. 動詞＋出す

| | |
|---|---|
| 本文 | 人々は漢字をもとにして仮名文字を作り出しました [3 紫式部]<br>ようやく杉原を見つけ出し再会を果たしたという [24 杉原千畝] |
| 英訳/説明 | out; start<br>動詞 masu-stem について複合動詞を作る。例文1のように中から出てくるという意味や例文2、3のように始めるという意味を付け加える。 |
| 文型 | V masu- stem ＋出す |
| 例文 | 1. 駅前は人が多いので待ち合わせをすると、友達を探し出すのが大変だ。<br>2. 女の子はお父さんの姿を見つけると、走り出した。<br>3. 雲が多くなって今にも雨が降り出しそうだ。 |

### 80. ただ〜だけ

| | |
|---|---|
| 本文 | 漫画はただ面白いだけでなく様々なテーマを表現する [20 石ノ森章太郎] |
| 英訳/説明 | it is just 〜<br>そのこと以外のことは何もないという意味を表す。本文のように「だけでなく」ならそれ以外のことは何もないのではなく、他にもあるという意味になる。 |
| 文型 | non-past: ただ＋ V/ Ai plain ＋だけ ; ただ＋ Ana stem な /N な＋だけ ｜ past: ただ＋ V/ Ai/ Ana/ N plain ＋だけ |
| 例文 | 1. パーティの準備は終わった。後は、ただお客さんが来るのを待つだけだ。<br>2. このデジカメはただ写真を撮るだけでなく、ビデオも撮れる。<br>3. 山田：よく京都に行きますが、京都に好きな人でもいるんですか。<br>　　田中：いいえ、ただ京都が好きなだけですよ。 |

### 81. たちまち

| | |
|---|---|
| 本文 | たちまち歌集としては異例の280万部の大ベストセラーとなり [17 俵万智]<br>出版されると、たちまち世界的なベストセラーになりました [27 新渡戸稲造] |
| 英訳/説明 | at once; in a moment<br>とても短い間にという意味を表す。 |
| 例文 | 1. あの人は計算が得意で、どんな計算でもたちまちしてしまう。<br>2. インターネットのおかげで日本のニュースがたちまち世界に広がるようになった。<br>3. アメリカ人の友達ができてから、彼の英語はたちまち上手になった。 |

### 82. たった（の）〜

| | |
|---|---|
| 本文 | 作家として活躍したのは亡くなるまでのたったの10年ぐらい [15 夏目漱石]<br>たった4秒のシーンに一年間を費やしてしまう [19 宮崎駿] |
| 英訳/説明 | only 〜; just 〜; no more than 〜<br>何かが非常に少ないことを表す。 |
| 文型 | たった（の） number ＋ counter |
| 例文 | 1. たった3週間で英語が話せるようになるわけがないと思う。<br>2. 日本滞在中は予定がいっぱいで京都で観光できるのは、たった一日だけだ。<br>3. パーティに友達を呼んだら、たったの三人しか来なかった。 |

| 83. | | たとえ〜ても |
|---|---|---|
| 本 文 | | たとえそれが失敗したとしても、その努力は次の種になります [9 秋元康] |
| 英訳/説明 | | even if ~; even N<br>とても重要なことが起きた場合でもそれに影響されることはないという逆接の仮定条件を表す。あることが本当に起こった場合、普通なら起こることが起こらずに別のことが起こる、または、普通ならそう考えることを考えないで、別のことを考える時に使う表現。 |
| 文 型 | | たとえ + V/Ai/Ana/N te-form ＋も |
| 例 文 | | 1. 高いところは好きでないので、たとえお金をもらってもバンジージャンプはしたくない。<br>2. この飛行機はたとえエンジンが一つ止っても、安全に飛べるようになっている。<br>3. この問題はたとえ専門家でも解決できないだろう。 |

| 84. | | たぶん〜からではないか |
|---|---|---|
| 本 文 | | たぶん信長(のぶなが)が非常に個性的な人物だったからではないかと思います [4 織田信長] |
| 英訳/説明 | | it seems that it is because ~<br>理由や原因を推測(すいそく)する書き言葉的表現。 |
| 文 型 | | たぶん + S (plain) ＋からではないか |
| 例 文 | | 1. 田中さんが会社を休んだのは、たぶん昨日の晩お酒を飲み過ぎたからではないか。<br>2. 日本語が上手になったのは、たぶん毎日日本のドラマを見ているからではないか。<br>3. 電話に出ないのは、たぶん電波(でんぱ)が届かないところにいたからではないか。 |

| 85. | | 〜だらけ |
|---|---|---|
| 本 文 | | 周りはひまわりだらけになって、その価値(かち)は暴落(ぼうらく)してしまいます [9 秋元康]<br>エベレストをゴミだらけの富士山(ふじさん)のようにするつもりかと言われ [23 野口健] |
| 英訳/説明 | | to be full of ~; to be covered with ~<br>何か好ましくない生物や物でいっぱいであるという意味。 |
| 文 型 | | N ＋だらけ |
| 例 文 | | 1. ハワイに旅行に行ったら日本人だらけで、外国に行った気分がしなかった。<br>2. 夏休みの海は人だらけで、ゆっくり出来ない。<br>3. 報告書を書いたら間違いだらけで、課長に怒られた。 |

| 86. | | だんだん |
|---|---|---|
| 本 文 | | このにぎり寿司(ずし)がだんだん日本全国に広がり、現在に至(いた)っている [7 白石義明] |
| 英訳/説明 | | gradually; little by little<br>少しずつ状況が変わっている様子を表す。 |
| 例 文 | | 1. 今は難しくても、だんだん分かるようになるので、心配しないで下さい。<br>2. DVDで映画を見ていたら、だんだん眠くなってソファで寝てしまった。<br>3. 10月になって、だんだん日が暮れるのが早くなった。 |

| 87. | | 〜つつ |
|---|---|---|
| 本 文 | | そこで治療を受けつつ、スタジオに通い [13 草間彌生] |
| 英訳/説明 | | while ~; as ~<br>二つの行為が同時に進むことを表す。「ながら」と同じ意味の書き言葉的表現。 |
| 文 型 | | V masu-stem ＋つつ |
| 例 文 | | 1. このキーを押しつつ、エスケープキーを押して下さい。<br>2. 健康に気をつけつつ、お酒を飲んで下さい。<br>3. 去年の楽しい出来事を思い出しつつ、留学の経験について話した。 |

| 88. | ～つつある | |
|---|---|---|
| 本　文 | 減りつつあるアイヌの文化をなくすまいと [26 萱野茂] | |
| 英訳/説明 | to be (gradually) doing ~; to be in the process of doing ~<br>あることがらが進んでいることを表す。 | |
| 文　型 | V masu-stem ＋つつある | |
| 例　文 | 1. この国の経済は回復しつつあると言われている。<br>2. 若い人達の考え方が変わりつつあると思う。<br>3. この会社では、全ての仕事がオンライン化されつつある。 | |

| 89. | ～っぽい | |
|---|---|---|
| 本　文 | そんな子供っぽい映画には出られないと三船が断ったため [12 黒澤明] | |
| 英訳/説明 | -like; -ish; easily ~<br>その傾向が強い、そういう性質を持っているということを表す。い形容詞と同じ活用をする。 | |
| 文　型 | V masu-stem ＋っぽい ; Ai stem ＋っぽい ; N ＋っぽい | |
| 例　文 | 1. このTシャツのデザインはとても日本っぽいと思う。<br>2. このコンピュータは安っぽく見えるので、買いたくない。<br>3. 父は怒りっぽい人で、ちょっとしたことでもすぐに怒り出す。 | |

| 90. | ～程度 | |
|---|---|---|
| 本　文 | 約20万人程度にすぎないと考えられている [26 萱野茂] | |
| 英訳/説明 | about<br>「くらい」という意味を表す。 | |
| 文　型 | N ＋程度 ; number ＋ counter ＋程度 | |
| 例　文 | 1. 毎週、10時間程度アルバイトをしています。<br>2. 50ページ程度なら2時間ぐらいあれば読めると思います。<br>3. この本はやさしいので小学生程度の漢字が分かれば読めます。 | |

| 91. | ～ており | |
|---|---|---|
| 本　文 | 病気と戦うことでもあると発言しており [13 草間彌生]<br>現在でも邪馬台国の場所は確定されておらず [1 卑弥呼] | |
| 英訳/説明 | and<br>文を接続する「ていて」の書き言葉的言い方。否定形は「おらず」。 | |
| 文　型 | V te-form ＋おり | |
| 例　文 | 1. ニューヨークは眠らない町とも言われており、夜でも賑やかな所がある。<br>2. この森にはたくさんの動物が住んでおり、国によって保護されている。<br>3. 事故で地下鉄が遅れており、多くの人が困っている。 | |

| 92. | できるものなら | |
|---|---|---|
| 本　文 | 親達は、できるものなら、そんなアニメを見せたくない [18 長谷川町子] | |
| 英訳/説明 | if possible ~<br>「もし可能であれば」という意味を表す。 | |
| 文　型 | | |
| 例　文 | 1. 今の仕事はつまらないので、できるものなら転職したい。<br>2. お金がないが、できるものなら来年には結婚したい。<br>3. できるものなら、月に行って月から地球を見てみたい。 | |

| 93. | ～てこそ | |
|---|---|---|
| 本文 | アプローチで実際の試合で相手を負かせてこそ楽しいし [22 イチロー] | |
| 英訳/説明 | only by ~ing; only after; not ~ without ~ing<br>あることをしなければ、または、あることが起こらなければという意味を表す。 | |
| 文型 | V te-form ＋こそ | |
| 例文 | 1. 病気になってこそ、健康の大切さが分かる。<br>2. 外国に住んでこそ、自分の国のことが分かるようになる。<br>3. このコンピュータの良さは、使ってこそ実感できる。 | |

| 94. | ～ては | |
|---|---|---|
| 本文 | 漫画を描いては雑誌に投稿するようになります [20 石ノ森章太郎] | |
| 英訳/説明 | again and again; over and over again; continue<br>ある動作を繰り返して行うことを表す。 | |
| 文型 | V te-form ＋は | |
| 例文 | 1. 何度も寄せては返す波を見ていた。<br>2. 高校生の頃は好きな子に、ラブレターを書いては送っていた。<br>3. なかなかいい文が考えられなくて、書いては消しを繰り返して、全然作文が進まない。 | |

| 95. | ～ではあるまいか | |
|---|---|---|
| 本文 | 白石の発明はこれからも世界の食文化を変えていくのではあるまいか [7 白石義明] | |
| 英訳/説明 | probably; I think ~; I suppose ~<br>はっきり分からないことを推測する時の言い方。「ではないでしょうか」の書き言葉的表現。 | |
| 文型 | non-past: V/Ai plain ＋のではあるまいか；Ana stem な/N ＋ではあるまいか<br>past: V/ Ai/ Ana/ N plain ＋のではあるまいか | |
| 例文 | 1. 友達はペットに死なれて、落ち込んでいるのではあるまいか。<br>2. 日本経済はよくなってきているが、完全に回復するまではまだ時間がかかるのではあるまいか。<br>3. 世界で一番よく知られている和食と言えば寿司ではあるまいか。 | |

| 96. | ～てはじめて | |
|---|---|---|
| 本文 | 仮名文字ができてはじめて自由に日本語を使って文を書き表すことができる [3 紫式部] | |
| 英訳/説明 | only after; not ~ until; it wasn't until ~ that<br>て形で表す行為や出来事が起きてから、初めて次の出来事が起こることを表す。 | |
| 文型 | V te-form ＋はじめて | |
| 例文 | 1. 日本へ行ってはじめて、布団で寝ました。<br>2. 第二次世界大戦が終わってはじめて、女性の参政権が完全に認められました。<br>3. 朝起きてはじめて、熱が出ていることに気がつきました。 | |

| 97. | ～ではないでしょうか・のではないだろうか | |
|---|---|---|
| 本文 | 思い浮かべる人が多いのではないでしょうか [11 千利休]<br>優雅な姿を誰もが美しいと思うのではないだろうか [23 野口健] | |
| 英訳/説明 | probably; perhaps<br>話し手の推測を表す。「～ではないだろうか」は書き言葉的表現。「でしょう」は「だろう」に言い換えることが出来る。 | |
| 文型 | non-past: V /Ai plain ＋のではないでしょうか；Ana stem /N ＋ではないでしょうか；Ana stem な /N な＋のではないでしょうか｜past: V/ Ai/ Ana/ N plain ＋のではないでしょうか | |

| 例文 | 1. 日本語を勉強している人はたいてい、一度は日本に行きたいと思っているのではないだろうか。 |
| --- | --- |
| | 2. 小さい子供には、激しいスポーツは無理ではないでしょうか。 |
| | 3. 道が混んでいるから、予定の時間には着かないのではないだろうか。 |

## 98. ～ではなかろうか

| 本文 | 女性の憧れの対象となっているのは、何と言ってもルイ・ヴィトンではなかろうか [13 草間彌生] |
| --- | --- |
| 英訳/説明 | probably<br>話し手の推測を表す書き言葉的表現。 |
| 文型 | V/ Ai plain ＋のではなかろうか；Ana stem な/N な ＋のではなかろうか；N ＋ではなかろうか |
| 例文 | 1. 現在、一番人気があるスポーツはサッカーではなかろうか。 |
| | 2. 異常気象が続いていることから見て、温暖化がさらに進んでいるのではなかろうか。 |
| | 3. 今年中に結果を出すのは難しいのではなかろうか。 |

## 99. ～てほしい

| 本文 | ノーベル賞の必要ない世の中がきてほしいな [25 佐藤栄作]<br>研究を続けて素晴らしい成果をあげてほしいと思います [29 山中伸弥] |
| --- | --- |
| 英訳/説明 | to want (someone) to ~<br>話し手が他の人に希望していることを表す。 |
| 文型 | V te-form ＋ほしい |
| 例文 | 1. 若い人には、色々なことに挑戦してほしいと思う。 |
| | 2. 妹には、幸せな結婚をしてほしいと願っている。 |
| | 3. 会社にもっと社員の苦労を分かってほしいと話した。 |

## 100. ～てまで

| 本文 | リトアニアを離れる汽車に乗ってまでビザを書き [24 杉原千畝] |
| --- | --- |
| 英訳/説明 | even; by ~ing; even after ~ing<br>ある行為が極端で普通に考えられる以上であることを表す。 |
| 文型 | V te-form ＋まで |
| 例文 | 1. 子供達はキャンプに来てまで携帯のネットゲームに夢中で、困ってしまう。 |
| | 2. 父の趣味は車で、借金してまで車のためにお金を使う。 |
| | 3. ホテルの部屋が汚いが、文句を言ってまで部屋を代えてもらうほどでもない。 |

## 101. ～てもさしつかえない

| 本文 | 日本の監督と言えば黒澤明だと言ってもさしつかえないだろう [12 黒澤明] |
| --- | --- |
| 英訳/説明 | permissible even if ~; there is no problem even if ~; may; could<br>このことをしても問題がないという意味を表す。少しかたい表現。 |
| 文型 | V te-form ＋もさしつかえない |
| 例文 | 1. 助詞の「は」と「が」の使い分けは外国人にとって一番間違いやすいと言ってもさしつかえない。 |
| | 2. この店は、東京で一番おいしいそば屋だと言ってもさしつかえないと思う。 |
| | 3. お名前をお伺いしてもさしつかえありませんか。 |

## 102. ～点

| 本文 | その点『サザエさん』なら安心して子供に見させることができます [18 長谷川町子] |
| --- | --- |
| 英訳/説明 | standpoint; a point of view; point; respect; regard<br>色々あることがらの中から、一つのことがらを取り上げて言う表現。 |
| 文型 | V/ Ai/ Ana/ N plain という＋点；この/その＋点 |

| | |
|---|---|
| 例 文 | 1. 日本の車は壊れにくいという点で、世界の人から人気がある。<br>2. リサイクルが大切だという点はみな賛成だが、どのようにリサイクルをするかということには、様々な意見がある。<br>3. この飛行機は一度も事故を起こしたことがない。その点、安心して乗ることが出来る。 |

| 103. | ～という | |
|---|---|---|
| 本 文 | 7歳の時には寄席の高座で落語を披露したという [10 三遊亭圓朝]<br>その幻聴や幻覚から逃れるために絵を描き始めたという [13 草間彌生] | |
| 英訳/説明 | I hear that ~; they say that ~; it is said that ~<br>説明的に聞いた内容を表す表現。実際の発話と区別するため「いう」はひらがなで書くことが多い。 | |
| 文 型 | V/ Ai/ Ana/ N plain ＋という | |
| 例 文 | 1. この地方では冬になると雪が2～3メートル積もるといいます。<br>2. ヘレン・ケラーは来日した際、お金を盗まれてしまったという。<br>3. 今は高級なロブスターも、昔は貧しい人の食べ物だったという。 | |

| 104. | ～というか～というか | |
|---|---|---|
| 本 文 | 不気味というか恐ろしいというか見ている人は不安に感じる [30 石黒浩] | |
| 英訳/説明 | or; or perhaps I should say ~<br>あることを言いたいが適当な表現がない、あるいは分からない時、それに近いものをいくつか(普通は2つ)を使って表現する言い方。 | |
| 文 型 | V/Ai plain ＋というか V/Ai plain ＋というか；Ana stem/N ＋というか Ana stem/N ＋というか | |
| 例 文 | 1. この味はすっぱいというか辛いというか、ちょっと表現のしようがない。<br>2. 忙しいというか、落ち着かないというか、とにかくのんびりする気持ちになれない。<br>3. このぬいぐるみは犬というか、クマというかよく分からない形をしている。 | |

| 105. | ～というと | |
|---|---|---|
| 本 文 | 日本の伝統文化というと、まず茶道を思い浮かべる人が多い [11 千利休]<br>近代の日本文学の中で文豪というとやはり夏目漱石 [15 夏目漱石] | |
| 英訳/説明 | when you mention ~ ; when you talk of ~; speking of ~<br>そのことがらについて連想されることが次に続く。 | |
| 文 型 | N ＋というと | |
| 例 文 | 1. 東京というと、物価が高いことで有名だ。<br>2. 日本の食べ物というと、誰もが最初に考えるのは寿司ではないだろうか。<br>3. 日本語というと、難しいと思う人が多い。 | |

| 106. | ～というのは | |
|---|---|---|
| 本 文 | 和田カツというのは [6 和田カツ]<br>義というのは人間として正しいことを行うことです [27 新渡戸稲造] | |
| 英訳/説明 | to mean; the meaning of ~ is ~; is<br>あることやものについて説明を加える、または、その意味を与える表現。 | |
| 文 型 | N ＋というのは | |
| 例 文 | 1. 納豆というのは、大豆を腐らせて作った食べ物だ。<br>2. 「うまい」というのは「おいしい」という意味だ。<br>3. J.F.Kというのは、アメリカの第35代の大統領のことだ。 | |

| 107. | ~というものは | |
|---|---|---|
| 本文 | 茶道というものは言うまでもなく、作法に従ってお湯を沸かして [11 千利休] | |
| 英訳/説明 | is<br>あることがらについて、一般的に言われていることを言う言い方。 | |
| 文型 | N ＋というものは | |
| 例文 | 1. 災害というものは、忘れたころにやってくる。<br>2. 夢というものは、大人になっても持ち続けていたほうがいい。<br>3. 挨拶というものは、心を込めてするものだ。 | |

| 108. | ~というより | |
|---|---|---|
| 本文 | 法律というよりは、仏教や儒教に基づいた道徳や生活の規範などが書かれています [2 聖徳太子] | |
| 英訳/説明 | rather ~; than ~; rather than ~; more than ~<br>ある言葉より他の言葉の方が適当だという意味。 | |
| 文型 | V/Ai plain ＋というより ; Ana stem /N ＋というより | |
| 例文 | 1. ブラウニーはクッキーというよりケーキだと思う。<br>2. 池という名前がついているが、池より全然大きいから、池というより湖だ。<br>3. 寒すぎて、寒いというより痛い。 | |

| 109. | ~という理由で | |
|---|---|---|
| 本文 | 和食は健康的な食べ物だという理由で世界的に人気を集めている [7 白石義明]<br>末っ子だったという理由で、1歳の頃養子に出されました [15 夏目漱石] | |
| 英訳/説明 | because ~; for the reason that ~<br>理由を表す。 | |
| 文型 | V/ Ai/ Ana/ N plain ＋という理由で | |
| 例文 | 1. 日本の文化を理解したいという理由で、日本へ留学することにした。<br>2. 父が病気で働けなくなったという理由で、母が代わりに働かなければいけなかった。<br>3. 雨が少なかったという理由で野菜の収穫が減ってしまった。 | |

| 110. | ~というわけではない | |
|---|---|---|
| 本文 | 全てが順調だったというわけではありません [14 五嶋みどり] | |
| 英訳/説明 | it does not mean that ~; it's not that ~<br>前に話したことを部分的に否定する言い方。 | |
| 文型 | V/ Ai/ Ana/ N plain ＋というわけではない ; N ＋というわけではない | |
| 例文 | 1. 日本人は魚をよく食べるが日本人が皆魚が好きだというわけではない。<br>2. 料理は苦手だが、何も作れないというわけではない。<br>3. 疲れているけれど病気というわけではありません。 | |

| 111. | ~と言えば | |
|---|---|---|
| 本文 | 平安時代の女性作家と言えば、やはり紫式部と清少納言でしょう [3 紫式部]<br>ホンダと言えば、今日では自動車メーカーとして世界的に有名だ [5 本田宗一郎] | |
| 英訳/説明 | when you talk of ~; if you say ~; talking of ~<br>あることがらについて連想されることを言う時の表現。 | |
| 文型 | N ＋と言えば | |
| 例文 | 1. 日本と言えば、富士山を思い浮かべる人が多い。<br>2. この町で日本料理と言えば、レストラン・ギンザがおいしいと思う。<br>3. 黒澤と言えばやはり『羅生門』が一番有名だろう。 | |

| 112. | ~といった | |
|---|---|---|
| 本 文 | 馬に乗って空を飛んだといった伝説が残っています [2 聖徳太子]<br>怪談噺（怖い物語）といった噺とかもある [10 三遊亭圓朝] | |
| 英訳/説明 | such as ~; like ~<br>たくさんあることの中からいくつかを例としてあげる言い方。 | |
| 文 型 | V/ Ai/ Ana plain +といった ; N +といった | |
| 例 文 | 1. 和食では寿司や天ぷらといった料理が世界的に有名だ。<br>2. 日本にはお正月とかお盆といった習慣がある。<br>3. 年上の人を尊敬したり、周りの人の気持ちを大切するといった考えが残っている。 | |

| 113. | ~といったら | |
|---|---|---|
| 本 文 | 世界に一番広がった料理といったら、間違いなく寿司だろう [7 白石義明] | |
| 英訳/説明 | if ~ say ~; when you talk of ~; talking of ~<br>あることがらについて最初に思い浮かべることを表す。 | |
| 文 型 | N +といったら | |
| 例 文 | 1. アメリカの有名人といったら、誰を思い浮かべますか。<br>2. 眠らない町といったら、ニューヨークです。<br>3. 日本でバレンタインデーのプレゼントといったら、チョコレートですね。 | |

| 114. | ~といっても | |
|---|---|---|
| 本 文 | 店といっても、露店に過ぎない店でしたが [6 和田カツ] | |
| 英訳/説明 | although one says ~; even if you say ~; although ~<br>先に言ったことから普通に想像されることと実際に違うことを表す。 | |
| 文 型 | V/ Ai/ Ana plain +といっても ; N +といっても | |
| 例 文 | 1. 日本に住んでいたといっても、1年だけです。<br>2. スポーツが好きだといっても、するのではなく見るのが好きです。<br>3. 漢字が嫌いだといっても、漢字を勉強しないわけにはいかない。 | |

| 115. | ~といっても過言ではない | |
|---|---|---|
| 本 文 | 誰もが認める成功者といっても過言ではない [9 秋元康] | |
| 英訳/説明 | it is not too much to say that ~; it is no exaggeration to say that ~<br>このことがらが大げさ、言い過ぎでないという意味を表す。 | |
| 文 型 | S (plain) +といっても過言ではない | |
| 例 文 | 1. 日本の自動車技術は世界一だといっても過言ではないと思う。<br>2. 寿司を知らない人はいないといっても過言ではないと思う。<br>3. インターネットは世界の人々の生活を変えたといっても過言ではない。 | |

| 116. | 当~ | |
|---|---|---|
| 本 文 | 当日はもちろん燕尾服で式に出席した [5 本田宗一郎]<br>その当時、竜巻の研究はまだ遅れていて [28 藤田哲也] | |
| 英訳/説明 | that ~; this ~; the ~ in question; our ~<br>「この/その」という意味や、今話しているものや人、ことという意味で使う。 | |
| 文 型 | 当+ N/ 漢字の名詞の一部　例)当時、当社、当病院、当チケット | |
| 例 文 | 1. このアルバイトに興味があるかどうかは、当人に聞いてみないとよく分からない。<br>2. 当社のモットーは「お客様に笑顔を運ぶ」だ。<br>3. 当チケットは、お一人様一枚限り有効です。 | |

| 117. | ～と思われる | |
|---|---|---|
| 本文 | 13世紀にはアイヌ文化を成立させていたと思われる [26 萱野茂] | |
| 英訳/説明 | seem; appear; it looks like; it is believed that ~<br>判断や意見などはっきり断定できないことや、一般的に信じられていることがらを表す。 | |
| 文型 | V/ Ai/ Ana/ N plain ＋と思われる | |
| 例文 | 1. 台風は今後も北東に進むと思われます。<br>2. この魚は絶滅したと思われていたが、20年ぶりに発見された。<br>3. この事故の原因は運転手の不注意だと思われる。 | |

| 118. | ～通り（に） とお/とおり | |
|---|---|---|
| 本文 | 村上の活躍はもう皆さんのご存じの通りです [16 村上春樹] | |
| 英訳/説明 | as ~<br>言ったこと、思ったこと、書かれていることなどが違わないことを表す。 | |
| 文型 | V plain ＋通り；N(の)＋通り | |
| 例文 | 1. 雨が降っても予定通りに試合は行います。<br>2. 先生に言われた通りに勉強したら、いい成績がもらえた。<br>3. 説明書の通りなら、使い方はそれほど難しくない。 | |

| 119. | ～とか | |
|---|---|---|
| 本文 | 「尾張のおおうつけ」と呼んで馬鹿にしていたとか [4 織田信長] | |
| 英訳/説明 | I/ we hear that ~; it is said that ~<br>説明的に聞いた内容を表す。 | |
| 文型 | V/ Ai/ Ana/ N plain ＋とか | |
| 例文 | 1. ロサンゼルスには有名人がたくさん住んでいるとか。<br>2. 日本人は昔、漢字だけを使って日本語を書いていたとか。<br>3. この店のカレーは日本で一番おいしいとか。 | |

| 120. | ～とか～とか | |
|---|---|---|
| 本文 | 2歳の時に東を向いて念仏を唱えたとか、一度に10人の話を聞いて理解出来たとか [2 聖徳太子]<br>F1とかF2とかいう言葉は [28 藤田哲也] | |
| 英訳/説明 | and such ~<br>例をあげる言い方。 | |
| 文型 | V/ Ai/ Ana plain ＋とか V/ Ai/ Ana plain ＋とか；N＋とか N＋とか | |
| 例文 | 1. ロンドンとかパリとか、ヨーロッパの町に憧れている人が多いと思う。<br>2. 弟はアルバイトするとか留学するとか言っているが、いつも話だけだ。<br>3. 友達は新しい仕事を見つけたが、仕事は大変だとかつらいとかばかり言っている。 | |

| 121. | ～と異なり こと | |
|---|---|---|
| 本文 | 宗教、衣服、習慣も和人と異なり、アイヌ語を話していた [26 萱野茂] | |
| 英訳/説明 | unlike ~<br>違いや差があることを表す。 | |
| 文型 | N ＋と異なり | |
| 例文 | 1. インターネットで服を買ったが、インターネットで見たものとは全然異なり、がっかりした。<br>2. 話題になっている映画を見たが原作と異なり、まったく面白くなかった。<br>3. 日本と異なり、アメリカでは自分の意見をはっきり言うことが大切だ。 | |

| 122. | ~ところ | |
|---|---|---|
| 本文 | 卑弥呼を女王としたところ、戦争がなくなり国が治まった [1 卑弥呼]<br>子供達に模範にしたい映画キャラクターを聞いたところ、この映画の主人公千尋が第8位に選ばれた [19 宮崎駿] | |
| 英訳/説明 | when ~<br>何かをしたことがきっかけとなって、何かが起こった、あるいは、何かが分かった場合に使われる。 | |
| 文型 | V past ＋ところ | |
| 例文 | 1. プレゼントの箱を開けたところ、中から子犬が出てきた。<br>2. 家に帰ったところ、注文しておいた荷物が届いていた。<br>3. 欲しい自転車があったのでネットで調べてみたところ、安く買えることが分かった。 | |

| 123. | ~どころか | |
|---|---|---|
| 本文 | 信長はワインを飲むどころか南蛮の服であるマントを着たりもしていたとも言われています [4 織田信長]<br>iPS細胞の開発までには一度や二度の失敗どころか、失敗や苦労の連続だったそうです [29 山中伸弥] | |
| 英訳/説明 | let alone; not only, but ~<br>「~どころか」で表すことがらだけでも普通に考えられる以上のことなのに、さらに他のこともという意味を表す。 | |
| 文型 | non-past: V/Ai non-past plain ＋どころか ; Ana stem/ N ＋どころか ｜ past:V/ Ai/ Ana/ N plain ＋どころか | |
| 例文 | 1. あの人は日本語どころか、中国語もロシア語も話せるそうです。<br>2. このレストランでは和食が食べられるどころかイタリア料理も中華料理も食べられます。<br>3. 最近の携帯はメールがチェックできるどころかコンビニでお金を払ったりもできる。 | |

| 124. | ~どころか | |
|---|---|---|
| 本文 | 重訳に反対どころか肯定的な立場をとっています [16 村上春樹] | |
| 英訳/説明 | far from ~; on the contrary ~; rather than ~<br>現実や予想などが全く反対の状況になっていることを表す。 | |
| 文型 | non-past: V/ Ai non-past plain ＋どころか ; Ana stem/ N ＋どころか ｜ past: V/ Ai/ Ana/ N plain ＋どころか | |
| 例文 | 1. ダイエットをしたら、やせるどころか太ってしまった。<br>2. 今年の冬は寒いという予報だったが、寒いどころか暖かい。<br>3. 頭痛がしたので薬を飲んだら、よくなるどころか吐き気までしてきた。 | |

| 125. | ~ところから | |
|---|---|---|
| 本文 | 噺の最後に落ちがくるところから、「落とし噺」それが短くなって [10 三遊亭圓朝] | |
| 英訳/説明 | from the fact ~; since ~<br>理由を表す。 | |
| 文型 | non-past: V/ Ai non-past plain ＋ところから ; Ana stem な ＋ところから ｜ past: V/ Ai/ Ana plain ＋ところから | |
| 例文 | 1. この魚はなかなか見つからないところから、幻の魚と呼ばれている。<br>2. 貝の化石が見つかったところから、この辺りは昔、海だったことが分かった。<br>3. 日本語の辞書を持っているところから考えると、日本語の学生だろう。 | |

| 126. | ~どころではない | |
|---|---|---|
| 本文 | 漱石は勉強どころではなくなり、日本に帰国するよりほかありませんでした [15 夏目漱石] | |
| 英訳/説明 | cannot ~; simply impossible; out of the question ~<br>このことがらをしている場合ではないという、何かができないことの強い否定を表す。 | |
| 文型 | V non-past plain ＋どころではない ; N ＋どころではない | |

| 例 文 | 1. レストランでご飯を食べていたら、おなかが痛くなって食事どころではなかった。<br>2. 仕事が忙しくて結婚を考えるどころではない。<br>3. 戦争中は食べることが大変で、娯楽どころではなかったそうだ。 |
|---|---|

| 127. | ～ところをみると | | |
|---|---|---|---|
| 本 文 | 信長のような個性的な人間に惹かれるところをみると、本当は日本人も | | [4 織田信長] |
| 英訳/説明 | seeing that ~; judging from the fact that ~; because ~<br>推測や判断の理由になることを表す。 | | |
| 文 型 | non-past: V/ Ai plain ＋ところをみると ; Ana stem な ＋ところをみると ｜ past: V/ Ai/ Ana ＋ところをみると | | |
| 例 文 | 1. 社長はインド料理やタイ料理が好きなところをみると、辛い食べ物が好きなのだろう。<br>2. 人がたくさん並んでいるところをみると、この店はおいしいのだろう。<br>3. いつも遅れない彼が遅れて来たところをみると、何か特別な理由があるのだろう。 | | |

| 128. | ～とされる | |
|---|---|---|
| 本 文 | 保存食として魚に限って食用にしたのが始まりだとされている [7 白石義明]<br>江戸時代のはじめ頃とされて [10 三遊亭圓朝] | |
| 英訳/説明 | it is considered that ~<br>一般的に考えられていることを示す。 | |
| 文 型 | V/ Ai/ Ana/ N plain ＋とされる ; N ＋とされる | |
| 例 文 | 1. 食生活と病気は強い関係があるとされる。<br>2. 日本では年上を尊敬することは大切だとされている。<br>3. この町は日本で一番住みやすいとされている。 | |

| 129. | ～として～ない |
|---|---|
| 本 文 | このルーティンを一日として欠かさないそうです [22 イチロー] |
| 英訳/説明 | not even one<br>あることを全くしない、または、あることがらが全く起こらないことを強調していう言い方。 |
| 文 型 | 一＋counter として～ない |
| 例 文 | 1. 試験が難しすぎて、一問として分かる質問がなかった。<br>2. 雪が降って、電車が遅れたが一人として遅れて来る人はいなかった。<br>3. 体のためにジョギングを始めたが、一日として続かなかった。 |

| 130. | ～とする | |
|---|---|---|
| 本 文 | 卑弥呼を女王としたところ、戦争がなくなり国が治まった [1 卑弥呼]<br>どうして聖徳太子は「和を以て貴しとなす」を十七条の憲法の一番目としたのでしょうか [2 聖徳太子] | |
| 英訳/説明 | to decide that (A is B); to consider (A to be B); to treat /use (A as B)<br>ある人やものを何かに決めて、そのように扱うことを表す。 | |
| 文 型 | N ＋とする | |
| 例 文 | 1. 田中さんをリーダーとしたプロジェクトが始まった。<br>2. 昔の人は色々な植物を薬としました。<br>3. 私たちの会社では来年から土曜日は休みとすることが決まりました。 | |

| 131. | ～とたん |
|---|---|
| 本 文 | 子供達が教授のロボットを見たとたん、すごくおびえてしまいました [30 石黒浩] |
| 英訳/説明 | as soon as ~; just as~; just at the moment ~; no sooner than ~<br>何かをしてしてすぐ後でという意味。「とたん」に続くことがらは、話し手がコントロールできないこと、または予期していなかったこと。 |

| 文型 | V past plain ＋とたん |
|---|---|
| 例文 | 1. 電子レンジを使ったとたん、部屋の電気が消えてしまった。<br>2. 荷物を持ち上げたとたん、腰に痛みが走った。<br>3. 犬は僕を見たとたん、吠え始めた。 |

## 132. 〜と同時に

| 本文 | 村上は小説家であると同時に翻訳家です [16 村上春樹] |
|---|---|
| 英訳/説明 | at the same time as ~; as well as ~; while ~<br>二つのことがらを同じ時にしている、または、二つのことがらや状態が同じ時に起こるということを表す。 |
| 文型 | V/ Ai plain ＋と同時に ; N ＋と同時に ; Ana stem/ N である ＋と同時に |
| 例文 | 1. 大学院の研究と同時にアルバイトをしているので、毎日忙しい。<br>2. あの人は政治家であると同時に大学の教授でもある。<br>3. 地震と同時に電気が消えてしまった。 |

## 133. 〜とともに

| 本文 | 和田カツというのは、夫和田良平とともにこのヤオハンを創業した女性です [6 和田カツ]<br>アイヌの伝統について国民に知識を普及するとともに啓発を図るアイヌ文化振興法という法律の成立に [26 萱野茂] |
|---|---|
| 英訳/説明 | together with ~; along with ~; as well ~<br>「と一緒に」「と同時に」という意味を表す。 |
| 文型 | V/ Ai plain ＋とともに ; N ＋とともに ; Ana stem/ N ＋であるとともに |
| 例文 | 1. 英語を話す人にとって、日本語はアラビア語とともに難しい言語だ。<br>2. インフルエンザでは高熱が出るとともに、咳や鼻水が出ます。<br>3. ホテルの部屋は清潔であるとともに、快適さも大切だ。 |

## 134. 〜となく

| 本文 | 何度となく強く抱きしめた [14 五嶋みどり] |
|---|---|
| 英訳/説明 | many ~<br>「疑問詞＋助数詞＋となく」の形で使い、量や回数が多いことを示す。 |
| 文型 | 疑問詞＋ counter ＋となく |
| 例文 | 1. この本は私の愛読書なので、何回となく読み返しました。<br>2. 子供の頃は、この公園で何時間となく友達と遊んだものです。<br>3. 祖父の家には祖父が亡くなるまで、幾度となく遊びに行きました。 |

## 135. 〜と並んで

| 本文 | 聖徳太子は卑弥呼と並んで有名な人物です [2 聖徳太子] |
|---|---|
| 英訳/説明 | to rank with ~; to equal<br>二つのことがらが、同じ程度であることを示す。 |
| 文型 | N ＋と並んで |
| 例文 | 1. 寿司は天ぷらと並んで人気のある和食です。<br>2. トヨタは日産と並んで世界的な自動車メーカーだ。<br>3. ロサンゼルスはニューヨークと並んでアメリカの代表的な都市です。 |

## 136. 〜となると

| 本文 | レストランで使うとなると、そのままベルトコンベアを使うわけにもいかず [7 白石義明] |
|---|---|
| 英訳/説明 | when it comes to ~; if it comes to ~; when ~; if ~<br>仮定を表したり、何かの場合はという意味を示す。 |

| 文 型 | V/ Ai/ Ana/ N plain +となると；N +となると |
|---|---|
| 例 文 | 1. アメリカの東海岸から東京へ行くとなると、少なくても 14 時間はかかる。<br>2. レポートを書くとなると、図書館で色々な本を調べる必要がある。<br>3. 外国へ旅行するとなると、パスポートを取らなければいけない。 |

## 137. ～とは

| 本 文 | 卑弥呼とは 3 世紀の日本列島にあった邪馬台国という国の女王で [1 卑弥呼] |
|---|---|
| 英訳 / 説明 | to be defined as ~; to mean; to be ~<br>あることがらについて定義や意味や説明を与える時の言い方。 |
| 文 型 | N +とは |
| 例 文 | 1. 高速鉄道とは、時速 200 キロ以上で走る電車のことです。<br>2. 四字熟語とは、漢字 4 つからできている慣用句だ。<br>3. J.F. ケネディとはアメリカの大統領で、大統領の時に暗殺された人物だ。 |

## 138. どんどん

| 本 文 | どんどん自国を広げていき、日本の統一を夢見ました [4 織田信長]<br>もちまえのアイデアで店をどんどん大きくしていきました [6 和田カツ] |
|---|---|
| 英訳 / 説明 | rapidly; at a rapid pace; at a great rate<br>出来事が進むスピードが速いことや勢いがあることを表す。 |
| 例 文 | 1. 東京は物価が高いので、どんどんお金がなくなってしまう。<br>2. 環境のためには、ハイブリッド車がどんどん増えた方がいいと思う。<br>3. 日本へ行って、日本語がどんどん上手になった。 |

## 139. ～な

| 本 文 | ノーベル平和賞が必要のない世の中がきてほしいなと思わずにはいられません [25 佐藤栄作] |
|---|---|
| 英訳 / 説明 | how ~; what ~<br>話し手の感動や(願望などの)強い気持ちを表す。 |
| 例 文 | 1. 来年は日本へ旅行に行きたいなと思う。<br>2. 富士山はすごくきれいだな。<br>3. 新しい車を買いたいなと考えているが、貯金がまだ足りない。 |

## 140. ～ない～ない（二重否定）

| 本 文 | 卑弥呼という名前を知らない日本人はいないだろう [1 卑弥呼]<br>日本人なら知らない人はいないと言っていいぐらい有名な歌 [18 長谷川町子] |
|---|---|
| 英訳 / 説明 | there is no ~ who/that ~ not ~; it is possible that ~<br>あることの否定文をもう一度否定することで、そのことを強調する言い方。 |
| 文 型 | ～ない N +～ない；～ないことはない |
| 例 文 | 1. 日本では、小学校や中学校で英語の授業があるので、英語を勉強しない人はいない。<br>2. 今日テストがあることは先週クラスで話したので、学生が知らないことはないと思う。<br>3. レシピを見ると難しくなさそうなので、家で作れないことはない。 |

## 141. ～ない限り

| 本 文 | みどりは母親から自立しない限り病気を克服することはできないと考え [14 五嶋みどり] |
|---|---|
| 英訳 / 説明 | unless ~<br>そのことが起こらないと、次の出来事が起こらない、出来ないという意味を表す。 |
| 文 型 | V neg. +限り |

| | |
|---|---|
| 例文 | 1. 本当においしいお寿司は日本に行かない限り食べられない。<br>2. 言語のクラスでは、毎日勉強しない限りいい成績はもらえません。<br>3. 留学できるかどうかは、両親に相談しない限り決められません。 |

| 142. | ～ないことには |
|---|---|
| 本文 | 変化できる細胞は受精卵を使わないことには作ることができず [29 山中伸弥] |
| 英訳/説明 | if ~ not ~; unless ~; without ~<br>次のことがらが起きたり、したりするために必要な条件を表す。 |
| 文型 | V neg. ＋ことには |
| 例文 | 1. 部屋が汚くて、掃除しないことには友達を連れて来られない。<br>2. 単位を全部取らないことには、大学を卒業できません。<br>3. 一度頭痛が始まると、薬を飲まないことには治まらない。 |

| 143. | ～ないではいられない |
|---|---|
| 本文 | 宮崎の映画が公開になると見ないではいられない人も多かったことと思います [19 宮崎駿] |
| 英訳/説明 | can't help but ~; feel compelled to ~<br>自分の意思でコントロールが出来ずに、自然にそうなってしまうことを表す。 |
| 文型 | V neg. ＋ではいられない |
| 例文 | 1. チョコレートが好きなので、毎日チョコレートを食べないではいられない。<br>2. スポーツの試合を見ている時は、母校を応援しないではいられない。<br>3. 毎日運動していると、運動しないではいられなくなります。 |

| 144. | ～ないものか |
|---|---|
| 本文 | 武士道を外国人に紹介できないものかと考え、英文で『武士道』を執筆し [27 新渡戸稲造] |
| 英訳/説明 | wouldn't it be possible to ~?; wonder if it would be possible to ~<br>話し手があることがらの実現を希望したり、期待していることを表す。 |
| 文型 | V neg. ＋ものか |
| 例文 | 1. なんとかして戦争をなくせないものか。<br>2. 効率よく仕事ができないものかと考えて、最新のコンピュータを購入した。<br>3. お客さんにもう少し安くならないものかと言われて困っている。 |

| 145. | ～中 |
|---|---|
| 本文 | コンサートなどを積極的に行い、その中で病気を克服していった [14 五嶋みどり]<br>そんな中、日本では2012年に山中教授がiPS細胞の研究で [29 山中伸弥] |
| 英訳/説明 | in the middle of ~<br>ある動作や状態が続いている時という意味を表す。 |
| 文型 | Nの＋中；Ai plain ＋中；Ana stem な＋中；その中；そんな中 |
| 例文 | 1. お忙しい中、お電話してくださりありがとうございます。<br>2. 雨の中傘もささずに歩いている人がいる。<br>3. 突然の大雪で電車もバスも止ってしまった。その中をどうやって家に帰るか考えた。 |

| 146. | ～中の一 counter |
|---|---|
| 本文 | その中の一人に宮崎康平という人がいる [1 卑弥呼]<br>その中の一つに環境学校がある [23 野口健] |
| 英訳/説明 | one of the ~; one of them<br>たくさんあるものの中から一つを選んで、それについて何か言う言い方。 |

| | | |
|---|---|---|
| 文型 | Nの＋中の＋一＋counter；この/その＋中の＋一＋counter | |
| 例文 | 1. イタリア人がよく食べる食べ物の中の一つにピザがある。<br>2. 私が好きな曲の中の一つにジョン・レノンの曲がある。<br>3. 高校の時に中のいい友達が3人いた。その中の一人は、今外国に住んでいる。 | |

| 147. | ～ながら | |
|---|---|---|
| 本文 | 圓朝の名前は残念ながら継がれていない [10 三遊亭圓朝] | |
| 英訳/説明 | but ~; yet ~; although ~<br>「～けれども」「～が」の書き言葉的表現。 | |
| 文型 | V masu-stem /Ai non-past plain/ Ana stem ＋ながら；Ana stem /N ＋でありながら | |
| 例文 | 1. 友達は試験の日にちが変わったのを知っていながら教えてくれなかった。<br>2. このカメラは小さいながら様々な機能を持っている。<br>3. 彼は学生でありながら、小さな会社を経営している。 | |

| 148. | ～なり | |
|---|---|---|
| 本文 | 彼なりの美学があるようです [22 イチロー] | |
| 英訳/説明 | in one's own way<br>名詞について範囲を表し、その範囲内で、他とは違った方法や仕方でという意味を表す。 | |
| 文型 | N ＋なり | |
| 例文 | 1. 会社の会議を短くする方法を私なりに考えてみました。<br>2. 両親の離婚について子供なりに悩んでいたのだと思います。<br>3. 国の経済回復には政府だけでなく、企業なりの努力が必要だ。 | |

| 149. | 何 counter も | |
|---|---|---|
| 本文 | 納得いくまで何度も練習させた [14 五嶋みどり] | |
| 英訳/説明 | many ~<br>助数詞で表すことがらが1よりも多くあることを表す。 | |
| 文型 | 何 ＋ counter も | |
| 例文 | 1. 高校の時の同級生とは、もう何年も会っていません。<br>2. テストの前に何時間も勉強したけれど、いい成績が取れなかった。<br>3. タクシーに何千円も払いたくないので、地下鉄に乗りました。 | |

| 150. | ～なんて | |
|---|---|---|
| 本文 | 毎日全く同じことを繰り返すなんて [22 イチロー] | |
| 英訳/説明 | like; such as<br>話し手にとってあることがらが、驚きであることを表す。 | |
| 文型 | V/ Ai/ Ana/ N plain ＋なんて | |
| 例文 | 1. 一日も授業を休んだことがない田中さんが授業に来ないなんて、どうしたんだろう。<br>2. ロンドンに留学できるなんて、高校の時には考えてもいなかった。<br>3. 試験で100点だなんて、すごいね。 | |

| 151. | なんと | |
|---|---|---|
| 本文 | 彼が気に入るまでなんと20回も作り替えられたそうだ [12 黒澤明] | |
| 英訳/説明 | Amazingly; it is amazing that ~; how~!; what ~!<br>話し手の驚きや感嘆の気持ちを表す。書き言葉的表現。 | |

| | |
|---|---|
| 例文 | 1. この寮は9時までに帰らなければいけない。なんと厳しい規則なんだろう。<br>2. 妹は一年間に、なんと二人の人から結婚のプロポーズをされた。<br>3. スミスさんはなんと一度も寿司を食べたことがないそうだ。 |

## 152. 何と言っても

| | |
|---|---|
| 本文 | 女性の憧れの対象となっているのは、何と言ってもルイ・ヴィトンではないだろうか [13 草間彌生]<br>新渡戸の活動の中で何と言っても一番有名なのは『武士道』という本を書いたこと [27 新渡戸稲造] |
| 英訳/説明 | after all; when all is said and done<br>他のことより、次にくることがらが一番であることを表す。 |
| 例文 | 1. イギリスの有名な建物と言えば、何と言ってもビッグベンだろう。<br>2. このスーパーは町からちょっと遠いが、何と言っても安い。<br>3. 広い部屋もいいが、何と言っても駅から近いアパートがいい。 |

## 153. なんとかして

| | |
|---|---|
| 本文 | 両親をなんとかして説得し、高等小学校を卒業した後も女学校に進学し [6 和田カツ] |
| 英訳/説明 | somehow; in one way or another<br>考えられるだけの手段を使ってという意味に使われる。 |
| 例文 | 1. 風邪をひいてしまったが、明日のテストまでになんとかして治したい。<br>2. なんとかして今年中に車の免許を取りたいと思っている。<br>3. なんとかして学校のいじめをなくしたいが、その対策は難しい。 |

## 154. ～に値する

| | |
|---|---|
| 本文 | 現在ではそれに値しないのではないかと考える人達が [25 佐藤栄作] |
| 英訳/説明 | to be worth; to deserve<br>あることがらが名詞で表されている行為やものだけの価値があることを示す。 |
| 文型 | N ＋に値する |
| 例文 | 1. ホームから線路に落ちた人を助けた行動は、尊敬に値する。<br>2. 田中さんの新しい提案は検討に値すると思う。<br>3. この車が本当に購入に値するかどうか調べた方がいい。 |

## 155. ～にあたって

| | |
|---|---|
| 本文 | グループの今後の方向性を決めるにあたって [8 孫正義]<br>この歌を作るにあたって少し工夫を加えていると話しています [17 俵万智] |
| 英訳/説明 | on the occasion of ~; before ~<br>「～する時」「～する際に」「～の準備として」という意味のかたい言い方。 |
| 文型 | V non-past plain ＋にあたって |
| 例文 | 1. 店を開店するにあたって、どんな商品が売れるかリサーチをした。<br>2. 結婚するにあたって、相手のご両親に挨拶をしに行った。<br>3. アフリカ旅行に行くにあたって、ポリオの予防注射を受けた。 |

## 156. ～に至る

| | |
|---|---|
| 本文 | 現在に至っているのである [7 白石義明]<br>三船が断ったため実現には至らなかったそう [12 黒澤明] |
| 英訳/説明 | to result in ~; to reach; up to ~<br>名詞で表される状態、状況、時点に行き着くことを表すかたい表現。 |
| 文型 | N ＋に至る |

| 例 文 | 1. 虫歯だからといって、放っておくと死に至ることもあるらしい。<br>2. 戦争に至らないように、国際理解を深める必要がある。<br>3. 月に住むという計画は古くからあるが、今日に至るまで成功した国はない。 |
|---|---|

| 157. | ～に影響を与える・～から影響を受ける |
|---|---|
| 本 文 | 日本の映画監督は世界の映画監督に影響を与えている [12 黒澤明]<br>日本文化は、中国や朝鮮から強い影響を受けていました [3 紫式部] |
| 英訳/説明 | ～に影響を与える to have influence on ~; ～から影響を受ける to be influenced by ~<br>他の人やものやことがらに力をおよぼして、その状態を変える、または、その状態が変わってしまうことを表す。 |
| 文 型 | N + に影響を与える; N + から影響を受ける |
| 例 文 | 1. 世界の経済は日本の経済にも影響を与えている。<br>2. 父の影響を強く受けて、子供の頃から生物に興味を持っている。<br>3. 音楽や映画は、若い人の行動や考え方に強い影響を与えていると言っていいだろう。 |

| 158. | ～において |
|---|---|
| 本 文 | 圓朝は、落語の世界においては別格と言われるぐらいの落語家で [10 三遊亭圓朝] |
| 英訳/説明 | in; on; at<br>あることがらが起きる時間や場所を示す、かたい言い方。 |
| 文 型 | N + において |
| 例 文 | 1. 20世紀において、二度の大きな世界的な戦争があった。<br>2. 日本では札幌と長野において、冬のオリンピックが開かれた。<br>3. 最近は手術において、ロボットの技術が使われることがある。 |

| 159. | ～に関わる |
|---|---|
| 本 文 | 国の基本方針として、核兵器には関わらないという立場 [25 佐藤栄作] |
| 英訳/説明 | to be relate to ~; to be involved in ~<br>「関係を持つ」「関係がある」という意味を表す。 |
| 文 型 | N + に関わる |
| 例 文 | 1. 大学を卒業したら国際的なボランティアに関わる仕事をしてみたい。<br>2. どんな教育を受けるかは、将来に関わる問題だ。<br>3. ストレスは、病気の原因に深く関わっているようだ。 |

| 160. | ～に限って |
|---|---|
| 本 文 | 保存食として魚に限って食用にしたのが始まりだとされている [7 白石義明] |
| 英訳/説明 | only; only in the case of ~; especially; exactly<br>そのことがらだけに限定する意味。 |
| 文 型 | N + に限って |
| 例 文 | 1. 夕方から雨が降り出したが、その日に限って折りたたみの傘を持っていなかった。<br>2. 先生に限って、漢字の読み方を間違えるはずがない。<br>3. この映画館では水曜日に限って、女性の料金が安くなるそうだ。 |

| 161. | ～に限らず |
|---|---|
| 本 文 | 現在は寿司に限らず、タイなどでは回転しゃぶしゃぶの店が [7 白石義明]<br>そんなアニメ好きに限らず [19 宮崎駿] |
| 英訳/説明 | not limited to ~; not just; not only<br>そのことがらだけに限定しないという意味。 |
| 文 型 | N + に限らず |

| | |
|---|---|
| 例文 | 1. この漫画は子供に限らず大人にも人気がある。<br>2. 東京に限らず、日本の大都市ではどこも地下鉄が走っている。<br>3. このレストランは土日に限らずいつも混んでいる。 |

| 162. | ～に関して |
|---|---|
| 本文 | 鬼道に関しては、色々な意見があるが [1 卑弥呼]<br>経営に関しては後のホンダ副社長藤沢武夫に頼る部分が多く [5 本田宗一郎] |
| 英訳/説明 | concerning; with respect to ~; with regard to ~; in relation to ~; on<br>「～に関係して」「～について」という意味を表す。 |
| 文型 | N + に関して |
| 例文 | 1. 勉強のために、助詞に関して書いてある論文を図書館で探した。<br>2. 留学に関して質問があったので、先生に聞いてみた。<br>3. 田中さんは日本の伝統文化に関してとても詳しいそうだ。 |

| 163. | ～に加え |
|---|---|
| 本文 | 人情噺があるが、それに加え圓朝は外国のものを翻案して落語を作ったりもした [10 三遊亭圓朝]<br>それに加え「萬画」を英語にすると Million Art となり [20 石ノ森章太郎] |
| 英訳/説明 | in addition to ~<br>「その上に」「その他に」という意味の少しかたい表現。 |
| 文型 | N + に加え |
| 例文 | 1. スミスさんは大学の時に経済に加え日本語も専攻したと言っていた。<br>2. この会社では日曜日に加え、月曜日から土曜日の中から一日好きな日に休める。<br>3. 今晩は雨に加えて風も強くなる見込みです。 |

| 164. | ～に応えて |
|---|---|
| 本文 | 彼女は母親の期待に応えて、どんどんと才能を伸ばし [14 五嶋みどり] |
| 英訳/説明 | in response to ~<br>他の人の要望や期待に合うようにという意味を表す。 |
| 文型 | N + に応えて |
| 例文 | 1. 子供達のリクエストに応えて今晩はカレーライスを作った。<br>2. 人気に応えて、電気自動車の生産量を増やすことにした。<br>3. お客様の声に応えて、営業時間を1時間延ばすことにした。 |

| 165. | ～に従って |
|---|---|
| 本文 | 作法に従ってお湯を沸かしてお茶を入れて飲むことを指します [11 千利休] |
| 英訳/説明 | in accordance with ~; according to ~; in compliance with ~; following<br>規則、習慣、命令などを守ってという意味を表す。また、例文2のように「誰かの後について」何かを行う意味を表す。 |
| 文型 | N + に従って |
| 例文 | 1. 仏教の教えに従って、肉や魚を食べない人々がいます。<br>2. 両親に従ってブラジルに移民をした人の話を聞く機会があった。<br>3. この音声ガイドに従って歩くと、この美術館の主な作品が見られます。 |

| 166. | ～にしては |
|---|---|
| 本文 | 本田と藤沢は日本の会社の創業者にしては珍しく会社は個人の持ち物でないという考え [5 本田宗一郎] |
| 英訳/説明 | considering ~; for ~<br>前の名詞が指すものから普通考えられる状況と話題にしているものの実際の状況が違うことを表す。 |

| 文型 | N + にしては |
|---|---|
| 例文 | 1. 相撲の力士は日本人にしては背も高いし体も大きい。<br>2. 今日は春にしては気温が低くて寒い。<br>3. このアパートは、この家賃にしては部屋が狭いと思う。 |

## 167. ～にしても

| 本文 | イチローは100の力を持っているにしても70から80にしか見せない方がよいと考えています [22 イチロー]<br>佐藤がノーベル平和賞に値しないにしても、非核三原則の精神そのものはノーベル平和賞に値する [25 佐藤栄作] |
|---|---|
| 英訳/説明 | even if ~; if ~; even though ~<br>ことがらが表す場合でもという意味の逆接を表す言い方。 |
| 文型 | non-past: V/ Ai plain +にしても；Ana stem/N +にしても；Ana stem/N である +にしても<br>past: V/ Ai / Ana/ N plain +にしても |
| 例文 | 1. 試験の前に勉強しなかったので、0点ではないにしても、いい成績はもらえないだろう。<br>2. 忙しかったにしても、来られないなら電話ぐらいしてくれてもいいのに。<br>3. チョコレートが好きにしても、毎日食べるのは体によくないと思う。 |

## 168. ～にしても～にしても

| 本文 | 両監督が影響を受けた溝口にしても深作にしてももちろん素晴らしい監督だが [12 黒澤明] |
|---|---|
| 英訳/説明 | whether ~ or ~<br>二つあげたうちのどちらもという意味を表す。 |
| 文型 | non-past: V/Ai plain +にしても V/ Ai plain +にしても；Ana/N +にしても + Ana/N にしても；Ana stem/ N である +にしても Ana stem/ N である +にしても；N +にしても + N にしても<br>past: V/Ai/Ana/N +にしても + V/Ai/Ana/N +にしても |
| 例文 | 1. 子供にしても大人にしてもインフルエンザにかかったら、家で休むべきだ。<br>2. 朝起きたら体調がよくない。遅刻して出勤するにしても休むにしても、上司に連絡しておかなければ。<br>3. 土曜日にしても日曜日にしても、その週末は予定があって忙しい。 |

## 169. ～にしろ～にしろ

| 本文 | iPS細胞にしろES細胞にしろ再生医療の分野は日々進歩して [29 山中伸弥] |
|---|---|
| 英訳/説明 | whether ~ or ~<br>二つのあげたうちのどちらもという意味を表す。 |
| 文型 | non-past: V/ Ai plain +にしろ + V/ Ai plain +にしろ；Ana/N +にしろ + Ana/N +にしろ；Ana stem/ N である +にしろ + Ana stem/ N である +にしろ｜past: V/ Ai/ Ana/N +にしろ + V/ Ai/ Ana/N +にしろ |
| 例文 | 1. 山にしろ海にしろ、夏休みの間は観光地は人で一杯だ。<br>2. レストランで食べるにしろ、ピザを注文するにしろ、何かは食べないといけない。<br>3. 辛いにしろ甘いにしろインド料理なら何でも好きです。 |

## 170. ～に過ぎない

| 本文 | 店といっても、露店に過ぎない店でしたが [6 和田カツ]<br>今の推計では約20万人程度に過ぎないと考えられている [26 萱野茂] |
|---|---|
| 英訳/説明 | to be nothing but ~; to be no more than ~; merely<br>「ただ(の)～だ」「それ以上ではない」という意味を表し、話し手のたいしたことがないという気持ちを表す。 |
| 文型 | V plain +に過ぎない；N +に過ぎない；Ana stem/ N である +に過ぎない |
| 例文 | 1. 私はまだ大学院の学生に過ぎないので、講義はさせてもらえません。<br>2. 友達からうわさを聞いたに過ぎないので、本当に二人が付き合っているかどうかは分からない。<br>3. 資格があると言っても、運転免許を持っているに過ぎない。 |

| 171. | ~にすれば | |
|---|---|---|
| 本文 | 取材する人にすれば彼の態度は決してほめられるものではなく [22 イチロー] | |
| 英訳/説明 | from the perspective of ~<br>「その立場から考えると」や「その立場では」という意味を表す。 | |
| 文型 | N ＋にすれば | |
| 例文 | 1. 私は家の農業の仕事が嫌いでサラリーマンになったが、父にすれば自分の後を継いでほしかっただろう。<br>2. 野菜の値段が下がって、買う人にすればうれしいが、売る人にとっては厳しい。<br>3. ペットを可愛がって、服を着せたり靴を履かせたりする人がいるが、ペットにすればいい迷惑だろう。 | |

| 172. | ~にせよ~にせよ | |
|---|---|---|
| 本文 | 実力があればアメリカ人にせよ外国人にせよ誰にでも成功するチャンスがある [8 孫正義] | |
| 英訳/説明 | whether ~ or ~; whether it is ~ or ~<br>どちらであってもという意味を示す。 | |
| 文型 | N ＋にせよ ＋ N ＋にせよ | |
| 例文 | 1. 東京にせよ北海道にせよ高齢化の問題は、日本共通の問題だ。<br>2. ジョギングにせよヨガにせよ、定期的な運動は健康によい。<br>3. 専攻が経済にせよ文学にせよ、この大学では二つの外国語を取らなければいけない。 | |

| 173. | ~に相違ない | |
|---|---|---|
| 本文 | それが成功の近道になるに相違ない [9 秋元康]<br>医療が更に前進するに相違ないと言われています [29 山中伸弥] | |
| 英訳/説明 | there is no doubt that ~; it is certain that ~<br>「~に違いない」の書き言葉的表現。 | |
| 文型 | non-past: V/Ai plain ＋に相違ない ; Ana stem/N ＋に相違ない ｜ past: V/Ai/Ana/N plain ＋に相違ない | |
| 例文 | 1. このビデオが私が話したことが事実に相違ないことを証明してくれる。<br>2. 調査の結果、運転手の不注意が事故の原因に相違ないという結論になった。<br>3. いじめの問題については学校でも議論されているに相違ない。 | |

| 174. | ~に沿って | |
|---|---|---|
| 本文 | 黒澤の意見に沿って彼が気に入るまでなんと20回も作り替えられた [12 黒澤明] | |
| 英訳/説明 | in accordance with ~; in line with; parallel to ~<br>方針や決まりに従って何かを行うことを表す。また、例文3のように細長いものの横に並んでという意味を表す。 | |
| 文型 | N ＋に沿って | |
| 例文 | 1. 町の新しいガイドラインに沿って、リサイクルの仕方が変わる。<br>2. 社長の意見に沿って、来年は外国人の社員を採用するこになった。<br>3. 道に沿って、たくさんのレストランが並んでいる。 | |

| 175. | ~に対して・に対する | |
|---|---|---|
| 本文 | 長年の本田の活躍に対して政府から勲章が贈られることが決まり [5 本田宗一郎]<br>村上の自分の作品に対する翻訳の考え方と外国作品を翻訳する時 [16 村上春樹] | |
| 英訳/説明 | toward; to; for; against; regarding<br>「それについて」「それに関係して」「それに向かって」「それに接触して」といった意味を表す。 | |
| 文型 | N ＋に対して ; N ＋に対する ＋ N | |

| | |
|---|---|
| 例 文 | 1. 会社に入った時は、上司に対してどんな敬語を使っていいかよく分からなかった。<br>2. このタイヤは雪に対して滑りにくいので、雪の多い地方でよく売れている。<br>3. 大学を卒業して社会人になったら、社会に対する責任もあると思う。 |

| 176. | ～につれて | |
|---|---|---|
| 本 文 | ロボットが人間に近づくにつれて、親密度は上がっていきますが [30 石黒浩] | |
| 英訳/説明 | as; along with ～<br>「～につれて」で表されることと一緒に次に述べられることが変化することを表す。 | |
| 文 型 | V plain ＋につれて ; N ＋につれて | |
| 例 文 | 1. 時間がたつにつれて、記憶は薄れていくものだ。<br>2. 年をとるにつれて、忘れ物が多くなりました。<br>3. 時代の流れにつれて、人々の考え方も変わっていく。 | |

| 177. | ～にとって |
|---|---|
| 本 文 | そういう意味では紫式部にとって清少納言は永遠のライバルだ [3 紫式部]<br>日本人にとって何が道徳教育なのかを考え始めました [27 新渡戸稲造] |
| 英訳/説明 | for; to; concerning<br>主に人や組織を表す言葉と一緒に使われて、その立場ではという意味を表す。 |
| 文 型 | N ＋にとって |
| 例 文 | 1. 若い人にとって伝統的な音楽はつまらないものなのかもしれない。<br>2. この会社にとって東南アジアは大切な貿易相手だ。<br>3. 弟にとってクラブ活動は今一番大切なことらしい。 |

| 178. | ～にとどまらず |
|---|---|
| 本 文 | 古代の社会にとどまらず、現代の日本社会でも大切な価値観の一つであることは変わりません [2 聖徳太子]<br>日本にとどまらず外国にも広がった回転寿司だが、現在は寿司に限らず [7 白石義明] |
| 英訳/説明 | not only ～; not limited to ～<br>それだけではなく、それ以上にという意味を表す。「～だけにとどまらず」の形で使われることも多い。 |
| 文 型 | V non-past plain ＋にとどまらず ; N ＋にとどまらず |
| 例 文 | 1. いじめの問題は学校にとどまらず、社会全体の問題だ。<br>2. 最近の若者は、敬語にとどまらずマナーも知らないし挨拶もきちんと出来ないと言われている。<br>3. 学校教育の目的は知識を身につけるにとどまらず、考える力や人間関係を学ぶことでもある。 |

| 179. | ～に伴って |
|---|---|
| 本 文 | 2001年のシアトルマリナーズ移籍に伴って、アメリカに移り大リーグでプレーするようになります [22 イチロー] |
| 英訳/説明 | along with ～; as ～<br>名詞が表すことと一緒に、次のことが起こることを表す。 |
| 文 型 | N ＋に伴って |
| 例 文 | 1. 経済の回復に伴って、給料も少しずつ上がってきた。<br>2. 引っ越しに伴って、学校を転校しなければいけなくなった。<br>3. 台風の北上に伴って、雨風が関東地方でも強くなるでしょう。 |

| 180. | ～にほかならない |
|---|---|
| 本 文 | その考え方や生き方を道徳としているにほかならないと考えるようになりました [27 新渡戸稲造] |
| 英訳/説明 | nothing but ～; none other than ～<br>「それより他にはない」「それ以外にはない」という意味を表す。 |

| 文　型 | V plain こと +にほかならない；N +にほかならない |
|---|---|
| 例　文 | 1. 彼がビジネスで成功したのは努力の結果にほかならない。<br>2. 黒猫が前を横切るとよくないことがあるというのは迷信にほかならない。<br>3. 欧米では謝ったということは間違いを認めたことにほかならないと考えられてしまう。 |

## 181.　〜にも関わらず

| 本　文 | 高齢にも関わらず今後も絵を描き続けるつもりである [13 草間彌生]<br>その短い活動期間にも関わらず、素晴らしい作品を多く残し [15 夏目漱石] |
|---|---|
| 英訳/説明 | despite ~; in spite of ~; even though ~<br>ある状態、状況であるけれどもという意味で、「に関わらず」の前に言ったことから普通考えられることとは違うことが起こった、または、違うことをする・したことを表す。 |
| 文　型 | non-past: V/ Ai plain +にも関わらず；N +にも関わらず；Ana stem/ N である +にも関わらず<br>past: V/Ai/Ana/N +にも関わらず |
| 例　文 | 1. 外国ではスリが多いと注意されたにも関わらず、パスポートを盗まれてしまった。<br>2. この店はおいしいにも関わらず、どういうわけか人気がない。<br>3. あの人は弁護士であるにも関わらず、法律を守らずに逮捕された。 |

## 182.　〜に基づいて

| 本　文 | この「和」の考え方に基づいていると言えます [2 聖徳太子] |
|---|---|
| 英訳/説明 | based on ~; on the basis of ~<br>それをもとにしてという意味。 |
| 文　型 | N +に基づいて |
| 例　文 | 1. この結果は、先月のデータに基づいて出したものだ。<br>2. 採用は、その人の経験や能力に基づいて決められます。<br>3. この学校ではキリスト教の教えに基づいて、教育を行います。 |

## 183.　〜によって

| 本　文 | 光秀の裏切りによって、天下統一をする夢を実現する前に殺されてしまいました [4 織田信長]<br>20年かけて作った店を火災によって失ってしまったり [6 和田カツ] |
|---|---|
| 英訳/説明 | because of ~; due to ~; by<br>原因を表す。 |
| 文　型 | N +によって |
| 例　文 | 1. 父の転勤によって、私達も外国で生活することになった。<br>2. 大雪によって、電車やバスが運休になってしまった。<br>3. インターネットの発達によって、世界がさらに小さくなったと思う。 |

## 184.　〜によって

| 本　文 | 運の向きによって、軌道修正するのではなく、一度目標を決めたら迷わずに進む [9 秋元康]<br>言語によっては日本語からではなく、英語からその言語に翻訳されている [16 村上春樹] |
|---|---|
| 英訳/説明 | depending on ~; according to ~<br>それぞれの状況、場合に応じてという意味を表す。 |
| 文　型 | N +によって |
| 例　文 | 1. 日本では地域によって、色々な方言が使われている。<br>2. アメリカではSATなどの成績によって、進学できる大学が決まってしまう。<br>3. この野菜は温度によって、育ち方が全然違います。 |

| 185. | 〜による | |
|---|---|---|
| 本文 | 気象学者達は観測による記録がないので、藤田の主張を受け入れかねると [28 藤田哲也]<br>その後の藤田の調査によりダウンバーストが実際に観測されると [28 藤田哲也] | |
| 英訳/説明 | caused by; through<br>手段や原因などを示す。 | |
| 文型 | N +による+ N ; N +により+ Predicate | |
| 例文 | 1. 政治についてアンケートによる調査が行われた。<br>2. 地震により津波が起こり、大きな被害が出た。<br>3. 計画の変更による遅れが問題になっている。 | |

| 186. | 〜にわたって | |
|---|---|---|
| 本文 | 二度にわたって弦が切れるというトラブルで演奏を中断するところだったにも関わらず [14 五嶋みどり] | |
| 英訳/説明 | over; extending; over a period of ~; over a span of ~<br>範囲が広い、期間、回数が多いということを表す。 | |
| 文型 | N +にわたって | |
| 例文 | 1. 橋を補修する工事で、二か月にわたって橋が使えなくなる。<br>2. アンデス山脈はベネズエラからチリにわたって広がっている。<br>3. マーガレット・サッチャーは長年にわたって政治家として活躍した。 | |

| 187. | 〜ぬく | |
|---|---|---|
| 本文 | 最後まで諦めずに走りぬくことが大切です [29 山中伸弥] | |
| 英訳/説明 | till the end; from beginning to end; all through ~<br>大変だけれども最後までするという意味を表す。 | |
| 文型 | V masu stem +ぬく | |
| 例文 | 1. 一度始めたら、最後までやりぬくことが大切です。<br>2. この困難に耐えぬく自信がありません。<br>3. 子供の時にした母との約束を守りぬいて、今でも人の悪口は言いません。 | |

| 188. | 〜のではなく | |
|---|---|---|
| 本文 | 軌道修正するのではなく、一度目標を決めたら迷わずに進むこと [9 秋元康] | |
| 英訳/説明 | not ~ but; rather ~ than; instead of ~<br>このことがらではなく、他にという意味を表す。 | |
| 文型 | non-past: V/ Ai plain +のではなく ; Ana stem な +のではなく | past: V/ Ai/ Ana/ N +のではなく | |
| 例文 | 1. この店は安いからお客さんが集まるのではなく、店の雰囲気がいいから集まるのだ。<br>2. 語学が上手になりたかったら、文法だけを勉強するのではなく、その言葉を使って話すことが大切だ。<br>3. あの人はよく遅れてくるが、不真面目なのではなく時間の考え方が少し違うようだ。 | |

| 189. | 〜のみ | |
|---|---|---|
| 本文 | 和の精神のみを強調するのはよくないと思いますが [2 聖徳太子]<br>漢字のみで日本語を明確に表すことは難しく、そこで平安時代の人々は [3 紫式部] | |
| 英訳/説明 | only; just<br>「だけ」の書き言葉的なかたい言い方。 | |
| 文型 | N +のみ | |
| 例文 | 1. 申し訳ございませんが、当店では現金のみでのお支払いになっています。<br>2. この町の図書館は、この町に住んでいる人のみ本の貸し出しが出来る。<br>3. 割引料金が使えるのは12歳以下の子供のみだ。 | |

| 190. | 〜のみならず | |
|---|---|---|
| 本文 | | 素朴な道具を好んで使用したのみならず、自らデザインして製作したり [11 千利休] |
| 英訳/説明 | | not only ~ but<br>「だけでなく」の書き言葉的な表現。 |
| 文型 | | non-past: V/ Ai plain ＋のみならず；Ana stem/ N である＋のみならず ｜ past: V/ Ai/ Ana/ N ＋のみならず |
| 例文 | | 1. この会社は国内のみならず、外国でもよく知られている。<br>2. 宇宙飛行士になるためには、健康であるのみならず、色々な知識が必要だ。<br>3. 雨期の間は湿度が高いのみならず、気温も高いのでとても蒸し暑い。 |

| 191. | 〜のもと | |
|---|---|---|
| 本文 | | 母親の節のもとで受けます [14 五嶋みどり]<br>そんな考えのもと、色々なロボットを開発した教授ですが [30 石黒浩] |
| 英訳/説明 | | under<br>計画や考え、または、指導する人の助言にもとづいてという意味を表す。 |
| 文型 | | N ＋のもと |
| 例文 | | 1. 田中先生のもとで、日本語を勉強させていただきました。<br>2. 新しい計画のもと、火災に強い町づくりが始まった。<br>3. 外国人コーチの指導のもと、さらに強いチームを作りたいと思っている。 |

| 192. | 〜ばかりだ | |
|---|---|---|
| 本文 | | アイヌ人と日本人の混血がすすみアイヌの人口は減るばかりで [26 萱野茂] |
| 英訳/説明 | | only; to continue to ~; to be steadily ~ing<br>あることがらがよくない方向に変化していることを表す。 |
| 文型 | | V non-past plain ＋ばかり |
| 例文 | | 1. 医者に診てもらったけれど、症状は悪くなるばかりだ。<br>2. 円安になって、円の価値が下がるばかりだ。<br>3. アルバイトが辞めてしまい、仕事が増えるばかりで困っている。 |

| 193. | 〜ばかりか | |
|---|---|---|
| 本文 | | セットの中での家まで決めたばかりか、常に家族で行動するように求めた [12 黒澤明] |
| 英訳/説明 | | not only ~ but<br>「〜だけではなく」の書き言葉的な表現。 |
| 文型 | | non-past: V/ Ai plain ＋ばかりか；N ＋ばかりか；Ana stem な＋ばかりか ｜ past: V/ Ai/ Ana/ N ＋ばかりか |
| 例文 | | 1. この会社は東南アジアばかりかアフリカとも取引をしています。<br>2. 兄は頭がいいばかりかスポーツも得意で、クラスメートからも人気があった。<br>3. このホテルは不便なばかりか、料金が高過ぎる。 |

| 194. | 〜はさておき | |
|---|---|---|
| 本文 | | 利休の死の原因はさておき、彼の死後、利休のわびの精神は弟子や子供達に受け継がれ [11 千利休] |
| 英訳/説明 | | apart from; aside from; putting aside<br>ある話題には入らないで、それに関連した別の話題について話すことを表す。 |
| 文型 | | N ＋はさておき |
| 例文 | | 1. 週末はさておき、平日は忙しすぎて昼ご飯を食べられないことがある。<br>2. 有機野菜はさておき、普通の野菜はよく洗ってから食べた方がいい。<br>3. ホテルはさておき、たいてい日本の旅館は二食付きだ。 |

| 195. | ~はというと | |
|---|---|---|
| 本文 | 藤沢武夫に頼る部分が多く、本田はというと自分自身は技術者だと考えていたようだ [5 本田宗一郎] | |
| 英訳/説明 | on the other hand; when it comes to ~<br>前のことがらと対比する話題を出す言い方。 | |
| 文型 | N＋はというと | |
| 例文 | 1. 友達の会社は給料が上がったが、私の会社はというと給料は下がった。<br>2. ヨーロッパでは夏休みが長いが、しかし、日本はというと1週間あるかないかだ。<br>3. 姉は和食が好きだ。弟はというとハンバーガーやピザが好きだ。 | |

| 196. | ~はどうあれ | |
|---|---|---|
| 本文 | 理由はどうあれ、色々なテレビアニメがある中で [18 長谷川町子] | |
| 英訳/説明 | whatever ~ is/may be<br>「~はどうであっても」の書き言葉的表現。 | |
| 文型 | N＋はどうあれ | |
| 例文 | 1. 個人的な感情はどうあれ、上司に言われたことはしなければいけない。<br>2. 結果はどうあれ、一生懸命頑張ったのだから、それでいいと思う。<br>3. 内容はどうあれ、レポートを書き終わったのでほっとした。 | |

| 197. | ~はともかくとして | |
|---|---|---|
| 本文 | 結婚生活はともかくとして、研究の面では評価された漱石は [15 夏目漱石] | |
| 英訳/説明 | leaving aside ~; apart from ~<br>あることがらを話題の中心からはずして、次にくることがらが重要であることを示す。「~はともかく」だけでも使う。 | |
| 文型 | N＋はともかくとして | |
| 例文 | 1. このレストランは味はともかくとして、とても雰囲気がいいので好きです。<br>2. 咳はともかくとして、熱が下がったので、だいぶ楽になった。<br>3. 仕事のやり方はともかくとして、あの人は本当にビジネスの才能がある。 | |

| 198. | ~（っ）ぱなし | |
|---|---|---|
| 本文 | その近くで日本隊がおきっぱなしにしていった大量のゴミを見つける [23 野口健] | |
| 英訳/説明 | to leave ~ as is; to keep ~ing<br>あることをした時の状態がそのまま続いているということを表す。よくないことを表す時に使われることが多い。 | |
| 文型 | V stem＋っぱなし | |
| 例文 | 1. トイレの電気がつけっぱなしになっていたので、もったいないと思った。<br>2. うちの子供はおもちゃを出しっぱなしで片付けをしないので困る。<br>3. 友達からDVDを借りっぱなしになっている。そろそろ返さなければいけない。 | |

| 199. | ~はもとより | |
|---|---|---|
| 本文 | 職はもとより命までとられかねない [24 杉原千畝] | |
| 英訳/説明 | not only<br>「~はもちろん」「~は言うまでもなく」の意味を表す。 | |
| 文型 | N＋はもとより | |
| 例文 | 1. 日本語を勉強した時には漢字はもとより平仮名すら書けなかった。<br>2. 看護士の仕事は、残業はもとより休日も出勤する日が多いので大変な仕事だと思う。<br>3. このアニメは子供はもとより、大人も楽しめるように作られている。 | |

| 200. | ～ぶり | |
|---|---|---|
| 本文 | その天才ぶりを示すエピソードがタングルウッドの奇跡です [14 五嶋みどり] | |
| 英訳/説明 | the way<br>「～する様子」「～としての様子」という意味を表す。 | |
| 文型 | V masu-stem ＋ぶり；N ＋ぶり　（例外：食べっぷり・飲みっぷり） | |
| 例文 | 1. アルバイトが続けられるかどうかは、今後の僕の仕事ぶりを見て決めると言われてしまった。<br>2. あの慌てぶりを見ると、テストが今日あることを知らなかったのだろう。<br>3. 孫が生まれて娘に子育てができるか心配だったが、最近は母親ぶりもしっかりしてきた。 | |

| 201. | ～べきだ・べきではない | |
|---|---|---|
| 本文 | 親しみを感じることができる人型のロボットを開発すべきだと考えています [30 石黒浩]<br>私達の生活はそのような人々によって支えられていることを忘れるべきではない [28 藤田哲也] | |
| 英訳/説明 | should; ought to ~<br>誰かが何かをすること、または、あるものや人がある状態であることが当然だ、または(当然だから)そうしなければならない、そういう状態でなければならないという意味を表す。 | |
| 文型 | V non-past plain ＋べきだ/べきではない；Ana stem である ＋べきだ/べきではない<br>（例外：する -V → ～すべきだ/すべきではない） | |
| 例文 | 1. インフルエンザの時は、学校や会社に行くべきではない。<br>2. 恋愛は自由であるべきだと思う。<br>3. 学生はまず勉強すべきで、アルバイトはその次だ。 | |

| 202. | ～ほど | |
|---|---|---|
| 本文 | これほど多くの言語に翻訳されている作家は数少ないと [16 村上春樹]<br>一時は大好きな走ることを辞めようと考えるほど落ち込んで [21 高橋尚子] | |
| 英訳/説明 | to the extent; so ~ that; to this/that/what extent<br>比喩的に状況や状態の程度を説明する表現。 | |
| 文型 | V non-past plain ＋ほど；これ/それ/あれ/どれ/N ＋ほど | |
| 例文 | 1. 先週は試験が三つもあったので、今は死ぬほど疲れている。<br>2. この料理はおいしすぎて、食べ過ぎてしまうほどだ。<br>3. プロの歌手ほど上手ではないが、普通の人よりはすごく上手だ。 | |

| 203. | ～まい | |
|---|---|---|
| 本文 | 山の環境をこれ以上壊すまいとエベレストと富士山の清掃登山を [23 野口健]<br>減りつつあるアイヌの文化をなくすまいとアイヌの民具や民話を収集し [26 萱野茂] | |
| 英訳/説明 | won't do ~; have no intention of doing ~; I suppose ~<br>話し手の強い否定の意思や推量を表す書き言葉的表現。 | |
| 文型 | V non-past plain ＋まい | |
| 例文 | 1. 今度の試験では失敗するまいと、いつもよりたくさん勉強した。<br>2. 病気のことを言うとみんな心配するから、誰にも言うまい。<br>3. 彼女には僕のこの気持ちは分かるまい。 | |

| 204. | まして | |
|---|---|---|
| 本文 | 驚くようなことは出てきませんし、ましてヒーローなどは出てきません [18 長谷川町子] | |
| 英訳/説明 | Let alone; much more/ less<br>前に述べたことでもそうなのだから、後ろで述べる場合ではもちろんという意味の書き言葉的表現。 | |

| 例　文 | 1. お金がなくて新しい服も買えないのだから、まして車など買えるはずがない。<br>2. フランス語の挨拶さえ分からないのだから、ましてフランス語で自己紹介が出来るわけない。<br>3. 大人にも出来ないのなら、まして子供に出来るわけがない。 |
|---|---|
| **205.** | **（か）または** |
| 本　文 | グリム童話の『死神の名付け親』または歌劇『クリスピーノと死神』をもとにして [10 三遊亭圓朝] |
| 英訳/説明 | or<br>AかBかのどちらかという意味の書き言葉的表現。漢字で書くこともあるが、ひらがなで書かれる場合も多い。 |
| 文　型 | N（か）+ または N; V/ Ai plain か + または～ ; Ana stem か + または |
| 例　文 | 1. 休みは友達と食事に行くかまたは、家でDVDを見るかしたい。<br>2. この本はもう出版されていないので、古本屋かまたは、インターネットでしか見つけられない。<br>3. 大学では、フランス語又はドイツ語を勉強することになっていた。 |
| **206.** | **間違いなく** |
| 本　文 | 世界に一番広がった料理といったら、間違いなく寿司だろう [7 白石義明] |
| 英訳/説明 | without fail; for sure; certainly<br>「確かに」という意味を表す。 |
| 例　文 | 1. 子供達が好きな食べ物は間違いなくカレーだ。<br>2. 日本に留学すれば間違いなく日本語が上手になるだろう。<br>3. この荷物を間違いなく明日までに届けてほしいんですが、お願いできますか。 |
| **207.** | **～まで** |
| 本　文 | 邪馬台国論争が一般の人にまで広がり、古代史ブームが起こったと言われている [1 卑弥呼]<br>更にアニメの中の人物の細かい動きにまで徹底的にこだわるそうです [19 宮崎駿] |
| 英訳/説明 | even<br>普通に考えられる範囲を越えていることを述べる。話し手の驚きを表すことが多い。 |
| 文　型 | N（particle）まで |
| 例　文 | 1. あの人は日本のことに詳しくて、諺までよく知っている。<br>2. 大学をいつも休んでいることを両親にまで知られてしまった。<br>3. 風邪を引いて熱があったが、今日は咳まででてきた。 |
| **208.** | **～までしても** |
| 本　文 | 村上は重訳までしても読みたいと思ってくれる人がいる [16 村上春樹] |
| 英訳/説明 | by going as far as to ~<br>普通ならしないことをしてでもという意味を表す。 |
| 文　型 | N + までしても |
| 例　文 | 1. 裁判までしても離婚したいと思っている。<br>2. 徹夜までしても終わらせなければいけない仕事が残っている。<br>3. 借金までしてもギャンブルが止められない人がいます。 |
| **209.** | **まるで～かのように** |
| 本　文 | まるでタイムマシンで未来の世界に行って見て来たかのように [8 孫正義] |
| 英訳/説明 | as if ~<br>実際には違うけれど、その状況、状態にとても近いことを表す表現。 |
| 文　型 | non-past: まるで V/ Ai plain + かのように ; まるで Ana stem/ N + かのように<br>past: まるで V/ Ai/ Ana/ N plain + かのように |

| | |
|---|---|
| 例文 | 1. この車は、まるで走っていないかのようにとても静かだ。<br>2. 大学を卒業してから、まるで人が変わったかのように真面目になった。<br>3. この地区はまるで昔に戻ったかのような雰囲気がある。 |

| 210. | 目を使った慣用句 |
|---|---|
| 本文 | 今、私達がよく目にする茶道は「わび茶」とも言います [11 千利休]<br>特に欧米のブランド品には目がない [13 草間彌生]<br>運良く投稿した漫画が手塚治虫の目に留まり [20 石ノ森章太郎] |
| 英訳/説明 | 慣用句　〜を目にする / 目に入る＝見る / 見かける<br>　　　　〜に目がない＝〜がとても好き<br>　　　　〜が(〜の)目に留まる＝〜を(〜が)見つける |
| 例文 | 1. この公園では、冬になるとハクチョウなどの野鳥をよく目にする。<br>2. 姉は甘いものに目がないが、特にチョコレートが大好きだ。<br>3. 町をあるいている時、ビルの上にある大きな看板が目に留まった。 |

| 211. | 〜面で |
|---|---|
| 本文 | 結婚生活はともかくとして、研究の面では評価された漱石は [15 夏目漱石] |
| 英訳/説明 | in terms of ~; in the aspect of ~; ~ -wise<br>たくさんある特徴の中から、一つのことがらを取り上げていう言い方。 |
| 文型 | Nの＋面；こういう / そういう / ああいう＋面で |
| 例文 | 1. 田舎に住んでいても、ネットで買い物が出来るので、買い物の面では不自由はない。<br>2. あの人は性格の面では問題ないが、能力の面では他の人の方が優れている。<br>3. 日本は先進国の一つですが、女性の活躍できる場が少ないという問題があります。そういう面では、まだ遅れている国だと言えるでしょう。 |

| 212. | もう一方〜 |
|---|---|
| 本文 | 紫式部が書いた長編小説『源氏物語』、もう一方の清少納言が書いた随筆『枕草子』は [3 紫式部] |
| 英訳/説明 | the other<br>前のことがらと対比する表現。 |
| 文型 | もう一方＋(のN) |
| 例文 | 1. 子供の頃犬を二匹飼っていたが、一匹は雄でもう一方は雌だった。<br>2. 書道で字を書く時は右手で筆を持ち、もう一方の手で紙をおさえます。<br>3. この大学にはキャンパスが二つあり、メインキャンパスは都内にもう一方のキャンパスは神奈川にある。 |

| 213. | 〜もかまわず |
|---|---|
| 本文 | 映画会社の意向もかまわず多額の費用と日数がかかった [12 黒澤明] |
| 英訳/説明 | without considering ~; without paying attention to ~<br>そのことがらを気にしないで、気にかけないでという意味を表す。ひらがなで書くことが多いが、漢字では「〜も構わず」と書く。 |
| 文型 | N＋もかまわず |
| 例文 | 1. あの人は時間もかまわず電話をかけてくる非常識な人だ。<br>2. レストランで食事をしていたら、彼女は急に人目もかまわず泣き出した。<br>3. 子供達をレストランに連れて行くと、支払いもかまわず食べるので困る。 |

| 214. | もし〜としたら |
|---|---|
| 本文 | もし共通する点が分かったとしたら、それが成功の近道になる [9 秋元康] |
| 英訳/説明 | if ~; if it happens that ~<br>仮定を表す。 |

| 文型 | もし + V/ Ai/ Ana/ N plain +としたら |
|---|---|
| 例文 | 1. もしヨーロッパに行くとしたら、パリには絶対行ってみたい。<br>2. もし生まれ変われたとしたら、今度はパイロットとして働きたい。<br>3. もしドイツの経済が悪くなったとしたら、EU は大きな影響を受ける。 |

### 215. もしかすると

| 本文 | もしかすると、紫式部が清少納言をライバルと考えなったら [3 紫式部] |
|---|---|
| 英訳/説明 | might; perhaps; maybe; by some chance<br>話し手がそのことがらについてあまり確信がないことを示す。 |
| 文型 | もしかすると + S |
| 例文 | 1. もしかすると、来年結婚するかもしれない。<br>2. 携帯がない。もしかすると、どこかで落としたかも。<br>3. 天気予報で、もしかすると今晩は雪になるって言ってたよ。 |

### 216. もともと

| 本文 | 邪馬台国はもともと男性の王が治めていたが [1 卑弥呼]<br>ホンダはもともと自転車につけるエンジンを販売する会社として [5 本田宗一郎] |
|---|---|
| 英訳/説明 | originally; from the start<br>「最初は」「最初から」「本来は」という意味を表す。 |
| 例文 | 1. もともとこの辺りは治安がよくなかったが、最近は店も増えて安全になった。<br>2. アメリカにはもともとネイティブ・アメリカンが住んでいた。<br>3. これは、もともと私のやるべき仕事なんですが、今は忙しいので、山田さんにやってもらいます。 |

### 217. ～もなければ～もない

| 本文 | 暴力もなければ乱暴な表現も出てこない [18 長谷川町子] |
|---|---|
| 英訳/説明 | neither A nor B<br>「A でも B でもない」という意味を表す。 |
| 文型 | N +もなければ N + もない；Ai neg. stem +もなければ Ai neg. stem + もない；Ana te-form +もなければ Ana te-form + もない |
| 例文 | 1. この町は小さいので、スーパーもなければコンビニもない。<br>2. 作文を書いたら面白くもなければつまらなくもない、つまり、平凡だと言われてしまった。<br>3. このアパートは不便でもなければ便利でもない。 |

### 218. もの

| 本文 | 6000 人ものユダヤ人の命が助かったと言われている [24 杉原千畝] |
|---|---|
| 英訳/説明 | as ~ as<br>数や程度が大きいことを示す。 |
| 文型 | number +（counter +）もの；QW +（counter +）もの（例：何人もの、いくつもの） |
| 例文 | 1. このカボチャは大きくなるそうで、30 キロものカボチャもあるそうだ。<br>2. 友達は一か月もの休みをとって、世界旅行にでかけた。<br>3. 戦争の度に何百人、何千人もの人が亡くなる。 |

### 219. ～ものか

| 本文 | そんな困難にも負けるものかと必死に働き、もちまえのアイデアで店をどんどん大きくしていきました [6 和田カツ] |
|---|---|
| 英訳/説明 | how could I (possibliy) ~; what could I (possibliy) ~; There's no way I would/could ~<br>何かをしないという話し手の強い決意を表す。話し言葉では「もんか」の形が使われる。 |

| 文　型 | V non-past plain ＋ものか |
|---|---|
| 例　文 | 1. 帰れと言われても、お金を貸してもらえるまで帰るものか。<br>2. こんなつまらない映画なんか見られるものか。<br>3. 母親に妹がどこにいるか聞かれたが、そんなこと知るもんか。 |

## 220. ～ものがある

| 本　文 | 彼の精神力の強さには感心させられるものがあります [22 イチロー] |
|---|---|
| 英訳／説明 | to have; to feel; there is something ～<br>書き言葉的表現で、何かの特徴や強調したいことを取り出して言う言い方。 |
| 文　型 | V/Ai non-past plain ＋ものがある；Ana stem な＋ものがある |
| 例　文 | 1. この映画には人の気持ちを明るくさせるものがある。<br>2. そんなに褒められると恥ずかしいものがある。<br>3. 医者にこの病気を完全に治すのは難しいものがあると言われてしまった。 |

## 221. ～ものだ

| 本　文 | よくこれらの宮崎のテレビアニメを夢中になって見たものです [19 宮崎駿] |
|---|---|
| 英訳／説明 | used to ～; would<br>過去によくしたことがらを表す。 |
| 文　型 | V past plain ＋ものだ |
| 例　文 | 1. 高校の帰り道はよく友達と話しながら帰ったものだ。<br>2. 江戸時代の農民は貧しくて米も食べられなかったものだ。<br>3. 昔は新幹線がなかったから、東京から大阪まで一日かかったものだ。 |

## 222. ～ものだ

| 本　文 | はじめは屋台で食べるものだった [7 白石義明]<br>人生というのは本当に予想のつかないものだと思います [15 夏目漱石] |
|---|---|
| 英訳／説明 | to be supposed to ～<br>一般にそうだと思われていることや道徳や習慣として、そう決まっていることがらを表す。 |
| 文　型 | V non-past plain ＋ものだ |
| 例　文 | 1. 医者は患者を助けるものだが、お金儲けだけを考える医者もいる。<br>2. 学生は勉強するものだ。だから、勉強しなさい。<br>3. 昔、平仮名は女性が使うものだった。 |

## 223. ～(たい・てほしい) ものだ

| 本　文 | 待ったなしで環境問題に取り組みたいものだ。[23 野口健]<br>和の精神をこれからも大切にしてほしいものだと思います [2 聖徳太子] |
|---|---|
| 英訳／説明 | I truly wish/hope that ～; I'd like (someone) to ～<br>話し手の希望や願望を強調する言い方。 |
| 文　型 | V masu-stem ＋たいものだ；V te-form ＋ほしいものだ |
| 例　文 | 1. 新入生には勉強にクラブ活動に頑張ってほしいものだ。<br>2. 政治家にもっと生活を楽にしてもらいたいものだ。<br>3. 世界が平和になってほしいものだと強く思う。 |

## 224. ～ものではない

| 本　文 | その頃は、女性が勉強するものではないと考えられていた時代で [6 和田カツ]<br>文語体が使われることが当たり前で口語を使うものではありません [17 俵万智] |
|---|---|

| | |
|---|---|
| 英訳 / 説明 | should not<br>道徳や習慣として、すべきではないことがらを表す。 |
| 文　型 | V plain ＋ものではない |
| 例　文 | 1. お葬式には明るい服を着て行くものではない。<br>2. 人の悪口を言うものではないと言われて育った。<br>3. 人前で化粧するものではないと思うが、最近は電車の中で化粧する若い人がいる。 |

| 225. | ～ものの |
|---|---|
| 本　文 | カツは様々な困難にあったものの、そんな困難にも負けるものか　[6] 和田カツ<br>いいアイデアを見つけたとはいうものの、レストランで使うとなると　[7] 白石義明 |
| 英訳 / 説明 | although<br>前に起きたことがらから普通に予想されることと違うことが起きることを表す。 |
| 文　型 | non-past: V/Ai plain ＋ものの；Ana stem な＋ものの；Ana stem/N である＋ものの<br>past: V/ Ai/ Ana/ N plain ＋ものの |
| 例　文 | 1. 朝早く目が覚めたものの、また寝てしまい、結局会社に遅刻してしまった。<br>2. 料理は嫌いではないものの時間がないので、外食が多くなってしまう。<br>3. このアパートは静かなものの、狭いので来年は引っ越しするつもりだ。 |

| 226. | ～やら～やら |
|---|---|
| 本　文 | 派手なアクションやら不思議な魔法やら驚くようなことは　[18] 長谷川町子 |
| 英訳 / 説明 | X, Y and so on; such as A and B; to do things like A and B<br>色々な例をあげる表現。 |
| 文　型 | V/ Ai non-past plain 1 ＋やら V/ Ai non-past plain 2 ＋やら；N 1 ＋やら N 2 ＋やら |
| 例　文 | 1. 実家から米やら味噌やら色々なものが送られてきた。<br>2. 先生に褒められてうれしいやら恥ずかしいやらで、顔が真っ赤になってしまった。<br>3. 姉の子供達が遊びに来ると、騒ぐやら家の中を走り回りやらでゆっくり出来ない。 |

| 227. | ～ようがない |
|---|---|
| 本　文 | 糖尿病など、完全に治しようがない病気もまだまだ　[29] 山中伸弥 |
| 英訳 / 説明 | There is no way to ~<br>その行為を行う方法がないという意味を表す。 |
| 文　型 | V masu-stem ＋ようがない |
| 例　文 | 1. 子供に赤ちゃんはどうやって作るか聞かれて、答えようがなかった。<br>2. この部屋はあまりに物が多すぎて、部屋の片付けようがない。<br>3. ペットが死んだ友達はひどく落ち込んでいて、私には励ましようがなかった。 |

| 228. | ～ようではないか |
|---|---|
| 本　文 | これからは漫画を「萬画」と呼ぼうではないかと提案した　[20] 石ノ森章太郎<br>減る一方のアイヌ文化を保護しようではないかと訴え　[26] 萱野茂 |
| 英訳 / 説明 | Let us ~; Why don't we ~?; (to suggest that) we ~<br>意思を表す動詞に続いて、話し手の意思を強く表したり、聞き手に一緒にその行為をするように求める言い方。<br>「～ようじゃないか」の書き言葉的表現。 |
| 文　型 | V volitional ＋ではないか |
| 例　文 | 1. 健康のためにもっと運動しようではないか。<br>2. このグループは市民に環境を守るためにリサイクルをしようではないかと呼びかけている。<br>3. 大阪では過去にオリンピックを開催しようではないかという運動が行われたことがあった。 |

| 229. | | ～ようとする |
|---|---|---|
| 本文 | | 各々の国を大きくしようとして、戦争が再三起きた時代です [4 織田信長]<br>お茶をたてる人と飲む人の心の交流を大切にしようとした [11 千利休] |
| 英訳/説明 | | to try to ~<br>そのことがらを試みたり、そのことがらを実現するために努力するという意味を表す。 |
| 文型 | | V volitional ＋とする |
| 例文 | | 1. アメリカの大学に入ろうとする人は、TOEFLという英語の試験を受けなければいけない。<br>2. リンゴを切ろうとして、指を切ってしまった。<br>3. 市は町のはずれにゴミの処理場を作ろうとしたが、住民の反対で中止になった。 |

| 230. | | ～ような気がする |
|---|---|---|
| 本文 | | 変化を受け入れていくことも大切だということを教えてくれているような気がします [17 俵万智] |
| 英訳/説明 | | to feel like<br>話し手がそのように感じている、思っているということを表す。 |
| 文型 | | V plain ＋ような気がする |
| 例文 | | 1. 急に雨が降ったり、暑い日が続いたり、異常気象が増えているような気がする。<br>2. あの二人は付き合っているような気がするが、本当のことは分からない。<br>3. まだ働き始めて1週間だが、この仕事は僕に向いているような気がする。 |

| 231. | | ～ようものなら |
|---|---|---|
| 本文 | | 環境は一度壊そうものなら、なかなか元に戻すことはできない [23 野口健] |
| 英訳/説明 | | if ~ by any chance<br>現実には行われていない行為を仮定する表現で、後ろにはあまりよくない出来事が続く。 |
| 文型 | | V volitional ＋ものなら |
| 例文 | | 1. 父は時間に厳しく、5分でも遅れようものなら、すぐに怒鳴られる。<br>2. 私の家は町から遠いので、遅く帰ろうものなら、家まで帰る電車もバスもなくなってしまう。<br>3. もう何回も失敗をしているので、また失敗でもしようものなら、首になってしまう。 |

| 232. | | ようやく |
|---|---|---|
| 本文 | | ようやく回転する特殊なベルトコンベアを [7 白石義明]<br>戦後28年目にようやく杉原を見つけ出し再会を果たしたという [24 杉原千畝] |
| 英訳/説明 | | finally; at last<br>話し手が期待していることがらが、やっと起こったことを表す。 |
| 例文 | | 1. 英語の勉強を始めて3年になるが、最近ようやく話していることが聞き取れるようになった。<br>2. イタリアに引っ越して最初は大変だったが、ようやく慣れてきた。<br>3. 昨日から降っていた雨がようやく止んだ。 |

| 233. | | より～ |
|---|---|---|
| 本文 | | 現在でも私達はより高度な機械を作り続けている [8 孫正義]<br>そしてよりよい環境で安心して生活できるようになることです [25 佐藤栄作] |
| 英訳/説明 | | more; ~er<br>「さらに」「もっと」という意味の書き言葉的表現。 |
| 文型 | | より＋ Ai/ Ana |
| 例文 | | 1. 最初の問題は簡単だったので、より難しい問題に挑戦してみた。<br>2. 最近のデジカメはより小さくなって、軽くなった。<br>3. より便利な生活が出来るように、色々な製品が開発されている。 |

| 234. | ～より仕方がない | |
|---|---|---|
| 本文 | 日本を経由して行くより仕方がない [24 杉原千畝] | |
| 英訳/説明 | to have no choice but to ~; there is nothing for it but to ~<br>このことの他に何もすることが出来ないという意味を表す。 | |
| 文型 | V non-past plain ＋より仕方がない | |
| 例文 | 1. 昨日の晩は停電して電気が使えなかったので、寝るより仕方がなかった。<br>2. いい成績が欲しかったら、勉強するより仕方がない。<br>3. 大雪で電車もバスも止ってしまい、タクシーも走っていなかったので、歩くより仕方がなかった。 | |

| 235. | ～よりほかない | |
|---|---|---|
| 本文 | 漱石は勉強どころではなくなり、日本に帰国するよりほかありませんでした [15 夏目漱石] | |
| 英訳/説明 | to have not choice but to ~; there is no other option but to ~<br>このこと以外に別の方法がないという意味を表す。 | |
| 文型 | V non-past plain ＋よりほかない | |
| 例文 | 1. 単語の意味を辞書で調べたが分からなかったので、後は先生に聞くよりほかありません。<br>2. 会社では上司の意見に従うよりほかないと思う。<br>3. この病気は手術で治すよりほかないと言われてしまった。 | |

| 236. | ～わけがない | |
|---|---|---|
| 本文 | 必ず見劣りし、よい人生の終わりを迎えられるわけがない [3 紫式部] | |
| 英訳/説明 | there is no way ~; it is impossible ~<br>あることがらが起こったり、成立する可能性がないことを表す。 | |
| 文型 | V/Ai non-past plain ＋わけがない；Ana stem な＋わけがない；Ana stem/ N である＋わけがない；そんな＋わけがない | |
| 例文 | 1. 一日で単語を100個も覚えられるわけがない。<br>2. 友達がエジプトで雪が降ったと言っていたが、そんなわけはない。<br>3. 大学の勉強と毎日アルバイトがあるので、暇なわけがない。 | |

| 237. | ～わけではない | |
|---|---|---|
| 本文 | はじめは落語を話すことを仕事としていたわけではなく、お坊さんや武士などが本業であった [10 三遊亭圓朝] | |
| 英訳/説明 | it does not mean that ~; it is not the case that ~; it's not that ~<br>前に述べられたことから予想されることを否定する言い方。 | |
| 文型 | non-past: V/Ai plain ＋わけではない；Ana stem な＋わけではない；Ana stem/ N である＋わけではない<br>past: plain ＋わけではない | |
| 例文 | 1. 日本語の先生だからと言って日本語を間違えないわけではない。<br>2. 大学を卒業しても必ずしも就職できるわけではない。<br>3. 昨日はおなかが痛かったが、仕事に行かなかったわけではない。 | |

| 238. | ～わけにはいかない | |
|---|---|---|
| 本文 | 環境問題について深く考えないわけにはいかなかった [23 野口健] | |
| 英訳/説明 | cannot ~　動詞の肯定形の場合：一般的な常識や習慣から、その出来事をすることが出来ないという意味を表す。<br>must ~; have to ~　動詞の否定形の場合：その行為をしなければいけないという、一般的、社会的な義務を表す。 | |
| 文型 | V non-past plain ＋わけにはいかない；V neg. ＋わけにはいかない | |
| 例文 | 1. 今日は試験があるから、学校に行かないわけにはいかない。<br>2. 小さい子供にお酒を飲ませるわけにはいかない。<br>3. 今晩は妻の誕生日なので、残業で遅くなるわけにはいかない。 | |

| 239. | わずか | |
|---|---|---|
| 本文 | 杉原がリトアニア赴任してわずか四日後の1939年9月1日 [24 杉原千畝]<br>名前を知っている人はごくわずかでしょう [28 藤田哲也] | |
| 英訳／説明 | a few; a little; only<br>「たった」よりも書き言葉的な表現で、とても少ないことを表す。 | |
| 文型 | わずか＋(number ＋ counter) | |
| 例文 | 1. このレストランでは、わずか500円でおなかいっぱい食べられる。<br>2. 駅前に出来た喫茶店はわずか1年で閉店してしまった。<br>3. 兄は運動神経がいいので、わずか1回の練習で上手に出来るようになった。 | |

| 240. | ～を得る | |
|---|---|---|
| 本文 | 海外で初めて評価を得た作品は『羅生門』だ [12 黒澤明]<br>野口は様々な人の協力を得て [23 野口健] | |
| 英訳／説明 | to gain; to obtain; to receive<br>「手に入れる」「自分のものにする」「もらう」という意味を表す。 | |
| 文型 | N＋を得る | |
| 例文 | 1. 社員の賛成を得て、本社を名古屋から東京に移した。<br>2. いい収入を得るためには、特技をたくさん持っていた方がいい。<br>3. 情報を得るためにインターネットを使っている人は多いと思う。 | |

| 241. | ～をおしむ | |
|---|---|---|
| 本文 | リトアニアを退去するまでの1か月間、寝る間もおしんでビザを書き続けた [24 杉原千畝] | |
| 英訳／説明 | to stint; to grudge<br>そのことを無駄に思う、嫌がるという意味。例文のように「～をおしまないで／～をおしまず」のように否定形と一緒に使われて、それを嫌がらずに、無駄と思わずにの意味で使われることも多い。 | |
| 文型 | N＋をおしむ | |
| 例文 | 1. 若い時に苦労をおしまず働いたおかげで、今は楽な生活が送られる。<br>2. この家はビジネスで成功した人物が、金銭をおしまず建てた建物だ。<br>3. 努力をおしまないで何にでも一生懸命に取り組むことが必要だ。 | |

| 242. | ～をきっかけに・[動詞]きっかけに | |
|---|---|---|
| 本文 | 圓朝はこれをきっかけに、自作の落語、つまり新作落語を創作する [10 三遊亭圓朝]<br>環境問題を考えさせるきっかけになったのは [23 野口健] | |
| 英訳／説明 | taking advantage of ~; with this as a start; a trigger to ~<br>そのことがらを機会にして、または、何かを始める・何かが始まる引き金という意味を表す。 | |
| 文型 | N＋をきっかけに；V plain ＋きっかけに | |
| 例文 | 1. 今回の大地震をきっかけに、家族の大切さを感じるようになった。<br>2. 結婚をきっかけに、両親の家から独立した。<br>3. 新しいスニーカーを買ったので、これがスポーツを始めるきっかけになればいいと思っています。 | |

| 243. | ～を契機にして | |
|---|---|---|
| 本文 | 失明を契機にして鉄道会社を退職した宮崎は [19 宮崎駿] | |
| 英訳／説明 | with ~ as a turning point; taking advent of ~<br>このことがらをきっかけにしてという意味を表す。 | |
| 文型 | N＋を契機にして | |

| | |
|---|---|
| 例 文 | 1. 日本は敗戦を契機にして、政治、教育など様々な分野で改革が行われた。<br>2. 今回の大津波を契機にして、津波警報の出し方が変更になった。<br>3. 政府はオリンピックを契機にして経済が回復できればと考えている。 |

| 244. | ～を中心に |
|---|---|
| 本 文 | この家族を中心に平凡な日常の生活 [18 長谷川町子]<br>アイヌ民族は狩猟や採取を中心にした生活を送り [26 萱野茂] |
| 英訳/説明 | focusing on; [centering] around; with ~ as the center on; mainly<br>それを真ん中にして、何かをしたり、ものごとが進んだり広がったりすることを表す。 |
| 文 型 | N ＋を中心に |
| 例 文 | 1. 台風が日本列島に近づいており、九州を中心に大雨が予想されています。<br>2. このバンドは若者を中心に世界中で人気がある。<br>3. ソニーはオーディオ製品を中心にゲーム、銀行などの会社も経営している。 |

| 245. | ～を通して |
|---|---|
| 本 文 | この世襲の家柄を通して、その精神は代々伝えられて [11 千利休]<br>ロボットを通して人間を理解するというのはとても面白い [30 石黒浩] |
| 英訳/説明 | through ~; by way of ~<br>それを仲介して、間に入れてという意味を表す。 |
| 文 型 | N ＋を通して |
| 例 文 | 1. 離婚した妻が結婚することを、友達を通して聞いた。<br>2. 最近はTwitterやLineなどのSNSを通してコミュニケーションする若者が多い。<br>3. 子供にはスポーツを通して、マナーを学んだり精神を鍛えたりしてほしい。 |

| 246. | ～を問わず |
|---|---|
| 本 文 | 老若男女を問わず、ブランド品を購入して戻ってくる [13 草間彌生]<br>近代オリンピックに男女を問わず参加出来るようになったのは [21 高橋尚子] |
| 英訳/説明 | regardless of ~<br>それとは関係なく、そのことは問題にしないでという意味を表す。 |
| 文 型 | N ＋を問わず |
| 例 文 | 1. このアルバイトは高校を卒業した人なら、年齢を問わず応募できます。<br>2. 性別を問わず選挙が出来るようになったのは、それほど昔のことでない。<br>3. 留学するためのお金を貯めるために、昼夜を問わず働いた。 |

| 247. | ～を抜きにして |
|---|---|
| 本 文 | これらの技術を抜きにしては考えられないでしょう [29 山中伸弥] |
| 英訳/説明 | without ~<br>それを省略して、入れないでという意味を表す。 |
| 文 型 | N ＋を抜きにして |
| 例 文 | 1. 日本の経済はアメリカや中国を抜きにして語ることは出来ない。<br>2. この国の発展は経済の発展を抜きにしては実現できない。<br>3. 今日は難しいことを抜きにして、歴史の面白さについて話したいと思う。 |

| 248. | ～をはじめとして・～をはじめとする |
|---|---|
| 本 文 | 『となりのトトロ』をはじめとして『もののけ姫』などの数多く [19 宮崎駿]<br>野口は清掃登山をはじめとする様々な活動を行っているが [23 野口健] |

| | |
|---|---|
| 英訳 / 説明 | beginning with ~ ; including<br>代表的なものを例にあげて、その他にも同じような例が色々あることを表す。 |
| 文 型 | N＋をはじめとして ; N＋をはじめとする＋N |
| 例 文 | 1. 京都には金閣寺をはじめとして、数多くの有名なお寺がある。<br>2. 日本にはゴジラをはじめとする怪獣映画の歴史がある。<br>3. 今度の国際会議にはアメリカをはじめとして様々な国が参加することになった。 |

### 249.　〜を果たす

| | |
|---|---|
| 本 文 | 国民の期待に応えてオリンピックで優勝を果たします [21] 高橋尚子]<br>杉原を見つけ出し再会を果たしたという。[24] 杉原千畝] |
| 英訳 / 説明 | to carry out; to perform; to achieve; to accomplish; to excute<br>期待や希望を現実のものにするという意味や、例文3のように何かの機能や働きをするという意味を表す。 |
| 文 型 | N＋を果たす |
| 例 文 | 1. 医者になってほしいという父との約束を果たすために、医学部に進学した。<br>2. 夫は全然子育てを手伝ってくれないし、父親としての責任を果たしていないと思う。<br>3. 助詞は日本語の文法の中で重要な役割を果たしている。 |

### 250.　〜を踏まえて

| | |
|---|---|
| 本 文 | 秘訣について聞かれており、自身の経験を踏まえて [9] 秋元康] |
| 英訳 / 説明 | to be based on; taking ~ into consideration<br>それを前提にして、または考えに入れてという意味を表す。 |
| 文 型 | N＋を踏まえて |
| 例 文 | 1. お客さんからの要望を踏まえて、商品の数を増やすことにした。<br>2. 国際問題は現代の問題だけでなく、過去の歴史を踏まえて考えなければいけないこともある。<br>3. 子育てはそれぞれの子供の個性も踏まえて、総合的に考えた方がいい。 |

### 251.　〜を巡って

| | |
|---|---|
| 本 文 | その解釈を巡っては意見が分かれ [1] 卑弥呼]<br>佐藤のノーベル平和賞の受賞を巡っては [25] 佐藤栄作] |
| 英訳 / 説明 | in regard to; concering; over; centering around<br>そのことがらと、それに関連することについて誰かが意見・考え方を表出する、あるいは、それについての人の動きがあった場合に使う。かたい書き言葉的表現。 |
| 文 型 | N＋を巡って |
| 例 文 | 1. 原子力発電の利用を巡っては国内でも、様々な意見が出ている。<br>2. 政府の方針を巡って、与党と野党が対立をしている。<br>3. 温暖化を巡って、各国がそれぞれの意見を述べた。 |

### 252.　〜んじゃない

| | |
|---|---|
| 本 文 | 厳格な父は漫画家になるんじゃないと反対した [20] 石ノ森章太郎] |
| 英訳 / 説明 | Don't ~<br>聞き手にしてはいけないことを強く伝える表現。 |
| 文 型 | V non-past plain ＋んじゃない |
| 例 文 | 1. 兄は僕にこれは大切な品物だから絶対に触るんじゃないと言った。<br>2. 父からいつも感謝の気持ちを忘れるんじゃないと言われている。<br>3. コーチは諦めるんじゃない、最後まで頑張れと叫んでいる。 |

## ■参考文献リスト

朝日新聞科学医療部(編)(2012)『iPS細胞大革命 —ノーベル賞山中伸弥教授は世界をどう変えるか』 朝日新聞出版

朝日新聞出版(2000)「世紀残像 —アイヌ議員、萱野茂の引退の言葉」『週刊20世紀94号』(2000年11月16日)

井沢元彦(1993)『逆説の日本史〈1〉古代黎明編 —封印された〔倭〕の謎』小学館

井沢元彦(2011)『[ビジュアル版]逆説の日本史4 完本 信長全史』小学館

石黒浩(2003)『ロボットは何か —人の心を映す鏡』(講談社現代新書)講談社

石黒浩・池谷瑠絵(2010)『ロボットは涙を流すか —映画と現実の狭間』(PHPサイエンス・ワールド新書)PHP研究所

伊丹敬之(2010)『本田宗一郎 —やってみもせんで、何がわかる』(ミネルヴァ日本評伝選)ミネルヴァ書房

伊丹敬之(2012)『人間の達人 本田宗一郎』PHP研究所

植木武(編)(2009)『国際社会で活躍した日本人 —明治〜昭和13人のコスモポリタン』弘文堂

上田正昭・千田稔(共編著)(2008) 『聖徳太子の歴史を読む』文英堂

梅棹忠夫・他(監修)(1989)『日本語大辞典』講談社

江戸東京博物館・東北大学(編)(2007)『文豪・夏目漱石 —こころとまなざし』朝日新聞社

NHK「仕事のすすめ」制作班(編)(2011)『秋元康の仕事学』NHK出版

NHK「プロフェッショナル」制作班(2015)『プロフェッショナル仕事の流儀 壁を打ち破る34の生き方』(NHK出版新書466)NHK出版

岡田斗司夫(2013)『『風立ちぬを』を語る —宮崎駿とスタジオジブリ、その軌跡と未来』(光文社新書)光文社

小川芳男・林大・他(編)(1982)『日本語教育辞典』大修館書店

奥田昭則(1998)『母と神童 —五嶋節物語』小学館

奥村幸治(2010) 『イチローの哲学 ——流選手は何を考え、何をしているのか』PHP研究所

尾崎左永子(2011)『王朝文学の楽しみ』(岩波新書)岩波書店

梶山寿子(2004)『ジブリマジック —鈴木敏夫の「想網力」』講談社

片岡宏二(2011)『邪馬台国論争の新視点 —遺跡が示す九州説』雄山閣

神渡良平(1992)『新渡戸稲造 —太平洋の架け橋』ぱるす出版

萱野れい子(著)・須藤功(編)(2008)『写真で綴る萱野茂の生涯 —アイヌの魂と文化を求めて』農山漁村文化協会

キネマ旬報社(編)(2010)『キネマ旬報セレクション 黒澤明』 キネマ旬報社

木村宗慎(監修)・ペン編集部(編)(2009)『ペンブックス6 千利休の功罪。』(Pen BOOKS)CCCメディアハウス

草間彌生(2013)『水玉の履歴書』(集英社新書)集英社

倉本一宏(2014)『人をあるく 紫式部と平安の都』吉川弘文館

グループジャマシー(砂川有里子・他)(1998)『日本語文型辞典』くろしお出版

軍司貞則(1995)『本田宗一郎の真実 —神話になった男の知られざる生涯』 講談社

神津朝夫(2009)『茶の湯の歴史』(角川選書)角川学芸出版

小西慶三(2009)『イチローの流儀』(新潮文庫)新潮社

坂井輝久(著)・井上匠(写真)(2008)『京都 紫式部のまち —その生涯と『源氏物語』』淡交社

堺屋太一(編)(1991)『織田信長 —戦国革命児の実像(NHKシリーズ)』日本放送出版協会

相良英明(2012)『作家としての宮崎駿 —宮崎駿における異文化融合と多文化主義』(比較文化研究ブックレット)神奈川新聞社

佐藤全弘(2012)『新渡戸稲造に学ぶ —With Charity for All』教文館

佐野眞一（2014）『あんぽん 孫正義伝』（小学館文庫）小学館

塩澤幸登（2005）『KUROSAWA 撮影現場＋音楽編 —黒澤明と黒澤組、その映画的記憶、映画創造の記録』茉莉花社

篠川賢（2013）『日本古代の歴史 2　飛鳥と古代国家』吉川弘文館

杉田俊介（2014）『宮崎駿論 —神々と子どもたちの物語』（NHK ブックス No.1215）NHK 出版

鈴木敏夫（2014）『仕事道楽新版 —スタジオジブリの現場』（岩波新書）岩波書店

須田努（2015）『人をあるく　三遊亭圓朝と江戸落語』吉川弘文館

須知徳平（1984）『新渡戸稲造と武士道』青磁社

高田良信（2012）『日本人のこころの言葉　聖徳太子』創元社

谷端昭夫（2012）『茶の湯人物誌』淡交社

柘植光彦（2010）『村上春樹の秘密 —ゼロからわかる作品と人生』（アスキー新書）アスキー・メディアワークス

坪内祐三（編）（2002）『明治の文学　第 4 巻　坪内逍遙』筑摩書房

鶴見俊輔・齋藤愼爾（編）（2006）『サザエさんの〈昭和〉』柏書房

遠山美都男（2011）歴史新書『新版 卑弥呼誕生 —彼女は本当に女王だったのか？』（歴史新書 y）洋泉社

遠山美都男（2013）『聖徳太子の「謎」』宝島社

長岡義幸（2010）『マンガはなぜ規制されるのか —「有害」をめぐる半世紀の攻防』（平凡社新書）平凡社

西尾実・他（編）（1979）『岩波国語辞典第三版』岩波書店

日本経済新聞「イチロー、40 歳にして惑わず　ヤンキースでの決意」（2013 年 2 月 13 日）

野上照代（2014）『もう一度天気待ち —監督黒澤明とともに』草思社

林順治（2011）『漱石の秘密 —「坊ちゃん」から「心」まで』論創社

半藤一利編（2010）『日本史はこんなに面白い』（文春文庫）文藝春秋

平野芳信（2011）『日本の作家 100 人　村上春樹 —人と文学』勉誠出版

ヒレル・レビン(著)・諏訪澄(監修訳)・篠輝久(監修訳)（1998）『千畝 —一万人の命を救った外交官杉原千畝の謎』清水書院

ペン編集部（2011）『ペンブックス 14　やっぱり好きだ！草間彌生。』（Pen BOOKS）CCC メディアハウス

毎日新聞「アイヌ民族　初の国会議員、萱野さん死去 10 年 —先住民の人権回復を 次男の志朗・二風谷資料館館長」（2016 年 5 月 7 日）

牧野成一・筒井通雄（1986）『日本語基本文型辞典』The Japan Times

牧野成一・筒井通雄（1995）『日本語基本文型辞典［中級編］』The Japan Times

牧野成一・筒井通雄（2008）『日本語基本文型辞典［上級編］』The Japan Times

松岡洋子マックレイン（2007）『漱石夫妻　愛のかたち』（朝日新書 70）朝日新聞社

宮崎荘平（2010）『王朝女流文学論攷 —物語と日記』（新典社研究叢書 210）新典社

三好典彦（2009）『漱石の病と「夢十夜」』創風社出版

村上春樹・柴田元幸（2000）『翻訳夜話』（文春新書）文藝春秋

山本進編（2007）『落語ハンドブック第 3 版　「落語」のすべてがわかる辞典』三省堂

四方田犬彦（2010）『『七人の侍』と現代 —黒澤明 再考』（岩波新書）岩波書店

渡辺勝正(編著)・杉原幸子(監修)（1996）『決断・命のビザ』大正出版

■参照 WEB サイト

石ノ森変身！「漫画の王様　石ノ森章太郎」http://ishinomori.co.jp/ishinomori/index.html（2013/9/25 参照）

おもいっきりイイテレビ「回転寿司　生みの親白石義明がなくなった日」http://www.ntv.co.jp/omoii-tv/today/080829.html（2012/3/11 参照）

元祖廻る元禄寿司　「回転寿司の歴史」　http://www.mawaru-genrokuzusi.co.jp/history/（2013/2/15 参照）

九州観光情報サイト 九州旅ネット「歴史・遺産 060 古代ロマン　宮崎康平の「まぼろしの邪馬台国」を追って」http://www.welcomekyushu.jp/unchiku/?mode=detail&id=112（2013/10/11 参照）

作家で聴く音楽「第三回　秋元康」http://www.jasrac.or.jp/sakka/vol_3/akimoto_in.html（2013/11/1 参照）

シネマトゥデイ「『千と千尋』、イギリスの小学生憧れのキャラクターにランクイン！1位は『ハリー・ポッター』ハーマイオニー！」http://www.cinematoday.jp/page/N0049131（2013/10/30 参照）

新宿区役所「夏目漱石生い立ち」http://www.city.shinjuku.lg.jp/kanko/file03_01_00027.html（2013/11/24 参照）

戦後日本のイノベーション100選　「高度経済成長期　回転寿司」　http://koueki.jiii.or.jp/innovation100/innovation_detail.php?eid=00026&age=high-growth&page=keii（2015/12/30 参照）

仙台経済新聞　「宮城県出身の「萬画家」・故石ノ森章太郎さんの作品全集がギネスに」（2008年1月25日）http://sendai.keizai.biz/headline/175/

高橋尚子名言（2005 東京国際女子マラソン　優勝インタビュー）https://www.youtube.com/watch?v=DUV1-SrsoJw（2013/9/25 参照）

たつまき博士の研究室　http://fujitascale.net（2014/12/10 参照）

中央日報「草間彌生氏『芸術は最高の医師、死ぬまで描く』」（2013年5月14日）http://japanese.joins.com/article/594/171594.html

西日本シティ銀行　「地域社会貢献活動ふるさと歴史シリーズ『北九州に強くなろう』世界の竜巻博士　藤田哲也」http://www.ncbank.co.jp/chiiki_shakaikoken/furusato_rekishi/ kitakyushu/018/index.html（2014/12/10 参照）

野口健公式ウェブサイト　http://www.noguchi-ken.com（2013/8/25 参照）

宅ふぁいる便大型連載企画「仕事人インタビュー　私の職務経歴書：野口健」http://c.filesend.to/ct/?p=4370（2013/7/30 参照）

ビズオーシャン「第3回 作詞家 秋元康「自信とは、「軸足を動かさないこと」」http://www.bizocean.jp/column/president/president15/（2013/11/1 参照）

北海道ファンマガジン「アイヌ初の国会議員、萱野茂氏」　http://pucchi.net/hokkaido/ainu/kayano_shigeru.php（2014/12/8 参照）

琉球新報　「高橋選手、復活V・感動呼んだ「夢」達成への道」（2005年11月22日）http://ryukyushimpo.jp/editorial/prentry-8685.html

Honda HISTORY「Hondaの歩み」http://www.honda.co.jp/history/（2013/10/11 参照）

ITmedia ニュース　「人とロボットの秘密：第2章-3 アンドロイドが問う「人間らしさ」石黒浩教授　http://www.itmedia.co.jp/news/articles/0905/22/news057.html（2012/12/4 参照）

NHK 放送文化研究所世論調査部「日本人の好きなもの」2008年（2007年調査）http://www2.ttcn.ne.jp/honkawa/3925.html（2013/10/11 参照）

SoftBank Group http://www.softbank.jp（2013/9/25 参照）

Video Research Ltd.「視聴率データ　週間高世帯視聴率番組」http://www.videor.co.jp/data/ratedata/backnum/2014/vol46.htm（2014/12/10 参照）

Web ナシジオ・インタビュー「野口健　カメラがくれた新た世界」http://natgeo.nikkeibp.co.jp/nng/article/20131225/378263/（2014/1/6 参照）

> 著者紹介

# 石川　智 (Satoru Ishikawa)
いしかわ　さとる

> 現職

ボストン大学世界言語文学学科 専任講師
Senior Lecturer, Department of World Languages & Literatures, Boston University

> 略歴

ウィスコンシン大学マディソン校大学院東アジア言語文学科日本語修士課程修了。プリンストン大学専任講師，北海道国際交流センター夏期日本語集中講座コーディネータ，ハーバード大学専任講師，アイオワ大学アジア・スラブ言語文学科専任講師，ミシガン大学アジア言語文化学科専任講師を経て現職。

> 著書

『上級へのとびら』(くろしお出版, 2009)；『上級へのとびら：きたえよう漢字力 —上級へつなげる基礎漢字800—』(くろしお出版, 2010)；『上級へのとびら：これで身につく文法力』(くろしお出版, 2012)；『中級日本語を教える 教師の手引き』(くろしお出版, 2011)；『The Great Japanese 30の物語［初中級］—人物で学ぶ日本語—』(くろしお出版, 2019)

> 編集・制作協力者

■ 文法表現リスト査読
　筒井通雄

■ 英語校正
　高田裕子

■ 中国語翻訳・校正
　嚴　馥

■ 韓国語翻訳・校正
　郭旻恵

■ 本文／装丁デザイン
　スズキアキヒロ

---

### The Great Japanese　30の物語　[中上級]
──人物で学ぶ日本語──
The Great Japanese: 30 Stories　Intermediate and Advanced Levels

---

| 2016年　6月 5日　　第1刷 発行 |
| 2024年　4月25日　　第6刷 発行 |

[著者]　　　石川　智

[発行人]　　岡野　秀夫
[発行]　　　くろしお出版
　　　　　　〒102-0084　　東京都千代田区二番町4-3
　　　　　　Tel：03・6261・2867　　Fax：03・6261・2879
　　　　　　URL：http://www.9640.jp　　Mail：kurosio@9640.jp

[印刷]　　　三秀舎

---

Ⓒ 2016 Satoru Ishikawa, Printed in Japan
ISBN 978-4-87424-702-0 C0081

乱丁・落丁はお取り替えいたします。本書の無断転載・複製を禁じます。

# ご案内

# 日本語多読道場
(にほんごたどくどうじょう)

無料の音声付き読み物教材
Reading and Listening materials for free

学習者が興味を持つトピックについて、読み物をレベル別に掲載したウェブサイト。PCやスマホで気軽に読める。自習用や、日本語の授業に。

THE GREAT JAPANESE：30の物語

# 別　冊

- ☐ 模範解答 ............... 2
- ☐ 単語リスト ............ 4
  （英語・中国語・韓国語翻訳）

## 模　範　解　答

**1**
[読む前に①]
1) b　2) c　3) d　4) e　5) a　6) f
[内容質問①]
1) ○　2) ○　3) ×　4) ○　5) ×
[内容質問②]
1) b　2) c　3) b　4) b

**2**
[読む前に①]
1) d　2) f　3) e　4) c　5) a　6) b
[内容質問①]
1) ○　2) ×　3) ×　4) ○　5) ×
[内容質問②]
1) b　2) a　3) d　4) c

**3**
[読む前に①]
1) c　2) f　3) e　4) a　5) b　6) d
[内容質問①]
1) ○　2) ○　3) ×　4) ×　5) ×
[内容質問②]
1) d　2) c　3) d　4) c

**4**
[読む前に①]
1) d　2) a　3) e　4) b　5) f　6) c
[内容質問①]
1) ○　2) ×　3) ○　4) ○　5) ×
[内容質問②]
1) b　2) b　3) a　4) b

**5**
[読む前に①]
1) a　2) c　3) b　4) c　5) b
[内容質問①]
1) ×　2) ○　3) ○　4) ○　5) ○
[内容質問②]
1) c　2) d　3) b　4) a

**6**
[読む前に①]
1) c　2) a　3) d　4) e　5) f　6) b
[内容質問①]
1) ○　2) ×　3) ×　4) ○　5) ○
[内容質問②]
1) b　2) c　3) b　4) d

**7**
[読む前に①]
1) b　2) f　3) d　4) c　5) a　6) e
[内容質問①]
1) ○　2) ×　3) ○　4) ○　5) ×
[内容質問②]
1) d　2) c　3) d　4) b

**8**
[読む前に①]
1) b　2) a　3) a　4) c　5) b
[内容質問①]
1) ×　2) ○　3) ×　4) ×　5) ○
[内容質問②]
1) d　2) c　3) d　4) a

**9**
[読む前に①]
1) c　2) f　3) d　4) e　5) b　6) a
[内容質問①]
1) ○　2) ×　3) ×　4) ○　5) ×
[内容質問②]
1) d　2) a　3) c　4) b

**10**
[読む前に①]
1) d　2) f　3) e　4) c　5) b　6) a
[内容質問①]
1) ×　2) ○　3) ○　4) ×　5) ×
[内容質問②]
1) c　2) b　3) a　4) b

**11**
[読む前に①]
1) a　2) a　3) c　4) b　5) a
[内容質問①]
1) ○　2) ×　3) ○　4) ○　5) ×
[内容質問②]
1) b　2) d　3) a　4) c

**12**
[読む前に①]
1) e　2) f　3) b　4) c　5) a　6) d
[内容質問①]
1) ×　2) ○　3) ○　4) ○　5) ○
[内容質問②]
1) b　2) b　3) a　4) c

**13**
[読む前に①]
1) c　2) f　3) b　4) e　5) a　6) d
[内容質問①]
1) ○　2) ×　3) ○　4) ×　5) ○
[内容質問②]
1) c　2) b　3) c　4) a

**14**
[読む前に①]
1) e　2) c　3) d　4) a　5) f　6) b
[内容質問①]
1) ○　2) ○　3) ×　4) ×　5) ×
[内容質問②]
1) a　2) b　3) c　4) d

**15**
[読む前に①]
1) d　2) b　3) f　4) c　5) a　6) e
[内容質問①]
1) ×　2) ×　3) ×　4) ○　5) ○
[内容質問②]
1) d　2) c　3) b　4) b

**16**
[読む前に①]
1) b　2) f　3) e　4) a　5) c　6) d
[内容質問①]
1) ×　2) ×　3) ○　4) ○　5) ○
[内容質問②]
1) b　2) d　3) d　4) a

## 17
[読む前に①]
1) f  2) a  3) e  4) c  5) b  6) d
[内容質問①]
1) ×  2) ○  3) ×  4) ○  5) ○
[内容質問②]
1) b  2) c  3) d  4) a

## 18
[読む前に①]
1) a  2) b  3) a  4) b  5) c
[内容質問①]
1) ○  2) ○  3) ×  4) ○  5) ○
[内容質問②]
1) c  2) a  3) b  4) c

## 19
[読む前に①]
1) e  2) c  3) d  4) b  5) a  6) f
[内容質問①]
1) ×  2) ×  3) ×  4) ○  5) ○
[内容質問②]
1) d  2) c  3) b  4) d

## 20
[読む前に①]
1) a  2) c  3) c  4) a  5) b
[内容質問①]
1) ○  2) ×  3) ×  4) ○  5) ○
[内容質問②]
1) a  2) d  3) b  4) d

## 21
[読む前に①]
1) f  2) c  3) b  4) d  5) a  6) e
[内容質問①]
1) ×  2) ×  3) ×  4) ○  5) ○
[内容質問②]
1) d  2) c  3) a  4) b

## 22
[読む前に①]
1) b  2) a  3) c  4) b  5) b
[内容質問①]
1) ×  2) ×  3) ×  4) ×  5) ○
[内容質問②]
1) b  2) c  3) a  4) b

## 23
[読む前に①]
1) c  2) f  3) b  4) e  5) a  6) d
[内容質問①]
1) ○  2) ×  3) ○  4) ○  5) ○
[内容質問②]
1) c  2) c  3) a  4) b

## 24
[読む前に①]
1) f  2) e  3) a  4) b  5) d  6) c
[内容質問①]
1) ×  2) ○  3) ○  4) ○  5) ×
[内容質問②]
1) b  2) c  3) a  4) d

## 25
[読む前に①]
1) b  2) c  3) d  4) e  5) f  6) a
[内容質問①]
1) ×  2) ○  3) ○  4) ×  5) ○
[内容質問②]
1) d  2) a  3) a  4) c

## 26
[読む前に①]
1) d  2) e  3) c  4) b  5) a  6) f
[内容質問①]
1) ×  2) ×  3) ○  4) ○  5) ○
[内容質問②]
1) d  2) a  3) c  4) d

## 27
[読む前に①]
1) b  2) a  3) b  4) c  5) a
[内容質問①]
1) ○  2) ×  3) ○  4) ○  5) ○
[内容質問②]
1) c  2) c  3) a  4) b

## 28
[読む前に①]
1) b  2) b  3) b  4) c  5) c
[内容質問①]
1) ○  2) ×  3) ○  4) ○  5) ○
[内容質問②]
1) c  2) d  3) b  4) d

## 29
[読む前に①]
1) c  2) f  3) b  4) e  5) d  6) a
[内容質問①]
1) ○  2) ○  3) ○  4) ○  5) ×
[内容質問②]
1) b  2) d  3) a  4) d

## 30
[読む前に①]
1) b  2) a  3) c  4) c  5) a
[内容質問①]
1) ×  2) ○  3) ○  4) ○  5) ○
[内容質問②]
1) a  2) c  3) b  4) c

# 単語リスト

**略語一覧**

| | | |
|---|---|---|
| 名詞= N | 連体詞= An | 接尾語= Suf |
| 動詞= V | 副詞= Adv | 接続詞= Conj |
| い形= A-I | 接頭語=Pref | 表現= Phr |
| な形= A-Na | 助数詞= Ctr | 諺= Prv |

※太字は日本語能力試験 N2 レベル相当の語彙を示しています。
※T= タイトル, O= 職業覧, K= キーワード

| 行 | 語彙 | 品詞 | 英語 | 中国語 | 韓国語 |
|---|---|---|---|---|---|
| **1：まぼろしの国を求めて（卑弥呼・宮崎康平）** | | | | | |
| T | まぼろし | N | phantom; まぼろしの = legendary | 虚幻　まぼろしの = 虚幻的 | 환상, 존재 미확인　まぼろしの=환상의 |
| | 求める | V | to seek; to look for; in pursuit of | 寻找 | 찾다, 구하다 |
| O | 女王 | N | queen | 女王 | 여왕 |
| | 不明 | N | unknown | 不明 | 불명 |
| | 作家 | N | writer; author | 作家 | 작가 |
| | 古代史 | N | ancient history | 古代史 | 고대사 |
| | 研究家 | N | researcher | 研究者 | 연구가 |
| K | 謎 | N | mystery; puzzle | 谜团 | 불가사의 |
| | 情熱 | N | passion | 热情 | 정열 |
| | 好奇心 | N | curiosity | 好奇心 | 호기심 |
| 1 | 詳しい | A-I | knowledgeable about; know well; detail | 熟悉 | 상세하다, 자세하다 |
| 2 | 世紀 | N | century | 世纪 | 세기 |
| | 列島 | N | archipelago; chain of islands | 列岛 | 열도 |
| | 文献 | N | literature; documents | 文献、参考资料 | 문헌 |
| 3 | 魏志倭人伝 | N | Account of the *Wa* in "The history of the Wei Dynasty" | 《魏志倭人传》 | 위지왜인전（중국의 사서） |
| | 登場する | V | to appear | 登场 | 등장하다 |
| | 人物 | N | person; figure | 人物 | 인물 |
| | 男性 | N | male; man | 男性 | 남성 |
| | 王 | N | king | 国王 | 왕 |
| 4 | 治める | V | to govern; to rule | 治理 | 통치하다 |
| | 頻繁に | Adv | frequently | 频繁地 | 빈번히 |
| 5 | (〜が)治まる | V | to calm down; to settle | 安定 | (〜가)수습되다, 해결되다 |
| | 記録する | V | to record | 记录 | 기록하다 |
| 6 | 鬼道 | N | magic; sorcery | 妖术、幻术 | 요술 |
| | 一般的(な) | A-Na | common; general; typical | 一般来说 | 일반적(인) |
| | 巫女 | N | maiden in the service of a shrine; oracle; priestess | 巫女 | 문헌 |
| | シャーマニズム | N | shamanism | 萨满教 | 샤머니즘 |
| 7 | 占い | N | fortune-telling; divination | 占卜 | 점 |
| | 呪術 | N | magic; spell | 巫术、妖术 | 주술 |
| 8 | 奥 | N | in the back | 里面 | 내부 |
| | (〜に)閉じこもる | V | to shut oneself in | 关在(〜里面) | (〜에)틀어박히다 |
| | 身の回りの世話 | Phr | taking care of a person; wait on someone hand and foot | 照顾某人 | 신변을 보살피다, 시중들다 |
| 9 | 姿 | N | appearance; figure | 样子 | 모습 |
| 10 | 道のり | N | way, path | 道路 | 길 |
| | 解釈 | N | interpretation | 解释 | 해석 |
| | (〜が)分かれる | V | to be divided; to split | 分歧 | (〜가)갈리다, 갈라지다 |
| 11 | 現在 | N | at the present day; today; currently | 现在 | 현재 |
| | (〜が)確定する | V | to determine; to establish | 确定 | (〜가)확정되다 |
| 12 | (〜に)取りつく | V | to obsess; to possess | 开始、着手 | (〜에)사로잡히다 |
| 13 | 鉄道会社 | N | railroad corporation (鉄道 = railroad) | 铁路公司(鉄道 = 铁路) | 철도회사(鉄道 = 철도) |

| | | | | | |
|---|---|---|---|---|---|
| 13 | 過労（かろう） | N | overwork | 过劳 | 과로 |
| | 両目（りょうめ） | N | both eyes | 双眼 | 양쪽 눈 |
| | 失明する（しつめい） | V | to go blind | 失明 | 실명하다 |
| 14 | 退職する（たいしょく） | V | to retire | 下岗 | 퇴직하다 |
| 15 | （～に）情熱をかける（じょうねつ） | Phr | to put one's heart into; feel enthusiastic for | 倾注热情(于～) | （～에）열정을 쏟다 |
| | 特定する（とくてい） | V | to specify; to identify | 特定 | 특정하다 |
| 16 | 杖（つえ） | N | stick; cane | 拐杖 | 지팡이 |
| | （～に）すがる | V | to lean on | 依赖、依靠 | （～에）매달리다 |
| 17 | 探し求める（さが もと） | V | to look for; to search for; to seek out | 探求 | 찾다, 구하다 |
| | 調査（ちょうさ） | N | research; investigation; survey | 调查 | 조사 |
| | 結果（けっか） | N | result | 结果 | 결과 |
| | まとめる | V | to summarize; to put together | 总结 | 정리하다, 요약하다 |
| | まぼろしの邪馬台国（やまたいこく） | N | title of book | 《虚幻的邪马台国》(书名) | 환상의 야마타이국 (책제목) |
| 18 | 出版する（しゅっぱん） | V | to publish | 出版 | 출판하다 |
| | 学者（がくしゃ） | N | scholar | 学者 | 학자 |
| | 論争（ろんそう） | N | debate; argument | 争论、辩论 | 논쟁 |
| | 一般（いっぱん） | N | common; general | 一般 | 일반 |
| 19 | （～が）広がる（ひろ） | V | to spread | 扩展、广泛流传 | （～가）퍼지다, 미치다 |
| | ブーム | N | boom; fad; craze | 热潮、风潮 | 유행, 붐 |
| 20 | 自身（じしん） | N | oneself | 本身 | 자신 |
| | 九州（きゅうしゅう） | N | Kyushu | 九州 | 규슈 |
| 23 | とりこにする | Phr | to capture; to captivate; to enthrall | 魅惑 | 사로잡다 |

### ２：古代から続く「和の精神」（聖徳太子（しょうとくたいし））

| | | | | | |
|---|---|---|---|---|---|
| T | 古代（こだい） | N | ancient | 古代 | 고대 |
| | 和（わ） | N | harmony; peace | 和平 | 조화, 평화 |
| | 精神（せいしん） | N | spirit; mind; mentality | 精神 | 정신 |
| O | 皇族（こうぞく） | N | imperial family (used for mainly for Japanese imperial family) | 皇族 | 황족, 일왕의 친족 |
| | 政治家（せいじか） | N | politician | 政治家 | 정치가 |
| K | 伝説（でんせつ） | N | legend | 传说 | 전설 |
| | 集団主義（しゅうだんしゅぎ） | N | collectivism; groupism（集団＝group、主義＝principle; ~ism） | 集団主义（集団＝集団、主義＝主义） | 집단주의（集団＝집단, 主義＝주의） |
| | 価値観（かちかん） | N | values（価値＝value） | 价值观（価値＝价值） | 가치관（価値＝가치） |
| | 憲法（けんぽう） | N | constitution | 宪法 | 헌법 |
| 1 | ～史（し） | Suf | history of ~ | ～史 | ～의 역사 |
| | 人物（じんぶつ） | N | person; figure | 人物 | 인물 |
| 2 | 不思議（な）（ふしぎ） | A-Na | intriguing; mysterious | 不可思议(的) | 불가사의(한), 수수께끼(같은) |
| | （～が）残る（のこ） | V | to remain; to be handed down | 留下 | （～가）남다 |
| | 誕生（たんじょう） | N | birth | 诞生 | 탄생 |
| 3 | 母親（ははおや） | N | mother | 母亲 | 모친 |
| | 夢（ゆめ） | N | dream | 梦想 | 꿈 |
| | 金色（きんいろ） | N | gold | 金色 | 금색 |
| | 僧（そう） | N | (Buddhist) monk; priest | 僧侣 | 승려, 중 |
| | （～が）現れる（あらわ） | V | to appear | 出现 | （～가）나타나다 |
| 4 | 身ごもる（み） | V | to become pregnant; to conceive | 怀孕 | 임신하다 |
| | 馬屋（うまや） | N | stable | 马厩 | 마구간 |
| 5 | 産む（う） | V | to give a birth; to have (a baby) | 生产 | 낳다 |
| | （～に）似る（に） | V | to look like; to resemble | 与(～)相似 | （～를）닮다 |

| | | | | | |
|---|---|---|---|---|---|
| 6 | ～歳(さい) | Ctr | ~ years old | ～岁 | ～살 |
| | (～に)向(む)く | V | to face; to turn one's head toward | 朝向 | (～ 로)향하다 |
| | 念仏(ねんぶつ)を唱(とな)える | Phr | to recite the name of Buddha | 念佛 | 염불을 외다 |
| 7 | 馬(うま) | N | horse | 马 | 말 |
| 9 | (～が)成長(せいちょう)する | V | to grow | 成长 | (～ 가)성장하다 |
| | 推古天皇(すいこてんのう) | N | the Emperor Suiko（天皇＝Emperor） | 推古天皇（天皇＝天皇） | 스이코 천황(天皇＝天皇) |
| | 政治(せいじ) | N | politics | 政治 | 정치 |
| | 助(たす)ける | V | to help; to support; to aid | 协助 | 돕다, 거들다 |
| | 十七条(じゅうしちじょう)の憲法(けんぽう) | N | Constitution of Seventeen Articles | 十七条宪法 | 17조 헌법 |
| 10 | 法律(ほうりつ) | N | law | 法律 | 법률 |
| | 仏教(ぶっきょう) | N | Buddhism | 佛教 | 불교 |
| 11 | 儒教(じゅきょう) | N | Confucianism | 儒教 | 유교 |
| | 道徳(どうとく) | N | morality; morals | 道德 | 도덕 |
| | 規範(きはん) | N | standard; norm; model | 规范 | 규범 |
| 12 | 以(もっ)て | Phr | by means of; by | 以 | ～ 을 써서, ～ 로써 |
| | 貴(とうと)い | A-I | noble; precious; valuable | 珍贵 | 귀중하다 |
| | (お)互(たが)い | N | each other; one another | 相互 | 서로 |
| | (～と)仲良(なかよ)くする | V | to get along with | (与～)好好相处 | (～ 와)사이좋게 지내다 |
| 13 | (～に)協力(きょうりょく)する | V | to cooperate | (与～)合作 | (～ 에)협력하다 |
| | 大事(だいじ)(な) | A-Na | important | 重要(的) | 중요(한), 소중(한) |
| 15 | 世(よ)の中(なか) | N | the world; society | 社会上 | 세상, 사회 |
| | 混乱(こんらん)する | V | to be chaotic; to be in disorder | 混乱 | 혼란되다 |
| 17 | 架空(かくう) | N | fictional; imaginary（thing） | 虚构 | 가공 |
| 18 | 議論(ぎろん) | N | discussion; debate | 争论 | 논의 |
| | 現代(げんだい) | N | present day; modern times | 现代 | 현대 |
| 19 | すなわち | Conj | namely; that is | 换句话说 | 즉, 곧 |
| | 個人(こじん) | N | individual; personal | 个人 | 개인 |
| | 考(かんが)え | N | thought; ideas; opinion | 想法 | 생각 |
| 20 | 集団(しゅうだん) | N | group | 集团 | 집단 |
| | 優先(ゆうせん)する | V | to precede; to take precedence over; to give priority to | 优先 | 우선되다 |
| | 周(まわ)り | N | around; surroundings | 周围 | 주변 |
| | 協調(きょうちょう)する | V | to cooperate（with）; to work together（with） | 协调 | 조화하다 |
| 23 | 強調(きょうちょう)する | V | to emphasize | 强调 | 강조하다 |

**3：永遠のライバル（紫式部・清少納言）**
（むらさきしきぶ・せいしょうなごん）

| | | | | | |
|---|---|---|---|---|---|
| T | 永遠(えいえん) | N | forever; eternity | 永远 | 영원 |
| | ライバル | N | rival | 敌手 | 라이벌, 경쟁자 |
| O | 作家(さっか) | N | writer; author | 作家 | 작가 |
| | 歌人(かじん) | N | poet | 和歌诗人 | 시인 |
| K | 女性(じょせい) | N | female; woman | 女性 | 여성 |
| | 活躍(かつやく) | N | great success; play an active part | 活跃 | 활약 |
| | 仮名文字(かなもじ) | N | kana letters; kana text | 假名文字 | 가나문자 |
| | ～風(ふう) | Suf | ~type; ~style | ～风格 | ～ (양)식, ～ 방식 |
| | 小説(しょうせつ) | N | novel | 小说 | 소설 |
| | 随筆(ずいひつ) | N | essay | 随笔、散文 | 수필 |
| 1 | 平安時代(へいあんじだい) | N | Heian period (794~around 1190) | 平安时代(794～约 1190) | 헤이안 시대(794~약 1190) |
| | 以前(いぜん) | N | before | 以前 | 이전 |
| | 朝鮮(ちょうせん) | N | Korea | 朝鲜 | 조선 |

| # | 語 | 品詞 | English | 中文 | 한국어 |
|---|---|---|---|---|---|
| 2 | 風土（ふうど） | N | the natural features; climate | 风土、水土 | 풍토 |
| 3 | (～が)伝わる（つた） | V | to be introduced; to be brought | 传 | (～가)전해지다, 건너오다 |
| | 用いる（もち） | V | to use | 使用 | 쓰다, 이용하다 |
| 4 | 明確に（めいかく） | Adv | precisely; in an articulate manner | 明确地 | 명확히 |
| | 表す（あらわ） | V | to express; to show; to represent | 表示 | 나타내다, 표현하다 |
| 5 | 自由に（じゆう） | Adv | freely | 自由地 | 자유롭게 |
| 6 | 書き表す（か あらわ） | V | to express in writing; to write out | 表达 | 글로 써서 표현하다 |
| 7 | 作品（さくひん） | N | (piece of) work; production; opus | 作品 | 작품 |
| 9 | 長編（ちょうへん） | N | long piece（article); long story | 长篇 | 장편 |
| | 源氏物語（げんじものがたり） | N | title of book "The Tale of Genji"（物語 = story) | 《源氏物語》(书名)（物语＝传说、故事) | 겐지이야기(책 제목)（物語＝이야기) |
| | 枕草子（まくらのそうし） | N | title of book "The Pillow Book" | 《枕草子》(书名) | 마쿠라노소시(책 제목) |
| 10 | 現在（げんざい） | N | at the present day; today; currently | 现在 | 현재 |
| | 仲が悪い（なか わる） | Phr | on bad terms; at loggerheads（仲＝relationship; relations) | 交情不好(仲＝关系) | 사이가 나쁘다 (仲＝사이) |
| 11 | 日記（にっき） | N | diary | 日记 | 일기 |
| 12 | 得意(な)（とくい） | A-Na | to be good at | 擅长(的) | 득의양양(하게), 자신 있는 |
| 13 | 文章（ぶんしょう） | N | sentences; composition; writings | 文章 | 문장 |
| | 知識（ちしき） | N | knowledge | 知识 | 지식 |
| 14 | たいしたことはない | Phr | たいした ＝a great deal of; much; たいしたことはない ＝ be nothing to brag about | たいした ＝ 了不起 たいしたことはない ＝没什么了不起 | たいした ＝ 대단한, 특별한 たいしたことはない ＝ 별 것 아니다 |
| | (～が)見劣りする（みおと） | V | to be inferior; be not so good as | 低劣的、下等的 | (～가)못하다, 빠지다 |
| | 人生（じんせい） | N | life | 人生 | 인생 |
| 15 | 迎える（むか） | V | to reach; to meet; to receive | 迎接 | 맞이하다 |
| | 批評する（ひひょう） | V | to criticize | 批评 | 비평하다 |
| | ひどい | A-I | terrible | 恶毒 | 심하다, 가혹하다 |
| | コメント | N | comment | 评语 | 논평, 코멘트 |
| 16 | 驚く（おどろ） | V | to be surprised; to be shocked | 吃惊 | 놀라다 |
| | 語る（かた） | V | to talk; to speak about; to mention | 讲、说 | 말하다, 이야기하다 |
| 18 | 宮仕え（みやづか） | | royal attendant | 进宫 | 궁중에서 또는 귀인 밑에서 일함 |
| | 終える（お） | V | to end; to finish; to complete | 结束 | 마치다, 끝내다 |
| 19 | 直接（ちょくせつ） | N | direct; in person | 直接 | 직접 |
| 20 | 既に（すで） | Adv | already | 已经 | 이미 |
| 21 | 評判（ひょうばん） | N | reputation; estimation 評判になる ＝ to get good reviews | 名声 評判になる ＝获得良好评价 | 평판 評判になる ＝화제가 되다 |
| | 才能（さいのう） | N | talent; ability; gift | 才能 | 재능 |
| | 一方的(な)（いっぽうてき） | A-Na | one-sidedly | 单方面(的) | 일방적(인) |
| | ものすごい | A-I | terrible; horrible; tremendous | 惊人的 | 굉장한, 대단한 |
| | ライバル心を燃やす（しん も） | Phr | ライバル心 ＝ sense of rivalry 燃やす ＝ to burn ライバル心を燃やす ＝ to be full of competitive spirit | ライバル心 ＝ 竞争欲望 燃やす ＝ 燃起 ライバル心を燃やす ＝ 激发竞争意识 | ライバル心 ＝ 경쟁심 燃やす ＝ 태우다 ライバル心を燃やす ＝ 경쟁심을 불태우다 |
| 23 | (～が)生まれる（う） | V | to be born | 创造出 | (～가)탄생하다, 생겨나다 |

## 4: 個性的な戦国大名（せんごくだいみょう）（織田信長 おだのぶなが）

| # | 語 | 品詞 | English | 中文 | 한국어 |
|---|---|---|---|---|---|
| T | 個性的な（こせいてき） | A-Na | unique; original | 别具风格、有个性的 | 개성적인 |
| | 戦国大名（せんごくだいみょう） | N | feudal lord in the Warring States period | 战国大名 | 일본 전국시대의 다이묘 (대영주) |
| K | 南蛮（なんばん） | N | southern barbarians → Western Europeans | 南蛮→(统治东南亚的)葡萄牙、西班牙人 | 남쪽 야만인 →포르투갈, 스페인을 일컬음, 또는 서양 문물 |
| | 影響（えいきょう） | N | influence | 影响 | 영향 |
| | 伝統（でんとう） | N | tradition | 传统 | 전통 |
| | 個性（こせい） | N | personality; individuality | 个性 | 개성 |

| | | | | | |
|---|---|---|---|---|---|
| K | 国家の統一(こっか とういつ) | Phr | National unification (国家=nation; country, 統一=unity; unification) | 国家的统一 (国家=国家、统一=统一) | 국가 통일 (国家=국가, 統一=통일) |
| 1 | 調査(ちょうさ) | N | survey; research; investigation | 调查 | 조사 |
| | 人物(じんぶつ) | N | person; figure | 人物 | 인물 |
| 2 | 戦国時代(せんごくじだい) | N | Warring Sates period | 战国时代 | 전국시대 |
| | 力を持つ(ちからをもつ) | Phr | to have power; be powerful | 具有权力 | 힘을 가지다 |
| | 武士(ぶし) | N | samurai; warrior | 武士 | 무사 |
| | (〜が)現れる(あらわれる) | V | to appear | 出现 | (〜가)나타나다 |
| 3 | 再三(さいさん) | N | again and again; over and over | 再三 | 재삼, 여러 번 |
| 4 | 現在(げんざい) | N | at the present day; today; currently | 现在 | 현재 |
| | 愛知県(あいちけん) | N | Aichi prefecture | 爱知县 | 아이치 현 |
| | 父親(ちちおや) | N | father | 父亲 | 부친 |
| | 死後(しご) | N | after one's death | 死后 | 사후 |
| 5 | 継ぐ(つぐ) | V | to succeed; to inherit | 继承 | 잇다, 계승하다 |
| | 統一する(とういつ) | V | to unify | 统一 | 통일하다 |
| | 自国(じこく) | N | own country | 本国 | 자국 |
| | 広げる(ひろげる) | V | to widen; to expand | 扩展 | 넓히다, 확대하다 |
| | 夢見る(ゆめみる) | V | to dream of | 做梦 | 꿈꾸다 |
| 6 | 家来(けらい) | N | vassal; retainer; follower | 家臣 | 가신, 부하 |
| | 明智光秀(あけちみつひで) | N | Name of Daimyo (Feudal lord 1528~1582) | 明智光秀(诸侯 1528~1582) | 아케치 미쓰히데(영주 1528-1582) |
| | 裏切り(うらぎり) | N | betrayal; treachery; double-cross | 背叛 | 배신 |
| | 天下統一(てんかとういつ) | N | unification of the whole country | 统一天下 | 천하통일 |
| | 実現する(じつげん) | V | to materialize; to make something happen; to realize | 实现 | 실현되다 |
| | 殺す(ころす) | V | to kill | 杀 | 죽이다 |
| 7 | 頂点(ちょうてん) | N | peak; top; summit | 顶点 | 정점 |
| 8 | 非常に(ひじょうに) | Adv | extremely; very | 非常地 | 매우, 상당히 |
| 10 | 変わる(かわる) | V | to change  変わっている、変わった＝to be different; to be strange; to be exotic | 改变  变わっている、変わった＝异于常人、与众不同 | 바뀌다, 변화하다  変わっている、変わった＝다르다, 특이하다 |
| | 服装(ふくそう) | N | dress; clothes | 服装 | 복장 |
| | 行動(こうどう) | N | conduct; behavior | 行动 | 행동 |
| 11 | 周り(まわり) | N | around; surroundings | 周围 | 주변 |
| | おおうつけ | N | fool | 笨蛋 | 멍청이, 바보 |
| | 馬鹿にする(ばかにする) | Phr | to make fun of | 轻视、不把〜当回事 | 바보취급하다, 업신여기다 |
| 12 | (〜に)とらわれる | V | to be seized with; to be fixed on | 拘泥(于〜) | (〜에)사로잡이다, 구애되다 |
| | (〜が)伝わる(つたわる) | V | to be introduced; to be brought | 传 | (〜가)전해지다, 건너오다 |
| | 鉄砲(てっぽう) | N | gun; firearms | 步枪 | 총포, 총 |
| 13 | 自由に(じゆうに) | Adv | free | 自由地 | 자유롭게 |
| | 商売(しょうばい) | N | business | 做买卖 | 장사 |
| 14 | 思い付く(おもいつく) | V | to think of; to come up with | 想到 | 생각하다, 아이디어가 떠오르다 |
| | ポルトガル | N | Portugal | 葡萄牙 | 포르투갈 |
| | 宣教師(せんきょうし) | N | missionary | 传教士 | 선교사 |
| 15 | 知識(ちしき) | N | knowledge | 知识 | 지식 |
| 16 | 積極的(な)(せっきょくてき) | A-Na | active; aggressive; proactive; assertive | 积极(地) | 적극적(인) |
| | マント | N | mantle; cloak | 斗篷、披风 | 망토 |
| 17 | 派手(な)(はで) | A-Na | flamboyant; gaudy | 花哨(的)、鲜艳(的) | 화려(한) |
| | 馬揃え(うまぞろえ) | N | parade | 游行 | 군마를 모아서 세움 |

| | | | | | |
|---|---|---|---|---|---|
| 17 | 軍事パレード<br>ぐんじ | N | military parade | 阅兵 | 군사 퍼레이드 |
| 18 | 行う<br>おこな | N | to do; to conduct; to perform | 进行 | 행하다 , 시행하다 |
| 21 | 考え<br>かんが | N | thought; ideas; opinion | 想法 | 생각 |
| | 長所<br>ちょうしょ | N | strong point; advantage | 优点 | 장점 |
| 22 | (〜に)惹かれる<br>ひ | V | to be attracted to; to feel drawn to | 吸引 | (〜에)끌리다 , 매료되다 |
| | 底<br>そこ | N | bottom | 底 | 바다 , 깊은 곳 |

### 5：技術者の誇り（本田宗一郎）

| | | | | | |
|---|---|---|---|---|---|
| T | 技術者<br>ぎじゅつしゃ | N | engineer（者＝person）; technician | 工程师(者＝者) | 기술자(者＝자 , 사람) |
| | 誇り<br>ほこ | N | pride | 骄傲 | 자랑 , 긍지 |
| O | 創業者<br>そうぎょうしゃ | N | founder（者＝person） | 创业者(者＝者) | 창업자(者＝자 , 사람) |
| K | 経営<br>けいえい | N | management | 经营 | 경영 |
| | 世襲<br>せしゅう | N | heredity; heritage | 世袭 | 세습 |
| 1 | 今日<br>こんにち | N | present time; today; this day | 今日 | 오늘날 |
| | 自動車メーカー<br>じどうしゃ | N | automobile manufacturer; auto maker | 汽车厂商 | 자동차 메이커(제조회사) |
| 2 | (〜に)付ける<br>つ | V | to attach; to install; to mount | 附加(在〜)、添加(在〜) | (〜에)장착하다 |
| | 販売する<br>はんばい | V | to sell | 贩卖 | 판매하다 |
| | 出発する<br>しゅっぱつ | V | to start off; to start from; to depart | 出发 | 출발하다 |
| | 開発する<br>かいはつ | V | to develop | 开发 | 개발하다 |
| 3 | 関わり<br>かか | N | relationship | 关系 | 관계 |
| 4 | 修理工場<br>しゅうりこうじょう | N | repair shop（修理＝repair） | 维修工厂(修理＝维修) | 수리공장(修理＝수리) |
| | (〜に)勤務する<br>きんむ | V | to work for | (在〜)工作 | (〜에)근무하다 |
| 5 | 整備<br>せいび | N | maintenance; service | 维修 | 정비 |
| | 技術<br>ぎじゅつ | N | skill; technique; technology | 技术 | 기술 |
| | 習得する<br>しゅうとく | V | to learn; to master; to acquire | 学习 | 습득하다 |
| | 故郷<br>こきょう | N | hometown | 故乡 | 고향 |
| | 静岡<br>しずおか | N | Shizuoka prefecture | 静冈县 | 시즈오카 |
| 6 | 高度(な)<br>こうど | A-Na | advanced; high-grade; high level | 高度(的) | 고도(의) |
| | 必要性<br>ひつようせい | N | necessity; need | 必要性 | 필요성 |
| | 感じる<br>かん | V | to feel; to sense | 感到 | 느끼다 |
| 7 | 高等工業高校<br>こうとうこうぎょうこうこう | N | technical high school<br>（高等＝high） | 职业高中(高等＝高级) | 고등공업고교(高等＝고등) |
| | 現〜<br>げん | Pref | present〜; current〜 | 现〜 | 현〜 |
| | 聴講生<br>ちょうこうせい | N | auditor; auditing student | 旁听生 | 청강생 |
| | 金属工学<br>きんぞくこうがく | N | metallurgical engineering<br>（金属＝metal） | 金属工学(金属＝金属) | 금속공학 (金属＝금속) |
| | 研究<br>けんきゅう | N | research | 研究 | 연구 |
| | (〜に)努める<br>つと | V | to endeavor; to make an effort; to work at | 努力(于〜) | (〜에서)일하다 |
| 8 | 補助エンジン<br>ほじょ | N | auxiliary engine（エンジン＝engine） | 辅助引擎(エンジン＝引擎) | 보조엔진(エンジン＝엔진) |
| | (〜に)成功する<br>せいこう | V | to succeed; be successful | 成功 | (〜에)성공하다 |
| | 現在<br>げんざい | N | at the present day; today; currently | 现在 | 현재 |
| 9 | 前身<br>ぜんしん | N | predecessor organization | 前身 | 전신 |
| | 設立する<br>せつりつ | V | to establish | 设立 | 설립하다 |
| | オートバイ | N | motorcycle | 摩托车 | 오토바이 |
| | 小型<br>こがた | N | small(-sized) | 小型 | 소형 |
| 10 | ジェット機<br>き | N | jet plane | 喷射机 | 제트기 |
| | 二足歩行<br>にそくほこう | N | biped locomotion; walking on two legs | 双腿行走 | 직립 보행 , 두발로 보행 |
| | アシモ | N | ASIMO (name of a robot) | ASIMO（机器人名） | 아시모 |
| | 数々<br>かずかず | N | a lot of; numerous; various | 许多 | 수많은 |

| # | 日本語 | 品詞 | English | 中文 | 한국어 |
|---|---|---|---|---|---|
| 10 | 製品（せいひん） | N | product; manufactured goods | 产品 | 제품 |
| | 製造する（せいぞう） | V | to manufacture; to produce | 制造 | 제조하다 |
| | 大企業（だいきぎょう） | N | large corporation（企業=enterprise） | 大企业（企业=企业） | 대기업（企業=기업） |
| 12 | 後（のち） | N | later | 之后 | 후 |
| 13 | 副〜（ふく） | Pref | vice~; sub~; assistant~ | 副〜 | 부〜 |
| | （〜に）頼る（たよ） | V | to rely on; to depend on | 仰赖〜、依赖〜 | (〜에)의존하다, 기대다 |
| | 部分（ぶぶん） | N | part; point | 部分 | 부분 |
| | 自分自身（じぶんじしん） | N | oneself | 本身 | 자기자신 |
| 14 | エピソード | N | anecdote; episode | 奇闻轶事 | 에피소드 |
| 15 | 長年（ながねん） | N | long time; many years; over the years | 长年 | 긴 세월 |
| | 活躍（かつやく） | N | great success; play an active part | 活跃 | 활약 |
| | 政府（せいふ） | N | government | 政府 | 정부 |
| | 勲章（くんしょう） | N | medal; decoration | 勋章 | 훈장 |
| | 贈る（おく） | V | to confer; to award; to give | 颁赠 | 주다, 수여하다 |
| 16 | 天皇（てんのう） | N | Emperor | 天皇 | 천황 |
| | 式（しき） | N | ceremony | 式 | 식 |
| | （〜に）出席する（しゅっせき） | V | to attend | 出席 | (〜에)참석하다 |
| 17 | 正装（せいそう） | N | formal clothes; formal wear | 正装 | 정장 |
| | 作業着（さぎょうぎ） | N | work clothes（作業=work） | 劳动服（作业=作业） | 작업복（作業=작업） |
| | 燕尾服（えんびふく） | N | swallow-tailed coat; tailcoat | 燕尾服 | 연미복 |
| | 周囲（しゅうい） | N | around; surroundings | 周围 | 주위 |
| 18 | 者（もの） | N | person | 人 | 사람 |
| | 慌てる（あわ） | V | to panic; be flustered | 发慌 | 당황하다, 허둥대다 |
| | 結局（けっきょく） | Adv | after all; in the end | 结局 | 결국 |
| | 周り（まわ） | N | around; surroundings | 周围 | 주위 |
| | 説得（せっとく） | N | persuasion | 说服 | 설득 |
| 20 | 珍しい（めずら） | A-I | rare; unusual | 难得、罕见 | 드물다 |
| | 個人（こじん） | N | individual | 个人 | 개인 |
| | 持ち物（もちもの） | N | property; possessions | 持有物 | 소유물 |
| 21 | 考え（かんが） | N | thought; ideas; opinion | 想法 | 생각 |
| | （〜に）入社する（にゅうしゃ） | V | to join a company | 进公司 | (〜에)입사하다 |
| 22 | 実力本位（じつりょくほんい） | N | ability (merit) –based（実力=real ability） | 重视实力（实力=实力） | 실력위주（実力=실력） |
| | 採用（さいよう） | N | acceptance; employment; adoption | 采用 | 채용 |
| | 行う（おこな） | V | to do; to conduct | 进行 | 하다, 실시하다 |
| 23 | 尊重する（そんちょう） | V | to respect | 尊重 | 존중하다 |
| | 辞める（や） | V | to quit; to resign | 辞职 | 그만두다 |

## 6：女性経営者の先駆け（和田カツ）

| # | 日本語 | 品詞 | English | 中文 | 한국어 |
|---|---|---|---|---|---|
| T | 女性（じょせい） | N | female; woman | 女性 | 여성 |
| | 経営者（けいえいしゃ） | N | executive; manager（者=person） | 经营者（者=者） | 경영자（者=자, 사람） |
| | 先駆け（さきが） | N | pioneer | 先驱 | 선구, 남보다 앞섬 |
| O | 創業者（そうぎょうしゃ） | N | founder（者=person） | 创业者（者=者） | 창업자（者=자, 사람） |
| K | 地位（ちい） | N | status;（social）position | 地位 | 지위 |
| | ドラマ | N | drama; TV drama | 电视剧 | 드라마 |
| 2 | 買収する（ばいしゅう） | V | to do an acquisition; to buy up | 收购 | 매수하다 |
| 4 | 経営する（けいえい） | V | to manage; to run | 经营 | 경영하다 |
| 5 | 創業する（そうぎょう） | V | to start business; to establish | 创业 | 창업하다 |

| | | | | | |
|---|---|---|---|---|---|
| 6 | 明治(めいじ) | N | Meiji (era) (1868~1912) | 明治(时期)(1868~1912) | 메이지 시대 (1868-1912) |
| | 八百半(やおはん) | N | name of vegetable shop | 蔬果店名 | 야오한 |
| | 青果商(せいかしょう) | N | fruit and vegetable dealer | 蔬果商 | 청과점 |
| | 長女(ちょうじょ) | N | eldest daughter | 长女 | 장녀 |
| 7 | 実家(じっか) | N | (one's parents) home | 老家 | 생가, 친정 |
| | 商売(しょうばい) | N | business | 生意 | 장사 |
| | 会社員(かいしゃいん) | N | company employee; office worker | 公司职员 | 회사원 |
| 9 | 学歴(がくれき) | N | educational background; academic background | 学历 | 학력 |
| | 説得する(せっとく) | V | to persuade | 说服 | 설득하다 |
| | 高等小学校(こうとうしょうがっこう) | N | higher elementary school (1886~1941)(高等＝high) | 高等小学(1886~1941)(高等＝高级) | 고등소학교(1886-1941)(高等＝고등) |
| 10 | 女学校(じょがっこう) | N | girl's school | 女校 | 여학교 |
| | (～に)進学する(しんがく) | V | to go on to the next stage of education | 入学 | (～에)진학하다 |
| 11 | 希望する(きぼう) | V | to hope; to wish | 希望 | 희망하다 |
| | 結局(けっきょく) | N | after all; in the end | 结果 | 결국 |
| | (～に)逆らう(さか) | V | to go against; to disobey; to rebel | 违背 | (～에)거스르다, 반항하다 |
| | 20歳(はたち／にじゅっさい) | Ctr | 20 years old | 20岁 | 스무살 |
| 12 | 無理矢理(むりやり) | N | forcibly; against one's will | 强迫 | 억지로 |
| 13 | 独立する(どくりつ) | V | to become independent; to start one's own company | 独立 | 독립하다 |
| | 商店(しょうてん) | N | store; shop | 商店 | 상점 |
| | 開業する(かいぎょう) | V | to start a business; to open a business | 开业 | 개업하다 |
| | 露店(ろてん) | N | stand; street stall | 摊子 | 노점 |
| 14 | 目標(もくひょう) | N | goal | 目标 | 목표 |
| 15 | 衣服(いふく) | N | clothes | 衣服 | 의복 |
| | せっせと(働く)(はたら) | Adv | (work) diligently; (work) busily | 辛勤地(工作) | 열심히, 부지런히(일하다) |
| 16 | 不幸(ふこう) | N | unhappiness; misfortune; disaster | 不幸 | 불행 |
| | (～に)見舞われる(みま) | V | to get hit by; to be marred by | 遭受 | (불행등을)겪다, 경험하다 |
| | 火災(かさい) | N | fire | 火灾 | 화재 |
| 17 | 失う(うしな) | V | to lose | 失去 | 잃다 |
| | 様々(な)(さまざま) | A-Na | various | 各种各样(的) | 여러 |
| | 困難にあう(こんなん) | Phr | to have difficulty (困難＝difficulty) | 遭遇困难(困難＝困难) | 곤란에 빠지다(困難＝곤란) |
| 18 | (～に)負ける(ま) | V | to be defeated; to lose | 屈服(于～) | (～에)지다 |
| | 必死(に)(ひっし) | A-Na | desperate(ly); frantically | 拼命(地) | 필사(적으로) |
| | もちまえ | N | inborn; inherent | 原创 | 타고난 성질, 천성 |
| | アイデア | N | idea | 点子 | 아이디어 |
| 19 | (～に)進出する(しんしゅつ) | V | to go into; to find one's way into | 进入、打入 | (～에)진출하다 |
| 20 | 先駆者(せんくしゃ) | N | pioneer; pathfinder (者＝person) | 先驱者(者＝者) | 선구자(者＝자, 사람) |
| 21 | 以前(いぜん) | N | before | 以前 | 이전 |
| | 放送する(ほうそう) | V | to broadcast | 播放 | 방송하다 |
| | 非常に(ひじょう) | Adv | extremely; very | 非常地 | 매우 |
| | 人気がある(にんき) | Phr | 人気＝popularity 人気がある＝be very popular | 人気＝人気 人気がある＝受欢迎 | 人気＝인기 人気がある＝인기가 있다 |
| 23 | 自伝(じでん) | N | autobiography | 自传 | 자전 |
| | わが青春(せいしゅん) | Phr | title of the book "my youth (わが＝my)" | 《我的青春》(书名)(わが＝我的)" | 내 청춘(わが＝내) |
| 24 | 苦労(くろう) | N | hardship | 艰苦 | 노고, 고생 |
| | 参考(さんこう) | N | reference; consultation | 参考 | 참고 |

## 7：日本のファストフード（白石義明）

| | 語彙 | 品詞 | English | 中文 | 한국어 |
|---|---|---|---|---|---|
| T | ファストフード | N | fast-food | 速食 | 패스트푸드 |
| O | 回転寿司（かいてんずし） | N | Kaiten-zushi; conveyor belt sushi（回転 = rotation） | 回转寿司（回転=回转） | 회전초밥（回転=회전） |
| | 発明者（はつめいしゃ） | N | inventor（者 = person） | 发明者（者=者） | 발명가（者=자，사람） |
| K | 発明（はつめい） | N | invention | 发明 | 발명 |
| | 食文化（しょくぶんか） | N | food culture | 饮食文化 | 식문화 |
| | ビジネスチャンス | N | business chance; business opportunities（チャンス = chance） | 商机（チャンス=机会） | 비지니스 기회（チャンス=찬스，기회） |
| 1 | 和食（わしょく） | N | Japanese food | 日式餐饮 | 일식 |
| | 健康的（な）（けんこうてき） | A-Na | healthy（健康 = health） | 健康（的）（健康=健康） | 건강（한）（健康=건강） |
| | 人気を集める（にんきをあつめる） | Phr | to become popular; to gain popularity（人気 = popularity） | 受欢迎（人気=人气） | 인기를 모으다（人気=인기） |
| 2 | （～が）広がる（ひろがる） | V | to spread | 传播 | （～가）퍼지다，미치다 |
| | 生（なま） | N | raw | 生 | 생，날 |
| | 塩（しお） | N | salt | 盐 | 소금 |
| 3 | （～に～を）かける | V | to pour; to sprinkle | (在~)淋上(~)、(在~)加上(~) | （～에 ~를）뿌리다 |
| | 米（こめ） | N | rice | 米 | 쌀 |
| | 漬ける（つける） | V | to soak; to pickle; to marinate | 腌渍 | 담그다，절이다 |
| | （～が）発酵する（はっこう） | V | to ferment | 发酵 | （～가）발효하다 |
| | 保存食（ほぞんしょく） | N | preserved food（保存 = conservation; preservation） | 储存的保鲜食品（保存=保存、储存） | 보존식（保存=보존） |
| | 食用（しょくよう） | N | for food; for food use | 食用 | 식용 |
| | 始まり（はじまり） | N | beginning | 起源 | 시작，시초 |
| 4 | 次第に（しだいに） | Adv | gradually | 逐渐地 | 점차，차차 |
| | 現在（げんざい） | N | at the present day; today; currently | 现在 | 현재 |
| | 握る（にぎる） | V | to grasp; to clasp; to squeeze | 捏 | 쥐다 |
| | 形（かたち） | N | shape; form | 形状 | 형태 |
| 5 | 世紀（せいき） | N | century | 世纪 | 세기 |
| | 江戸（えど） | N | Edo | 江户 | 에도 |
| 6 | 簡単に（かんたんに） | Adv | easily; simply | 简单地 | 간단하게 |
| | 屋台（やたい） | N | stall; stand | 摊子 | 포장마차 |
| 7 | 材料（ざいりょう） | N | material; ingredients | 材料 | 재료 |
| | ～湾（わん） | Suf | bay | ～湾 | ~ 만 |
| | （～が）とれる | V | to be caught; to be produced; to be obtained | 捕到、采到 | （～가）잡히다 |
| | 貝（かい） | N | shellfish | 贝类 | 조개 |
| 8 | 江戸前寿司（えどまえずし） | N | Edo style sushi | 江户前寿司 | 에도마에즈시（에도식 스시） |
| 10 | 高級（こうきゅう） | N | high-grade; classy; high-class | 高级 | 고급 |
| 11 | つい | Adv | just; only | 相隔不远、就在 | 겨우，바로 |
| | 誕生日（たんじょうび） | N | birthday（誕生 = birth） | 生日（誕生=诞生） | 생일（誕生=탄생） |
| | 来客（らいきゃく） | N | guest | 客人 | 손님 |
| 12 | 食卓（しょくたく） | N | dining table | 餐桌 | 식탁 |
| | （～に）上る（のぼる） | V | to be served; to be put on | 上菜 | （～에）오르다 |
| | ご馳走（ごちそう） | N | treat; feast | 盛宴，款待 | 진수성찬，맛있는 요리 |
| 13 | 手軽（な）（てがる） | A-Na | easy; simple; convenient | 简便（的） | 손쉬운，간단한 |
| | 大衆料理（たいしゅうりょうり） | N | popular food; common food | 大众菜 | 대중요리 |
| 14 | 生みの親（うみのおや） | Phr | creator; originator; biological parent | 发明者 | 창시자，친부모 |
| 15 | 立ち食い（たちぐい） | N | stand-up meal | 站着吃 | 입식，서서 먹음 |
| | 経営する（けいえい） | V | to manage; to run | 经营 | 경영하다 |

| | | | | | |
|---|---|---|---|---|---|
| 15 | 寿司職人<br>すししょくにん | N | sushi chef（職人 = workman） | 寿司师傅(職人＝师傅) | 초밥장인(職人＝장인) |
| | 確保<br>かくほ | N | secure; ensure | 确保 | 확보 |
| 16 | 解決する<br>かいけつ | V | to solve; to clear away; to settle | 解决 | 해결하다 |
| | 工場<br>こうじょう | N | factory | 工厂 | 공장 |
| | 見学<br>けんがく | N | observation; visit; tour | 参观 | 견학 |
| 17 | 機会<br>きかい | N | chance; opportunity | 机会 | 기회 |
| | 使用する<br>しよう | V | to use | 使用 | 사용하다 |
| | ベルトコンベア | N | conveyor belt | 传送带、带式搬运机 | 벨트컨베이어 |
| 18 | ヒント | N | hint | 启发、启示 | 힌트 |
| | 思い付く<br>おも つ | V | to think of; to come up with | 想到 | 생각이 떠오르다 |
| | アイデア | N | idea | 点子 | 아이디어 |
| 20 | 機械<br>きかい | N | machine | 机械 | 기계 |
| | 工夫<br>く ふう | N | device; contrivance; means | 设法、想办法 | 고안, 궁리 |
| | （〜に〜を）加える<br>くわ | V | to add | 加上 | (〜에〜를)더하다 |
| | （〜が）回転する<br>かいてん | V | to rotate; to turn round | 回转 | (〜가)회전하다 |
| 21 | 特殊（な）<br>とくしゅ | A-Na | special; peculiar | 特殊(的) | 특수(한) |
| | 開発する<br>かいはつ | V | to develop | 开发 | 개발하다 |
| | とうとう | Adv | finally; at last | 终于 | 드디어, 결국 |
| 22 | （〜が）完成する<br>かんせい | V | to complete; to perfect | 完成 | (〜가)완성되다 |
| | 特許<br>とっきょ | N | patent | 专利 | 특허 |
| | 全国<br>ぜんこく | N | whole country | 全国 | 전국 |
| | 店舗<br>てんぽ | N | store; shop | 店铺 | 점포 |
| | 増やす<br>ふ | V | to increase | 增加 | 늘리다 |
| 24 | 次々と<br>つぎつぎ | Adv | one after another | 接二连三、相继、连续不断 | 잇달아, 연이어 |
| | 一気に<br>いっき | Adv | at once; immediately | 一口气 | 한번에 |
| | 一般的（な）<br>いっぱんてき | A-Na | common; general; typical | 大众化(的) | 일반적(인) |
| 25 | 〜店<br>みせ | Suf | counter for store | 〜店 | 〜점 |
| | 以上<br>いじょう | N | be more than or equal to; not less than | 以上 | 이상 |
| 26 | タイ | N | Thailand | 泰国 | 태국 |
| | しゃぶしゃぶ | N | shabushabu (hot pot dish with thinly sliced beef and vegetables) | 涮涮(锅) | 샤브샤브 |
| | （〜が）現れる<br>あらわ | V | to appear | 出现 | (〜가)나타나다 |
| 27 | 応用する<br>おうよう | V | to apply | 应用 | 응용하다 |

## 8：情報革命（孫正義）
かくめい　　そんまさよし

| | | | | | |
|---|---|---|---|---|---|
| T | 情報革命<br>じょうほうかくめい | N | information revolution<br>（情報 = information） | 信息革命(情報＝信息) | 정보혁명(情報＝정보) |
| O | 実業家<br>じつぎょうか | N | businessman | 实业家 | 실업가 |
| K | 経営<br>けいえい | N | management | 经营 | 경영 |
| | 理念<br>りねん | N | philosophy; idea | 理念 | 이념 |
| | 未来予測<br>みらいよそく | N | prediction about the future<br>（未来 = future、予測 = prediction） | 预测未来<br>(未来＝未来、予測＝预测) | 미래예측<br>(未来＝미래、予測＝예측) |
| 1 | 企業<br>きぎょう | N | business enterprise; corporation | 企业 | 기업 |
| 2 | 携帯電話<br>けいたいでんわ | N | cell phone | 手机 | 휴대전화 |
| | 金融<br>きんゆう | N | finance | 金融 | 금융 |
| | 事業<br>じぎょう | N | industry; enterprise; business | 事业 | 사업 |
| | 傘下<br>さんか | N | under the umbrella of | 伞下 | 산하 |
| | 持ち株会社<br>も かぶがいしゃ | N | holding companies | 持股公司 | 지주회사 |
| | 福岡ソフトバンク<br>ふくおか<br>ホークス | N | Fukuoka SoftBank Hawks | 福冈软体银行鹰队 | 후쿠오카 소프트뱅크 호크스 |

| | | | | | |
|---|---|---|---|---|---|
| 3 | (～に)属する | V | to belong | 属于 | (～에)속하다 |
| 4 | ～社 | Suf | counter for company | ～社 | ～사 |
| | 数える | V | to count | 计数、计算 | 세다 |
| | 現在 | N | at the present day; today; currently | 现在 | 현재 |
| | 成長 | N | growth | 成长 | 성장 |
| 5 | 創業者 | N | founder（者 = person） | 创业者 | 창업자(者＝자, 사람) |
| | 務める | V | to serve; to work | 服务、工作 | 맡다, 수행하다 |
| | 天才 | N | genius | 天才 | 천재 |
| | 起業家 | N | entrepreneur; founder | 创业者 | 기업가 |
| 7 | 九州 | N | Kyushu | 九州 | 규슈 |
| | 在日韓国人 | N | Korean resident in Japan | 在日韩国人 | 재일한국인 |
| | 三世 | N | third-generation | 三世 | 3세 |
| | 幼少時 | N | childhood | 童年时代 | 유소년기 |
| | 韓国 | N | South Korea | 韩国 | 한국 |
| | ～籍 | Suf | nationality of~ | ～籍 | ～적 |
| | 隠す | V | to hide | 隐藏 | 숨기다 |
| 8 | コンプレックス | N | (inferiority) complex | 自卑 | 컴플렉스 |
| | 感じる | V | to feel; to sense | 感到 | 느끼다 |
| | 英語研修 | N | English training（研修 = training） | 英语培训(研修＝培训) | 영어연수(研修＝연수) |
| 9 | 人種 | N | race | 人种 | 인종 |
| | 国籍 | N | nationality | 国籍 | 국적 |
| | 実力 | N | real ability; capability | 实力 | 실력 |
| 10 | (～に／が)成功する | V | to succeed; to be successful | 成功 | (～에／가)성공하다 |
| | チャンス | N | chance; opportunity | 机会 | 찬스 |
| 11 | 周り | N | around; surroundings | 周围 | 주위 |
| | 猛反対 | N | violent opposition; strong opposition | 遭受强烈反对 | 맹렬한 반대 |
| | 押し切る | V | to overcome resistance; to go against the opposition of | 不顾反对、坚持到底 | 무릅쓰다, 강행하다 |
| | (～に)渡る | V | to go across; to cross | 移动(到～)、迁移(到～) | (～에)건너가다 |
| 12 | 基礎を築く | Phr | to build a foundation; to build on the basics（基礎 = foundation; base） | 打基础(基礎＝基础) | 기초를 세우다(基礎＝기초) |
| 13 | 産業革命 | N | Industrial Revolution | 产业革命 | 산업혁명 |
| | 高度(な) | A-Na | advanced; high-grade; high level | 高度(的) | 고도(의) |
| | 機械 | N | machine | 机械 | 기계 |
| 14 | はるかに | Adv | far; by far | 大大地 | 훨씬 |
| 15 | 今後 | N | hereafter; in the future | 今后 | 앞으로, 향후 |
| 16 | 以上 | N | be more than or equal to; not less than | 以上 | 이상 |
| | 第一線 | N | forefront; front line | 第一线 | 최전방, 선두 |
| | リードする | V | to take the lead | 带领、带动、率领、领先 | 리드하다, 이끌다 |
| 17 | 役割 | N | role | 角色 | 역할 |
| | 発言する | V | to speak; to express | 发言 | 발언하다 |
| 18 | 幸せ(な) | A-Na | happy | 幸福(的) | 행복(한) |
| | 実現する | V | to materialize; to realize | 实现 | 실현되다 |
| 19 | タイムマシン | N | time machine | 时光机 | 타임머신 |
| | 未来 | N | future | 未来 | 미래 |
| 20 | 語る | V | to talk; to speak about; to mention | 描述 | 이야기하다, 말하다 |
| | ビジョン | N | vision | 理想 | 비전 |
| | 方向性 | N | course of action; direction; trend（方向 = direction） | 方向性(方向＝方向) | 방향성(方向＝방향) |

| | | | | | |
|---|---|---|---|---|---|
| 21 | 定める | V | to set | 决定 | 정하다, 결정하다 |
| | 世間 | N | the world; society | 世间 | 세상 |
| | 公表する | V | to announce; to release; to make public | 公布、发表、宣布 | 공표하다 |
| 22 | 筋肉 | N | muscle | 肌肉 | 근육 |
| | 脳 | N | brain | 脑 | 뇌 |
| 22 | 越える | V | to exceed; to go beyond | 超越 | 뛰어넘다 |
| | 人工知能 | N | artificial intelligence | 人工智慧 | 인공지능 |
| 23 | 開発する | V | to develop | 开发 | 개발 |
| | 感情 | N | feeling; emotion | 感情 | 감정 |
| | ～型 | Suf | model of~; type of~; shape of~ | ～型 | ~ 형 |
| | 一般的(な) | A-Na | common; general; typical | 一般来说 | 일반적(인) |
| 24 | 予測を立てる | Phr | to make a prediction（予測 = prediction） | 预测(予測 = 预测) | 예측을 세우다(予測 = 예측) |
| | 超知性 | N | super intelligence | 超智能 | 초지성 |
| 25 | (～が)共存する | V | to coexist | 共存 | (~가)공존하다 |
| | 実現 | N | realization; materialization | 实现 | 실현 |
| | 目指す | V | to aim | 以～为目标 | 지향하다, 목표로 하다 |
| 26 | 掲げる | V | to hold up | 提出、揭出 | 내걸다, 내세우다 |
| | ほら吹き | N | boaster; liar; braggart | 吹牛 | 허풍쟁이 |
| **9：成功する秘訣（秋元康）** | | | | | |
| T | 成功する | V | to succeed; to be successful | 成功 | 성공하다 |
| | 秘訣 | N | secret; key (to success) | 秘诀 | 비결 |
| O | 放送作家 | N | broadcast writer（作家 = writer; author） | 广播作家(作家＝作家) | 방송작가 |
| | 作詞家 | N | songwriter; lyricist | 作词家 | 작사가 |
| | プロデューサー | N | producer | 制作人、制片人 | 프로듀서 |
| K | アイドル | N | idol | 偶像 | 아이돌 |
| | 起業 | N | starting a business; open a business | 创业 | 기업 |
| | 信念 | N | belief; faith; conviction | 信念 | 신념 |
| | 運 | N | fortune; fate; luck | 运气 | 운 |
| 1 | AKB48 | N | Japanese famous idol group | AKB48 | AKB48(일본의 유명아이돌 그룹명) |
| | 生みの親 | N | creator; founder; biological parent | 创造者 | 창시자, 친부모 |
| 2 | 様々(な) | A-Na | various | 各种各样(的) | 여러 |
| | 分野 | N | field; sphere | 领域 | 분야 |
| 3 | 活躍する | V | to be active; to take an active part | 活跃 | 활약하다 |
| | マルチ(な) | A-Na | versatile; all-around; multiple | 综合(的) | 멀티, 여러 방면(의) |
| | 能力 | N | ability | 能力 | 능력 |
| | 持ち主 | N | owner; possessor | 持有者 | 소유자 |
| | 認める | V | to recognize; to acknowledge | 认为 | 인정하다 |
| | 成功者 | N | successful person; achiever（者 = person） | 成功者(者＝者) | 성공한 사람(者＝자, 사람) |
| 4 | 記事 | N | article | 文章 | 기사 |
| | インタビュー | N | interview | 访问 | 인터뷰 |
| | たびたび | Adv | often; frequently | 经常 | 자주, 여러번 |
| 5 | 自身 | N | oneself | 自身 | 자신 |
| | 経験 | N | experience | 经验 | 경험 |
| | 考え | N | thought; ideas; opinion | 想法 | 생각 |
| | 述べる | V | to tell; to state; to express | 讲述 | 말하다, 표하다 |
| | 秘密 | N | secret | 秘密 | 비밀 |

| | | | | | | |
|---|---|---|---|---|---|---|
| 7 | 野いちご<br>の | N | wild strawberry | | 野草莓 | 산딸기 |
| | 例え<br>たと | N | metaphor; analogy | | 例子 | 예 |
| | 野原<br>の はら | N | field | | 原野 | 들판, 들 |
| 8 | 危ない<br>あぶ | A-I | dangerous | | 危险 | 위험하다 |
| 9 | ひまわり | N | sunflower | | 向日葵 | 해바라기 |
| 10 | ブームに乗る<br>の | Phr | to cash in on the boom | | 顺应潮流 | 유행을 따르다 |
| | (〜に)慌てる<br>あわ | V | to panic; to be flustered | | 急忙 | (〜에)허둥지둥하다, 당황하다 |
| | 種<br>たね | N | seed | | 种子 | 씨앗 |
| | まく | V | to saw | | 撒 | 뿌리다 |
| 11 | 周り<br>まわ | N | around; surroundings | | 周围 | 주위 |
| 12 | 価値<br>か ち | N | value | | 价值 | 가치 |
| | (〜が)暴落する<br>ぼうらく | V | to drop sharply; to collapse | | 暴跌 | (〜가)폭락하다 |
| | 惑わす<br>まど | V | to confuse; to perplex; to deceive | | 困惑 | 혼란시키다, 유혹하다 |
| 13 | たんぽぽ | N | dandelion | | 蒲公英 | 민들레 |
| | 植える<br>う | V | to plant | | 种植 | 심다 |
| | 勇気<br>ゆう き | N | courage; bravery | | 勇气 | 용기 |
| 15 | 自分自身<br>じ ぶん じ しん | N | oneself | | 自己本身 | 자기자신 |
| | 行動<br>こうどう | N | conduct; behavior; act; action | | 行动 | 행동 |
| | 自信<br>じ しん | N | (self) confidence | | 自信 | 자신 |
| 17 | 更に<br>さら | Adv | moreover; furthermore | | 更 | 거듭, 다시 |
| | 平等<br>びょうどう | N | equality | | 平等 | 평등 |
| | 幸運<br>こううん | N | good luck | | 幸运 | 행운 |
| | 不運<br>ふ うん | N | misfortune; bad luck | | 不幸 | 불운 |
| | 巡る<br>めぐ | V | to circulate; to come around | | 循环 | 돌다, 순회하다 |
| 18 | 振り回す<br>ふ まわ | V | be swayed by; to get pushed around | | 牵着鼻子走 | 휘두르다, 휘젓다 |
| | 向き<br>む | N | direction | | 方向性 | 방향 |
| | 軌道修正<br>き どうしゅうせい | N | course correction; adjustment<br>(修正 = revision; modification; correction) | | 修正轨道(修正=修正) | 궤도수정(修正=수정) |
| 19 | 目標<br>もくひょう | N | goal | | 目标 | 목표 |
| | (〜に)迷う<br>まよ | V | to hesitate; to waver | | 迷失 | (〜에)현혹되다, 헤매다 |
| | (〜が)進む<br>すす | V | to go forward; to make one's way | | 前进 | (〜가)나아가다 |
| | 結果が出る<br>けっ か で | Phr | to get results; results come in<br>(結果 = result) | | 产生结果(结果=结果) | 결과가 나오다(结果=결과) |
| 20 | 辛抱強い<br>しんぼうづよ | A-I | patient | | 有耐心 | 참을성 많다 |
| | (〜に)失敗する<br>しっぱい | V | to fail | | 失败 | (〜에)실패하다 |
| | 努力<br>ど りょく | N | effort | | 努力 | 노력 |
| 21 | 発言<br>はつげん | N | remark; statement | | 发言 | 발언 |
| | 諦める<br>あきら | V | to give up | | 放弃 | 포기하다 |
| 23 | 以外<br>い がい | N | other than; except | | 以外 | 이외 |
| | 人物<br>じんぶつ | N | person; figure | | 人物 | 인물 |
| 24 | (〜が)共通する<br>きょうつう | V | to be common | | 共通 | (〜가)공통되다 |
| 25 | 近道<br>ちかみち | N | shortcut | | 近路 | 지름길 |
| **10 : 怪談の名人　(三遊亭圓朝)**<br>かいだん めいじん さんゆうていえんちょう | | | | | | |
| T | 怪談<br>かいだん | N | ghost story | | 鬼故事 | 괴담 |
| | 名人<br>めいじん | N | expert; master | | 名人 | 명인 |
| O | 落語家<br>らく ご か | N | rakugo story teller | | 落语家 | 라쿠고가 (만담가) |
| K | 落語<br>らく ご | N | rakugo; traditional Japanese comic storytelling | | 落语 | 라쿠고, 일본 전통만담 |
| | 伝統芸能<br>でんとうげいのう | N | traditional performing art | | 传统表演艺术 | 전통예능 |

| | | | | | |
|---|---|---|---|---|---|
| K | ユーモア | N | humor | 幽默 | 유머 |
| | 娯楽(ごらく) | N | entertainment; recreation; amusement | 娱乐 | 오락 |
| 1 | 愉快(な)(ゆかい) | A-Na | pleasure; enjoyable | 愉快(的) | 유쾌(한) |
| 2 | 滑稽(な)(こっけい) | A-Na | funny; humorous; ridiculous | 滑稽(的) | 우스꽝스러운 |
| | 噺(はなし) | N | story | 故事 | 이야기 |
| | いわゆる | An | so-called; what we call | 也就是说 | 소위, 이른바 |
| | 人情(にんじょう) | N | humanity; human sympathy; human kindness | 人情 | 인정, 정 |
| | 他人(たにん) | N | another person; others | 他人 | 타인 |
| | 思いやり(おも) | N | compassion; consideration; kindness | 关心、关怀 | 배려 |
| 3 | 物語(ものがたり) | N | story | 故事 | 이야기 |
| | ご存じ(ぞん) | N | knowing | 知道 | 알고 있음 |
| 4 | 始まり(はじ) | N | beginning | 开始 | 시작 |
| | 江戸時代(えどじだい) | N | Edo period (1603~1868) | 江户时代(1603～1868) | 에도시대(1603-1868) |
| | 街角(まちかど) | N | street corner | 街角 | 길목, 길모퉁이 |
| 6 | お坊さん(ぼう) | N | Buddhist monk | 和尚 | 중 |
| | 武士(ぶし) | N | samurai; warrior | 武士 | 무사 |
| | 本業(ほんぎょう) | N | principal occupation | 本行 | 본업 |
| 7 | 落ち(お) | N | punch line; the end | 结尾 | 이야기의 결말 |
| | さげ | N | punch line | (落语的)结尾、扣子 | 이야기의 끝맺음 |
| | 結末(けつまつ) | N | conclusion | 结尾 | 결말 |
| 8 | 中頃(なかごろ) | N | about the middle of | 中期 | 중반, 중간 부분 |
| | 寄席(よせ) | N | vaudeville; storytellers' theater | 曲艺场、说书场 | 요세, 라쿠고 전문공연 |
| 9 | 観客(かんきゃく) | N | audience | 观众 | 관객 |
| | 職業落語家(しょくぎょうらくごか) | N | professional rakugo story teller | 职业落语家 | 프로 라쿠고가 |
| | (~が)現れる(あらわ) | V | to appear | 出现 | (~가)나오다, 나타나다 |
| | 現在(げんざい) | N | at the present day; today; currently | 现在 | 현재 |
| | 高座(こうざ) | N | stage | 高台 | (라쿠고 공연등의)무대 |
| 10 | 舞台(ぶたい) | N | stage | 舞台 | 무대 |
| | 座る(すわ) | V | to sit | 坐 | 앉다 |
| | 扇子(せんす) | N | (folding) fan | 扇子 | 부채 |
| | 手拭い(てぬぐ) | N | (Japanese) hand towel | (日式)手绢儿 | 손수건 |
| | 形式(けいしき) | N | form; style | 形式 | 형식 |
| 11 | 鳴り物(なりもの) | N | musical instrument | 打击乐器 | 악기 |
| | 太鼓(たいこ) | N | drum | 太鼓 | 북 |
| | 三味線(しゃみせん) | N | samisen (Japanese lute) | 三味线 | 샤미센 (일본 전통 현악기) |
| | 鳴らす(な) | V | to sound; to beat | 鸣 | 울리다 |
| | 人形(にんぎょう) | N | doll | 人偶 | 인형 |
| | 人気を集める(にんき あつ) | Phr | to become popular; to gain popularity | 受欢迎 | 인기를 모으다 |
| 13 | 一般大衆(いっぱんたいしゅう) | N | general public; ordinary people (一般 = general) | 一般大众(一般＝一般) | 일반대중 (一般＝일반) |
| | (~が)広がる(ひろ) | V | to spread | 扩展 | (~가)퍼지다, 미치다 |
| 14 | 末期(まっき) | N | the last days | 末期 | 말기 |
| | 明治時代(めいじじだい) | N | Meiji era (1868~1912) | 明治时期(1868～1912) | 메이지 시대(1868-1912) |
| | 活躍する(かつやく) | V | to be active; to take an active part | 活跃 | 활약하다 |
| | 初代(しょだい) | N | the first | 第一代、祖师 | 초대 |
| 15 | 父親(ちちおや) | N | father | 父亲 | 부친 |
| | 影響(えいきょう) | N | influence | 影响 | 영향 |

| | | | | | |
|---|---|---|---|---|---|
| 15 | ～歳(さい) | Ctr | age of ~ | ～岁 | ～세, 살 |
| 16 | 披露する(ひろう) | V | to show | 表演 | 선보이다, 공표하다 |
| | 次第に(しだいに) | Adv | gradually | 逐渐地 | 차차 |
| | 実力(じつりょく) | N | real ability | 实力 | 실력 |
| | 現す(あらわす) | V | to show; to reveal | 出现 | 나타내다, 보이다 |
| 17 | 師匠(ししょう) | N | master | 师傅 | 스승 |
| | 演じる(えんじる) | V | to perform | 表演 | 연기하다 |
| | 演目(えんもく) | N | program | 节目 | 프로그램 |
| 18 | 出来事(できごと) | N | event; happening | 事件 | 생긴 일, 사건 |
| | 定か(な)(さだか) | A-Na | certain; sure | 清楚(的)、明确(的) | 확실(한) |
| 19 | 自作(じさく) | N | one's own work | 个人作品 | 자작 |
| | 新作(しんさく) | N | new work | 新作 | 신작 |
| | 創作する(そうさく) | V | to produce; to create | 创作 | 창작하다 |
| 20 | 牡丹灯籠(ぼたんどうろう) | N | "Botan Doro"(The Peony Lantern) | 〈牡丹灯笼〉 | 보탄도로 (라쿠고 괴담의 제목) |
| | 文七元結(ぶんしちもとゆい) | N | "Bunshichi Motoyui" | 〈文七元结〉 | 분시치 못토이 (라쿠고 제목) |
| 21 | 翻案する(ほんあん) | V | to adapt; to recreate | 改编 | 번안하다 |
| | 作品(さくひん) | N | (piece of) work; work of art | 作品 | 작품 |
| 22 | 死神(しにがみ) | N | Death; god of death | 死神 | 죽음의 신 |
| | グリム童話(どうわ) | N | Grimms' Fairy Tales(童話 = fairy tale) | 格林童话(童话=童话) | 그림동화(童話=동화) |
| | 死神の名付け親(しにがみのなづけおや) | N | "Godfather Death" | 〈死神教父〉 | 대부가 된 죽음의 신 |
| 23 | 歌劇(かげき) | N | opera; operetta | 歌剧 | 가극, 오페라 |
| | クリスピーノと死神(しにがみ) | N | "Crispino e la comare" | 〈克里斯皮诺与死神〉 | 크리스피노와 대모 |
| 24 | 別格(べっかく) | N | exceptional; being in a different league | 特殊 | 특별, 예외 |
| 25 | 弟子(でし) | N | disciple; pupil | 弟子 | 제자 |
| | 代々(だいだい) | N | generation after generation | 代代 | 대대로 |
| | 継ぐ(つぐ) | V | to succeed; to inherit | 继承 | 잇다, 계승하다 |
| 26 | 今後(こんご) | N | hereafter; in the future | 今后 | 앞으로, 향후 |
| | (～が)復活する(ふっかつ) | V | to come back to life; to revive | 复活 | (～가)부활하다 |

## 11：わびの精神（千利休(せんのりきゅう)）

| | | | | | |
|---|---|---|---|---|---|
| T | わび | N | wabi; quiet simplicity | 闲寂 | 와비, 간소하고 차분함 |
| | 精神(せいしん) | N | sprit; mind; soul | 精神 | 정신 |
| O | 茶人(ちゃじん) | N | master of the tea ceremony | 精通茶道者、茶师 | 다도에 정통한 사람 |
| | 商人(しょうにん) | Adv | merchant; dealer | 商人 | 상인 |
| K | 茶道(さどう) | N | tea ceremony | 茶道 | 다도 |
| | 伝統文化(でんとうぶんか) | N | traditional culture (伝統 = tradition) | 传统文化(传统=传统) | 전통문화 (伝統=전통) |
| | 継承(けいしょう) | N | succession; inheritance | 继承 | 계승 |
| 1 | 思い浮かべる(おもいうかべる) | V | to call to mind; to imagine; to visualize | 想到 | 떠올리다, 회상하다 |
| 2 | 作法(さほう) | N | manners; etiquette | 礼法 | 예의범절, 작법 |
| | 沸かす(わかす) | V | to boil | 煮沸 | 끓이다 |
| 3 | 指す(さす) | V | to mean; refer to; to point out; to indicate | 指 | 가르키다, 지적하다 |
| | 原産地(げんさんち) | N | place of origin; country of origin | 原产地 | 원산지 |
| | 相当(そうとう) | N | considerable; good; quite | 相当 | 상당 |
| | 習慣(しゅうかん) | N | custom; habit | 习惯 | 습관 |
| 4 | 本格的に(ほんかくてきに) | Adv | on a full scale; for real | 真正地 | 본격적으로 |
| | 禅僧(ぜんそう) | N | Zen priest | 禅僧 | 선승 |
| | 栄西(えいさい) | N | Zen priest (1141~1215) | 荣西(禅僧名 1141~1215) | 에이사이 선사 (가마쿠라 시대의 승려 1141~1215) |

| | | | | | |
|---|---|---|---|---|---|
| 5 | 種（たね） | N | seed | 种子 | 씨앗 |
| | 苗木（なえぎ） | N | young plant; sapling | 树苗 | 묘목 |
| 6 | 貴重（な）（きちょう） | A-Na | valuable; precious | 珍贵(的) | 귀중(한) |
| | 薬用（やくよう） | N | medicinal | 药用 | 약용 |
| | 栽培（さいばい） | N | cultivation | 栽培 | 재배 |
| 6 | (～が)広がる（ひろ） | V | to spread | 推广 | (～가)퍼지다, 미치다 |
| 7 | 楽しむ（たの） | V | to enjoy | 享受 | 즐기다 |
| | 徐々に（じょじょ） | Adv | gradually | 逐渐地 | 서서히 |
| | 武士（ぶし） | N | samurai; warrior | 武士 | 무사 |
| | (～が)流行する（りゅうこう） | V | to be popular; to be in style | 流行 | (～가)유행하다 |
| 8 | 世紀（せいき） | N | century | 世纪 | 세기 |
| | 後半（こうはん） | N | second half | 后半 | 후반 |
| | 現在（げんざい） | N | at the present day; today; currently | 现在 | 현재 |
| | (～が)伝わる（つた） | V | to be introduced; to be brought | 传承 | (～가)전해지다, 건너오다 |
| | 整える（ととの） | V | to put in order; to get ready; to arrange | 整理、整顿 | 조정하다, 조절하다 |
| 9 | 茶会（ちゃかい） | N | tea party; tea ceremony | 茶会 | 차를 마시는 모임 |
| 10 | 高価（な）（こうか） | A-Na | expensive | 高价(的) | 고가(의) |
| | 道具（どうぐ） | N | tool; utensil | 道具 | 도구 |
| | 使用する（しよう） | V | to use | 使用 | 사용하다 |
| | 村田珠光（むらたじゅこう） | N | Tea master (~1502) | 村田珠光(茶师 ~1502) | 무라타 주코(무로마치 시대의 승려 -1502) |
| | 質素（な）（しっそ） | A-Na | simple; modest; humble | 质朴(的) | 검소(한) |
| 11 | 次第に（しだい） | Adv | gradually | 逐渐地 | 차차 |
| | 主流（しゅりゅう） | N | main stream | 主流 | 주류 |
| | (～が)完成する（かんせい） | V | to complete; to perfect | 完成 | (～가)완성하다 |
| 13 | 不必要（な）（ふひつよう） | A-Na | unnecessary | 不必要(的) | 불필요(한) |
| | 全て（すべ） | Adv | all; everything | 全部 | 전부 |
| | シンプルさ | N | simplicity | 简单 | 심플함 |
| 14 | (～に)あう | V | to fit; to suit | 适合 | (～에)맞다 |
| | 素朴（な）（そぼく） | A-Na | simple; rustic | 简朴(的) | 소박(한) |
| | 好んで（この） | Phr | by choice; by preference | 专爱 | 기꺼이, 즐겨 |
| 15 | 自ら（みずか） | N | oneself; personally | 自己 | 스스로, 몸소 |
| | デザイン | N | design | 设计 | 디자인 |
| | 製作する（せいさく） | V | to produce; to make | 制作 | 제작하다 |
| | 茶室（ちゃしつ） | N | tea room | 茶室 | 다실 |
| | 畳（たたみ） | N | tatami mat; straw mat | 榻榻米 | 다다미 |
| 16 | ～分（ふん） | Suf | portion; for | ～分量 | ～분 |
| | 無駄（な）（むだ） | A-Na | useless; unnecessary; vain; ineffectual; wasted | 多余(的) | 쓸데없는, 헛된 |
| | 要素（ようそ） | N | element | 要素 | 요소 |
| | 排除する（はいじょ） | V | to remove; to exclude; to eliminate | 排除 | 배제하다 |
| | お茶をたてる | Phr | to make tea (used for only for tea ceremony) | 泡茶 | 차를 끓이다 |
| 17 | 交流（こうりゅう） | N | exchange; communication | 交流 | 교류 |
| 18 | 権力者（けんりょくしゃ） | N | man of power; mogul; lord; authority | 掌权者 | 권력자 |
| | 豊臣秀吉（とよとみひでよし） | N | Daimyo (Feudal lord ~1598) | 丰臣秀吉(诸侯 ~1598) | 도요토미 히데요시(영주 -1598) |
| | 切腹（せっぷく） | N | hara-kiri; ritual suicide | 切腹 | 할복 |
| | 命じる（めい） | V | to order; to command | 命令 | 명하다 |
| | ～歳（さい） | Ctr | ~ years old | ～岁 | ～세, 살 |

| | | | | | |
|---|---|---|---|---|---|
| 19 | 命を落とす<br>いのち お | Phr | to lose one's life; to die | 丧命 | 목숨을 잃다 |
| 20 | 派手(な)<br>は で | A-Na | flamboyant; gaudy; flashy | 奢华(的) | 화려(한) |
| | 豪華(な)<br>ごう か | A-Na | luxurious; magnificent; gorgeous | 豪华(的) | 호화(로운) |
| | 黄金<br>おうごん | N | gold | 黄金 | 황금 |
| 21 | (～が～と/に)対立する<br>たいりつ | V | to confront; to be opposed | (与～)对立 | (～가～와/에)대립하다 |
| 21 | 原因<br>げんいん | N | cause | 原因 | 원인 |
| | 真相<br>しんそう | N | truth; real situation | 真相 | 진상 |
| | 今日<br>こんにち | N | present time; current; today; this day | 今日 | 오늘날 |
| 22 | 死後<br>し ご | N | after one's death | 死后 | 사후 |
| 23 | 弟子<br>で し | N | disciple; pupil | 弟子 | 제자 |
| | 受け継ぐ<br>う つ | V | to inherit; to succeed; to take over from | 继承 | 계승하다, 이어받다 |
| | 家元<br>いえもと | N | patriarch; master; the head of a school | 掌门人 | 본가, 종가 |
| | 世襲<br>せしゅう | N | heredity; heritage | 世袭 | 세습 |
| | 家柄<br>いえがら | N | family lineage; ancestry; birth | 家世 | 집안, 가문 |
| 24 | 代々<br>だいだい | N | generation after generation | 代代 | 대대로 |

## 12: 妥協しない (黒澤明)
だきょう　　くろさわあきら

| | | | | | |
|---|---|---|---|---|---|
| T | 妥協する<br>だきょう | V | to compromise | 妥协 | 타협하다 |
| O | 映画監督<br>えい が かんとく | N | movie director (監督 = director; manager) | 电影导演(监督=导演) | 영화감독(監督=감독) |
| K | 完璧主義<br>かんぺきしゅぎ | N | perfectionism (主義 = principle; ~ism) | 完美主义(主義=主义) | 완벽주의(主義=주의) |
| | 時代劇<br>じだいげき | N | historical play (especially for Japanese historical play about Edo period) (劇 = play) | 时代剧(劇=剧) | 시대극(劇=극) |
| 1 | ラストエンペラー | N | "The Last Emperor" | 《末代皇帝》 | 마지막 황제 |
| 2 | ベルナルド・ベルトリッチ | N | film director Bernardo Bertolucci (1941~) | 贝纳尔多·贝托鲁奇<br>(电影导演 1941～) | 베르나르도 베르톨루치<br>(이탈리아의 영화감독 1941-) |
| | 溝口健二<br>みぞぐちけんじ | N | film director (1898-1956) | 沟口健二<br>(电影导演 1898～1956) | 미조구치 겐지<br>(일본의 영화감독 1898-1956) |
| | キル・ビル | N | "Kill Bill" | 《杀死比尔》 | 킬 빌 |
| | クエンティン・タランティーノ | N | film director Quentin Tarantino (1963~) | 昆汀·塔伦提诺<br>(电影导演 1963～) | 쿠엔틴 타란티노<br>(미국의 영화감독 1963- ) |
| 3 | 深作欣二<br>ふかさくきんじ | N | film director (1930~ 2003) | 深作欣二<br>(电影导演 1930～2003) | 후카사쿠 킨지<br>(일본의 영화감독 1930-2003) |
| | 素晴らしい<br>すば | A-I | wonderful; fantastic | 出色 | 훌륭하다, 근사하다 |
| 5 | 確か(な)<br>たし | A-Na | certain; sure | 确实(的) | 틀림없는, 확실한 |
| | 以上<br>いじょう | N | be more than or equal to; not less than | 以上 | 이상 |
| 7 | 画家<br>が か | N | painter; artist | 画家 | 화가 |
| | めざす | V | to aim; to set out; to aspire | 以～为目标 | 지향하다, 목표로 하다 |
| | 助監督<br>じょかんとく | N | assistant director<br>(監督 = director; manager) | 副导演(监督=导演) | 조감독(監督=감독) |
| | 募集<br>ぼしゅう | N | recruitment | 招聘 | 모집 |
| | 広告<br>こうこく | N | advertisement | 广告 | 광고 |
| | (～に)入社する<br>にゅうしゃ | V | to join a company | 进入公司 | (～에)입사하다 |
| 8 | 作品<br>さくひん | N | (piece of )work; production | 作品 | 작품 |
| | 撮る<br>と | V | to shoot; to film | 拍 | 찍다, 촬영하다 |
| | 海外<br>かいがい | N | overseas | 国外 | 해외 |
| | 評価<br>ひょう か | N | evaluation; (good) review | 评价 | 평가 |
| | 羅生門<br>らしょうもん | N | "Rashomon" (1950) | 〈罗生门〉(1950) | 라쇼몽(1950) |
| 9 | ベネチア国際映画祭<br>こくさいえい が さい | N | Venice International Film Festival | 威尼斯影展 | 베네치아 국제영화제 |
| | 金獅子賞<br>きんじししょう | N | Golden Lion award | 金狮子奖 | 금사자상 |
| | 受賞する<br>じゅしょう | V | be awarded a prize; to win a prize | 得奖 | 수상하다 |
| | 一気に<br>いっき | Adv | at once; immediately | 立刻 | 단번에 |

| | | | | | |
|---|---|---|---|---|---|
| 9 | (〜が)広がる | V | to spread | 传遍 | (〜가)퍼지다, 미치다 |
| 10 | 意向 | N | intention; wishes | 意向、打算 | 의향 |
| | 多額 | N | large amount of money | 大笔 | 고액, 거액 |
| | 費用 | N | expense; cost | 费用 | 비용 |
| 11 | 日数 | N | numbers of days | 天数 | 일수 |
| 11 | 傑作 | N | masterpiece | 杰作 | 걸작 |
| | 七人の侍 | N | "Seven Samurai"（1954） | 〈七武士〉(1954) | 7인의 사무라이(1954) |
| | ハリウッド | N | Hollywood | 好莱坞 | 헐리우드 |
| | 西部劇 | N | western（film）; cowboy movie（劇＝play） | 西部剧(剧＝剧) | 서부극 (劇＝극) |
| 12 | (〜に)劣る | V | to be worse（less）; to be inferior | 差 | (〜에)뒤떨어지다 |
| | 徹底的に | Adv | thoroughly; completely（徹底＝thoroughness; completeness） | 彻底地(彻底＝彻底) | 철저하게(徹底＝철저) |
| | リアリズム | N | realism | 写实主义 | 사실주의, 리얼리즘 |
| | 追求する | V | to pursue | 追求 | 추구하다 |
| | 許す | V | to approve; to allow | 允许 | 허락하다 |
| 13 | ロケーション | N | location | 外景地 | 로케이션 |
| | 探す | V | to look for | 寻找 | 찾다 |
| 14 | エキストラ | N | extra; minor actor | 临时演员 | 엑스트라 |
| | 農民 | N | farmers; peasants | 农民 | 농민 |
| | 村人 | N | villager | 村民 | 마을사람 |
| 15 | 無関係 | N | unrelated; unconnected | 无关系 | 무관계 |
| | 全て | Adv | all; everything | 全部 | 전부 |
| | 分ける | V | to divide; to separate | 分成 | 나누다 |
| 16 | 年齢 | N | age | 年龄 | 연령 |
| | 常に | Adv | always | 经常 | 항상 |
| | 行動する | V | to act | 行动 | 행동하다 |
| | 求める | V | to request | 要求 | 찾다, 구하다 |
| 17 | 完璧主義者 | N | perfectionist（主義＝principle; ~ism、者＝person） | 完美主义者(主义＝主义、者＝者) | 완벽주의자 (主義＝주의, 者＝자, 사람) |
| | 侍 | N | samurai; warrior | 武士 | 사무라이, 무사 |
| | テーマ | N | theme | 主题 | 테마 |
| | (〜が)気に入る | Phr | to be pleased | 中意、称心、喜欢 | (〜가)마음에 들다 |
| 18 | 作り替える | V | to make again; to remake | 改编 | 다시 만들다 |
| | スタッフ | N | staff | 工作人员 | 스텝 |
| | 出演者 | N | cast; performer; actor（者＝person） | 表演者(者＝者) | 출연자 (者＝자, 사람) |
| | 努力 | N | effort | 努力 | 노력 |
| 19 | 公開する | V | to open to the public; to release | 上映 | 공개하다 |
| | 大ヒット | N | bit hit | 大受欢迎、轰动 | 대히트 |
| 20 | スティーブン・スピルバーグ | N | Name of the film director Steven Spielberg（1946〜） | 斯蒂芬·斯皮尔伯格(电影导演名 1946〜) | 스티븐 스필버그 (미국의 영화감독 1946-) |
| | 撮影 | N | filming; shooting | 摄影 | 촬영 |
| | 製作 | N | production | 制作 | 제작 |
| | (〜が)行き詰まる | V | to dead end; to reach the limits | 停滞不前、陷入僵局 | (〜가)막히다, 벽에 부딪히다 |
| | 観る | V | to watch（a play or movie） | 看 | 보다 |
| 21 | あげる | V | to mention; to list | 提出 | (예를)들다 |
| | ジョージ・ルーカス | N | Name of the film director George Lucas（1944〜） | 乔治·卢卡斯(电影导演名 1944〜) | 조지 루카스 (미국의 영화감독 1944-) |
| 22 | スター・ウォーズ | N | "Star Wars" | 〈星际大战〉 | 스타 워즈 |
| 23 | ライトセーバー | N | light saber | 光剑 | 광선검 |

| | | | | | |
|---|---|---|---|---|---|
| 23 | 刀（かたな） | N | sword | 刀 | 칼 |
| | まねる | V | to copy; to imitate | 模仿 | 흉내내다 |
| | 両手（りょうて） | N | both hands | 双手 | 양 손 |
| 25 | オファーする | V | to offer | 提出、指名 | 제안하다, 신청하다 |
| 26 | 断る（ことわる） | V | to refuse; to decline | 拒绝 | 거절하다 |
| 26 | 実現（じつげん） | N | realization; materialization | 实现 | 실현 |
| | 姿勢（しせい） | N | attitude | 态度 | 자세 |
| 27 | 今後（こんご） | N | hereafter; in the future | 今后 | 향후, 앞으로 |

## 13: 水玉の女王（草間彌生（くさまやよい））

| | | | | | |
|---|---|---|---|---|---|
| T | 水玉（みずたま） | N | polka dot | 水珠 | 물방울 |
| | 女王（じょおう） | N | queen | 女王 | 여왕 |
| O | 前衛芸術家（ぜんえいげいじゅつか） | N | avant-garde artist | 前卫艺术家 | 전위예술가 |
| K | ブランド品（ひん） | N | brand-name goods（品＝things; goods） | 名牌（品＝物品、商品） | 명품（品＝품, 물건） |
| | 芸術（げいじゅつ） | N | art | 艺术 | 예술 |
| 1 | 欧米（おうべい） | N | Europe and the United States; Western | 欧美 | 유럽과 미국 |
| | （〜に）目がない（め） | Phr | to have a weakness for; to be extremely fond of | 着迷、非常喜爱 | （〜에）열중하다, 매우 좋아하다 |
| | 海外旅行（かいがいりょこう） | N | overseas travel（海外＝overseas） | 海外旅游（海外＝海外） | 해외여행（海外＝해외） |
| 2 | 老若男女（ろうにゃくなんにょ） | N | men and women of all ages | 男女老少 | 남녀노소 |
| | 購入する（こうにゅう） | V | to purchase; to buy | 购买 | 구입하다 |
| 3 | 女性（じょせい） | N | female; woman | 女性 | 여성 |
| | 憧れ（あこがれ） | N | aspiration; longing | 憧憬 | 동경 |
| | 対象（たいしょう） | N | subject; target | 对象 | 대상 |
| | ルイ・ヴィトン | N | Louis Vuitton | 路易・威登 | 루이뷔통 |
| 4 | 思い浮かべる（おもう） | V | to call to mind; to imagine; to visualize | 想起 | 떠올리다 |
| 5 | （〜が）重なる（かさ） | V | to overlap | 重叠 | （〜가）겹치다, 거듭되다 |
| | 文字（もじ） | N | letter; character | 文字 | 문자 |
| | シンプル（な） | A-Na | simple | 简单(的) | 심플(한) |
| | 模様（もよう） | N | pattern; design | 模样 | 모양 |
| 6 | 先日（せんじつ） | N | the other day | 前几天、上次 | 지난날 |
| | ショーウィンドー | N | display (show) window | 橱窗 | 쇼윈도 |
| | 目に入る（め／はい） | Phr | to happen to see; to come into sight | 看见 | 눈에 들어오다 |
| 7 | 真っ赤（な）（まっか） | A-Na | deep red; bright red | 鲜红(的) | 새빨간 |
| | 無数（むすう） | N | countless; innumerable | 无数 | 무수 |
| | プリントする | V | to print | 打印 | 프린트하다 |
| 8 | 検索する（けんさく） | V | to look up; to search | 检索 | 검색하다 |
| 9 | アーティスト | N | artist | 艺术家 | 아티스트 |
| | コラボレーションする | V | to collaborate | 共同创作 | 협업하다, 콜라보레이션하다 |
| 11 | モチーフ | N | motif | 主题 | 모티브 |
| | 作品（さくひん） | N | (piece of) work; creation | 作品 | 작품 |
| 12 | 統合失調症（とうごうしっちょうしょう） | N | schizophrenia | 综合失调症 | 정신분열병 |
| | 悩ます（なや） | V | to torment; to distress | 困扰、苦恼 | 고민하다 |
| | 幻聴（げんちょう） | N | auditory hallucination | 幻听 | 환청 |
| | 幻覚（げんかく） | N | hallucination | 幻觉 | 환각 |
| | （〜から）逃れる（のが） | V | to escape | 逃避 | （〜에서）벗어나다 |
| | 描く（えが） | V | to draw; to paint | 画家 | 그리다 |
| 13 | 美術学校（びじゅつがっこう） | N | art school | 美术学校 | 미술학교 |

| | | | | | |
|---|---|---|---|---|---|
| 13 | 日本画<br>にほんが | N | Japanese painting | 日本画 | 일본화 |
| | 伝統<br>でんとう | N | tradition | 传统 | 전통 |
| | 重視する<br>じゅうし | V | to regard something as important; to attach much value | 重视 | 중시하다 |
| | (〜に)なじむ | V | to get used to; to adapt oneself | 适应 | (〜에)잘 어울리다, 융합되다. |
| 14 | (〜に)渡る<br>わた | V | to go across; to cross | 移动(到〜)、迁移(到〜) | (〜으로)건너가다 |
| | 絵画<br>かいが | N | painting; picture | 绘画 | 회화 |
| | 彫刻<br>ちょうこく | N | sculpture | 雕刻 | 조각 |
| | 立体<br>りったい | N | three-dimensional shape; solid | 立体 | 입체 |
| | 制作<br>せいさく | N | work; production | 制作 | 제작 |
| | 次第に<br>しだい | Adv | gradually | 逐渐地 | 차차, 서서히 |
| 15 | 評価<br>ひょうか | N | evaluation; (good) review | 评价 | 평가 |
| | 体調を崩す<br>たいちょう くず | Phr | to become ill (崩す = to demolish; to destroy); ruin one's health | 生病(崩す=败坏) | 컨디션을 해치다<br>(崩す=무너뜨리다) |
| 16 | 発想を得る<br>はっそう え | Phr | to get an idea from; to draw one's inspiration from (発想=idea) | 得到灵感(发想=构思) | 발상을 얻다 |
| | 原色<br>げんしょく | N | primary color | 原色 | 원색 |
| | 者<br>もの | N | person | 人 | 사람 |
| | 圧倒する<br>あっとう | V | to overwhelm; to overpower | 压倒、魅惑 | 압도하다 |
| 17 | 美術館<br>びじゅつかん | N | art museum | 美术馆 | 미술관 |
| | 個展<br>こてん | N | personal exhibition; a solo exhibition | 个展 | 개인전 |
| 18 | 以上<br>いじょう | N | be more than or equal to; not less than | 以上 | 이상 |
| | 所蔵する<br>しょぞう | V | to have in one's possession; to own | 收藏 | 소장하다 |
| 19 | 携帯電話<br>けいたいでんわ | N | cell phone | 手机 | 휴대전화 |
| 20 | 手がける<br>て | V | to handle; to undertake | 亲自动手、着手 | 손수 하다, 직접 그 일을 하다 |
| | (〜に)偏る<br>かたよ | V | to lean; to incline; to be skewed | 偏向(于〜) | (〜로)기울다 |
| 21 | 批判する<br>ひはん | V | to criticize | 批评 | 비판하다 |
| 22 | 現在<br>げんざい | N | at the present day; today; currently | 现在 | 현재 |
| | 自宅<br>じたく | N | one's house | 自家 | 자택 |
| | 治療を受ける<br>ちりょう う | Phr | to receive treatment | 接受治疗 | 치료를 받다 |
| | (〜に)通う<br>かよ | V | to commute | 去 | (〜에)다니다 |
| 23 | (〜と)戦う<br>たたか | V | to fight; to battle | (与〜)战斗 | (〜와)싸우다 |
| | 発言する<br>はつげん | V | to speak; to express | 发言 | 발언하다 |
| 24 | 高齢<br>こうれい | N | great age; advanced age; old | 高龄 | 고령 |
| | 命<br>いのち | N | life | 生命 | 목숨 |
| | 賛否両論<br>さんぴりょうろん | N | mixed reviews; mixed reception | 毁誉参半 | 찬반양론 |
| **14：タングルウッドの奇跡（五嶋みどり）**<br>きせき ごとう | | | | | |
| T | タングルウッド | N | Tanglewood | 坦格伍德 | 탱글우드 |
| | 奇跡<br>きせき | N | miracle | 奇迹 | 기적 |
| O | ヴァイオリニスト | N | violinist | 小提琴家 | 바이올리니스트 |
| K | 英才教育<br>えいさいきょういく | N | gifted education; special education for the gifted | 英才教育 | 영재교육 |
| | 天才<br>てんさい | N | genius; talented | 天才 | 천재 |
| | 親離れ<br>おやばな | N | independence from parents | 离开父母 | 부모와 떨어짐 |
| | 子育て<br>こそだ | N | child rearing; child raising; parenting | 养育孩子 | 자녀 양육 |
| | 親子関係<br>おやこかんけい | N | parent-child relationship; filial relationship | 亲子关系 | 친자관계, 부모와 자식관계 |
| 1 | 〜歳<br>さい | Ctr | 〜 years old | 〜岁 | 〜 세, 살 |
| 2 | 母親<br>ははおや | N | mother | 母亲 | 모친 |
| | 節<br>せつ | N | Name of MIdori's mother Setsu Goto | 节(后藤节/绿的母亲的名字) | 세츠(미도리의 모친) |

| | | | | | |
|---|---|---|---|---|---|
| 2 | 期待に応える（きたい・こた） | Phr | to meet expectations (期待 = expectation) | 不辜负期待（期待＝期待） | 기대에 부응하다 (期待＝기대) |
| 3 | 才能（さいのう） | N | talent; ability; gift | 才能 | 재능 |
| | 伸ばす（の） | V | to develop; to extend; to bring out | 伸展 | 발휘하다, 뻗다 |
| | ジュリアード学院（がくいん） | N | the Juilliard School | 茱莉亚学院 | 줄리아드음대 |
| 4 | フィルハーモニー | N | philharmonic | 交响乐团 | 필하모닉 |
| 5 | デビューを飾る（かざ） | Phr | to make brilliant debut; to make sensational debut | 初试啼声 | 데뷔를 장식하다 |
| | 少女（しょうじょ） | N | girl | 少女 | 소녀 |
| 6 | 示す（しめ） | V | to show | 表现 | 나타내다 |
| | エピソード | N | episode; anecdote | 奇闻、轶事 | 에피소드 |
| 7 | マサチューセッツ州（しゅう） | N | State of Massachusetts | 麻萨诸塞州 | 매사추세츠 주 |
| | 毎年（まいとし／まいねん） | N | every year | 每年 | 매년 |
| | 音楽祭（おんがくさい） | N | music festival | 音乐祭 | 음악제 |
| 8 | 演奏する（えんそう） | V | to play; to perform | 演奏 | 연주하다 |
| | レナード・バーンスタイン | N | Name of composer/conductor Leonard Bernstein（1918~1990） | 伦纳德・伯恩斯坦（作曲家／指挥家名 1918～1990） | 레너드 번스타인(미국의 세계적인 지휘자 1918-1990) |
| | 指揮（しき） | N | conduct; direct | 指挥 | 지휘 |
| 9 | 弦（げん） | N | bowstring | 琴弦 | 현 |
| | （～が）切れる（き） | V | to snap; to break | 断 | (～ 이)끊어지다 |
| | トラブル | N | trouble; problem | 突发事件 | 트러블 |
| 10 | 3／4（よんぶんのさん） | | three forth | 四分之三 | 4 분의 3 |
| | コンサートマスター | N | concertmaster | 乐团首席 | 콘서트마스터 |
| 11 | 普通サイズ（ふつう） | N | regular size | 普通尺寸 | 보통 사이즈 |
| | 持ち替える（も・か） | V | to switch; to swap; to replace | 换成 | 바꿔 들다 |
| 13 | 副～（ふく） | Pref | vice~; sub~ | 副～ | 부~ |
| 14 | 終える（お） | V | to end; to finish; to complete | 结束 | 끝내다 |
| | 中断する（ちゅうだん） | V | to interrupt | 中断 | 중단하다 |
| 15 | （～が）慌てる（あわ） | V | to panic; to be flustered | 慌张 | (～ 에)허둥지둥하다, 당황하다 |
| | 冷静に（れいせい） | Adv | calmly; to take~ in stride; in a calm way | 冷静地 | 냉정하게 |
| | 落ち着く（お・つ） | V | to keep calm 落ち着いて =calmly; with composure | 镇定 | 안정되다 落ち着いて ＝ 침착하게 |
| | 涼しい顔（すず・かお） | Phr | nonchalantly; look unconcerned | 从容的态度 | 태연한 얼굴 |
| 16 | （～に）感激する（かんげき） | V | to be deeply moved; to be very impressed | (对～)感激 | (～ 에)감격하다 |
| | 抱きしめる（だ） | V | to hug; to hold someone tight | 拥抱 | 끌어안다 |
| 17 | 翌日（よくじつ） | N | next day | 隔天 | 다음날 |
| | ～紙（し） | Suf | ~ newspaper | ～报 | ~지, 신문 |
| | ～挺（ちょう） | Suf | counter for violin | ～把(小提琴的量词) | ~ 대 (악기 세는 단위) |
| 18 | 征服（せいふく） | N | conquer | 征服 | 정복 |
| | 見出し（みだ） | N | headline; heading | 标题 | 제목 |
| | 伝える（つた） | V | to report | 报道 | 전하다 |
| | 話題になる（わだい） | Phr | to be in the news; to be talked about (話題 = topic; subject) | 成为话题（话题＝主题、话题） | 화제가 되다 (話題＝화제) |
| 19 | 全て（すべ） | Adv | all; everything | 全部 | 전부, 다 |
| | 順調（じゅんちょう） | N | smooth; favorable; all very fine | 顺利 | 순조 |
| 20 | 影（かげ） | N | behind; shadow | 阴影 | 그림자 |
| | 抱える（かか） | V | to have (problem) | 抱持(问题) | 안다, 고민하다 |
| | 厳しい（きび） | A-I | strict | 严格的 | 엄격하다 |
| 21 | （～が）妥協する（だきょう） | V | to compromise | 妥协 | (～ 가)타협하다 |
| | 納得がいく（なっとく） | Phr | to be satisfied with | 到满意为止 | 납득이 가다 |

| | | | | | |
|---|---|---|---|---|---|
| 22 | (〜に)抵抗する | V | to resist; to withstand; to fight back | 抵抗 | (〜에)저항하다 |
| | 一時期 | N | one period; at one time | 一时 | 한동안 |
| | 摂食障害 | N | eating disorder（障害 = obstacle; disorder） | 饮食障碍(障害＝障碍) | 섭식장애(障害＝장애) |
| 23 | (〜に)入院する | V | admit oneself to hospital; to get hospitalized | 住院 | (〜에)입원하다 |
| | (〜が)自立する | V | to become independent | 自立 | (〜가)자립하다 |
| | 克服する | V | to conquer; to overcome | 克服 | 극복하다 |
| 24 | ボランティア活動 | N | volunteer activity（活動 = activity） | 志愿者活动(活动＝活动) | 자원봉사 활동 (活動＝활동) |
| | 無料 | N | free（of charge） | 免费 | 무료 |
| | 積極的に | Adv | actively; positively; in a proactive way | 积极地 | 적극적으로 |
| | 行う | V | to do; to conduct | 进行 | 행하다, 하다 |
| 25 | 理想 | N | ideal | 理想 | 이상 |
| 26 | 一流 | N | first-class; the best; first-rate | 一流 | 일류 |
| 27 | 何より | Phr | more than anything else | 最重要的、比起任何事情 | 무엇보다 |

## 15：瓢箪から駒（夏目漱石）

| | | | | | |
|---|---|---|---|---|---|
| T | 瓢箪から駒 | Prv | "a horse out of a gourd" → unexpected things often happen | 弄假成真 | 표주박에서 말이 나오다→뜻밖의 일이 실현됨을 일컬음 |
| O | 小説家 | N | novelist | 小说家 | 소설가 |
| K | 文豪 | N | great writer; literary master | 文豪 | 문호 |
| | エリート | N | elite | 杰出人物、高才生、优等生 | 엘리트 |
| | 本業 | N | principal occupation | 本行 | 본업 |
| | 副業 | N | side job; sideline | 副业 | 부업 |
| | 神経衰弱 | N | nervous breakdown（神経 = nerve） | 神经衰弱(神経＝神经) | 신경쇠약 |
| 1 | (〜が)優れる | V | to excel in; to be good at 優れた作家 = excellent author | 优秀 優れた作家＝优秀的作家 | (〜가)우수하다 優れた作家＝뛰어난 작가 |
| | 作家 | N | writer; author | 作家 | 작가 |
| | 指す | V | to mean; to refers to; to point out | 指 | 지향하다, 목표로 하다 |
| | 近代 | N | modern era; early modern; present day | 近代 | 근대 |
| 2 | 坊ちゃん | N | Novel "Botchan" lit. a boy | 《少爷》(小说名) | 도련님(소설 제목) |
| 3 | 作者 | N | author | 作者 | 작자 |
| | 江戸 | N | Edo period（1603~1868） | 江户时代（1603～1868） | 에도시대(1603-1868) |
| | 明治 | N | Meiji era（1868~1912） | 明治时期（1868～1912） | 메이지 시대(1868-1912) |
| | (〜に)移る | V | to turn; to shift | 转变 | (〜로)옮기다 |
| 4 | 末っ子 | N | the youngest child | 老幺 | 막내 |
| | 〜歳 | Ctr | ~ years old | 〜岁 | 〜세, 살 |
| 5 | 養子 | N | adopted child | 养子 | 양자 |
| | 養父母 | N | foster parents; adoptive parents | 养父母 | 양부모 |
| | 離婚する | V | to divorce | 离婚 | 이혼하다 |
| | 〜家 | Suf | ~family | 〜家 | 〜가 |
| 6 | 成績 | N | grade; record | 成绩 | 성적 |
| | 優秀 | N | excellence; superiority | 优秀 | 우수 |
| | 一生懸命 | N | one's very best; very hard（一生 = lifetime; one's whole life、懸命 = hard） | 拼命、尽力、努力 (一生＝毕生、懸命＝努力) | 열심히(一生 = 일생、懸命 = 열심) |
| | 帝国大学 | N | imperial university | 帝国大学 | 제국대학 |
| | 現〜 | Pref | present~; current~ | 现〜 | 현〜 |
| 7 | 英文科 | N | department of English language and literature（科 = department of ~） | 英语系(科＝系) | 영문과 (科＝과) |
| | 入学する | V | to enter a school; to be admitted to a school | 入学 | 입학하다 |
| | 非常に | Adv | extremely; very | 非常地 | 매우 |
| | トップ | N | top | 顶尖 | 톱, 1등 |

| | | | | | |
|---|---|---|---|---|---|
| 8 | 悩む<br>なや | V | to be worried; to be distressed | 困扰 | 고민하다 |
| 9 | 幼児期<br>ようじき | N | childhood (幼児 = small child; baby; infant) | 幼儿期(幼児=幼儿、孩童) | 유아기 (幼児 = 유아) |
| | 経験<br>けいけん | N | experience | 经验 | 경험 |
| 11 | 松山<br>まつやま | N | city in Shikoku island | 松山(位于四国的城市名称) | 마츠야마(에히메현 현청소재지) |
| | 熊本<br>くまもと | N | city in Kyushuu island | 熊本(位于九州的城市名称) | 구마모토(구마모토현 현청소재지) |
| | 高等学校<br>こうとうがっこう | N | high school (高等 = high) | 高中(高等=高级) | 고등학교 (高等 = 고등) |
| 11 | 教師<br>きょうし | N | teacher | 教师 | 교사 |
| 12 | 流産<br>りゅうざん | N | miscarriage | 流产 | 유산 |
| | 精神的に<br>せいしんてき | Adv | mentally (精神 = sprit; mind; soul) | 精神上(精神=精神) | 정신적으로(精神=정신) |
| | 不安定(な)<br>ふあんてい | A-Na | insecure; unstable | 不安定(的) | 불안정(한) |
| 13 | 評価する<br>ひょうか | V | to evaluate; to judge | 评价 | 평가하다 |
| 14 | 文部省<br>もんぶしょう | N | the Ministry of Education (省 = ministry) | 教育部(省=部) | 문부성, 한국의 교육부에 해당 (省 = 부) |
| | 留学<br>りゅうがく | N | study abroad | 留学 | 유학 |
| | 命じる<br>めい | V | to order; to command | 命令 | 명령하다, 명하다 |
| | せっかく | Adv | with considerable trouble; much-awaited | 难得、好不容易 | 모처럼 |
| 15 | (〜に)渡る<br>わた | V | to go across; to cross | 移动(到〜)、迁移(到〜) | (〜에)건너가다 |
| | 現地<br>げんち | N | site; actual place | 当地 | 현지 |
| | 物価<br>ぶっか | N | prices; prices of commodities | 物价 | 가치 |
| | 生活費<br>せいかつひ | N | living expenses | 生活费 | 생활비 |
| | 満足(な)<br>まんぞく | A-Na | satisfactory | 满足(的) | 만족(스러운) |
| 16 | 成果をあげる<br>せいか | Phr | to achieve a things; to bring results | 达到成果 | 성과를 올리다 |
| | プレッシャー | N | pressure | 压力 | 정신적 중압 |
| 17 | 再び<br>ふたた | N | again; once more | 再度 | 다시, 재차 |
| | 帰国する<br>きこく | V | to return to country; to go home | 回国 | 귀국하다 |
| 18 | 講師<br>こうし | N | lecturer | 讲师 | 강사 |
| 20 | 親友<br>しんゆう | N | close friend | 亲友 | 친한 친구 |
| | 気晴らし<br>きば | N | relaxation; diversion; relief; pastime | 消愁解闷 | (우울한 기분의)기분 전환 |
| | (〜に〜を)勧める<br>すす | V | to recommend; to advise; to encourage | 说服 | (〜에〜를)권하다 |
| | (〜が)出来上がる<br>できあ | V | to be completed | 完成 | (〜가)완성되다 |
| 21 | 吾輩は猫である<br>わがはい　ねこ | N | novel "I Am a Cat" | 《我是猫》(小说名) | 나는 고양이로소이다(소설 제목) |
| | 題名<br>だいめい | N | title | 书名 | 제목 |
| | 発表する<br>はっぴょう | V | to publish; to make something public | 发表 | 발표하다 |
| | 人気<br>にんき | N | popularity | 人气 | 인기 |
| 22 | 草枕<br>くさまくら | N | novel "Kusamakura" lit. grass pillow | 《草枕》(小说名) | 풀베개(소설 제목) |
| | 次々に<br>つぎつぎ | Adv | one after another | 连续地、接二连三地 | 차차 |
| 24 | 活動<br>かつどう | N | activity | 活动 | 활동 |
| | 活躍する<br>かつやく | V | to be active; to take an active part | 活跃 | 활약하다 |
| 25 | 亡くなる<br>な | V | to die; to pass away | 过世 | 사망하다, 죽다 |
| | 活動期間<br>かつどうきかん | N | active period; prolific period (活動 = activity, 期間 = period) | 活动期间 (活動=活动, 期間=期间) | 활동기간 |
| | 素晴らしい<br>すば | A-I | wonderful; magnificent | 出色 | 훌륭하다 |
| 26 | 作品<br>さくひん | N | (a piece of) work | 作品 | 작품 |
| | 英文学者<br>えいぶんがくしゃ | N | scholar of English literature (学者 = scholar) | 英文学者(学者=学者) | 영문학자 |
| | 成功する<br>せいこう | V | to success; to be successful | 成功 | 성공하다 |
| 27 | おそらく | Adv | probably; perhaps | 或许 | 아마도 |
| 28 | 人生<br>じんせい | N | life | 人生 | 인생 |

| | | | | | |
|---|---|---|---|---|---|
| 28 | 予想（よそう） | N | expectation<br>予想の（が）つかない = unpredictable | 预料<br>予想の（が）つかない = 出于意料之外 | 예상<br>予想の（が）つかない = 예상(이) 안 된다 |

## 16：ベストセラー作家（村上春樹 むらかみはるき）

| | | | | | |
|---|---|---|---|---|---|
| T | ベストセラー | N | best seller | 畅销小说 | 베스트셀러 |
| | 作家（さっか） | N | writer; author | 作家 | 작가 |
| O | 小説家（しょうせつか） | N | novelist | 小说家 | 소설가 |
| | 翻訳家（ほんやくか） | N | translator | 翻译家 | 번역가 |
| K | 社会現象（しゃかいげんしょう） | N | social phenomenon（現象 = phenomenon） | 社会现象（现象=现象） | 사회현상 (現象 = 현상) |
| 1 | 現代（げんだい） | N | present day; modern times | 现代 | 현대 |
| | 人気（にんき） | N | popularity | 人气 | 인기 |
| | 代表作（だいひょうさく） | N | representative work; masterpiece | 代表作 | 대표작 |
| 2 | ノルウェイの森（もり） | N | novel "Norwegian Wood" | 《挪威的森林》(小说名) | 노르웨이의 숲 (소설 제목) |
| | ～部（ぶ） | Suf | ~copy; ~volume | ～本 | ～부 |
| | 以上（いじょう） | | be more than or equal to; not less than | 以上 | 이상 |
| 3 | ねじまき鳥クロニクル（とり） | N | novel "The Wind-Up Bird Chronicle" | 《奇鸟行状录》(小说名) | 태엽감는 새 (소설 제목) |
| | 海辺のカフカ（うみべ） | N | novel "Kafka on the Shore" | 《海边的卡夫卡》(小说名) | 해변의 카프카 (소설 제목) |
| | 次々に（つぎつぎ） | Adv | one after another | 接二连三地 | 차차 |
| 4 | 発表する（はっぴょう） | V | to publish; to make something public | 发表 | 발표하다 |
| | 1Q84 | N | novel "1Q84" | 《1Q84》(小说名) | 1Q84 (소설 제목) |
| | シリーズ | N | series | 系列 | 시리즈 |
| | 売り上げる（う あ） | V | to sell | 销售 | 판매하다 |
| 5 | 基準（きじゅん） | N | standard | 标准 | 기준 |
| 6 | ～倍（ばい） | Suf | ~times | ～倍 | ～배 |
| | 大ヒット（だい） | N | big hit | 大受欢迎、畅销 | 대히트 |
| 7 | 学生結婚（がくせいけっこん） | N | student marriage | 在学生时代就结婚 | 학생결혼 |
| | 夫婦（ふうふ） | N | husband and wife; a married couple | 夫妇 | 부부 |
| | ジャズ喫茶（きっさ） | N | jazz café（喫茶 = café） | 爵士咖啡馆（喫茶=咖啡馆） | 재즈 다방 (喫茶 = 다방) |
| 8 | 経営する（けいえい） | V | to manage; to run | 经营 | 경영하다 |
| | 風の歌を聴け（かぜ うた き） | N | novel "Hear the Wind Sing" | 《且听风吟》(小说名) | 바람의 노래를 들어라(소설 제목) |
| 9 | 新人（しんじん） | N | newcomer | 新人 | 신인 |
| | 文学賞（ぶんがくしょう） | N | literary prize（賞 = prize） | 文学奖（赏=奖） | 문학상 (賞 = 상) |
| | 受賞する（じゅしょう） | V | be awarded a prize; to win a prize | 获奖 | 수상하다 |
| | デビューする | V | to make one's debut; to debut | 初次登台 | 데뷔하다 |
| 10 | 活躍（かつやく） | N | great success; play an active part | 活跃 | 활약 |
| | ご存じ（ぞん） | N | knowing<br>ご存じの通り = as you know | 晓得<br>ご存じの通り = 如您所知 | 알고 있음<br>ご存じの通り = 아시다시피 |
| 11 | 言語（げんご） | N | language | 语言 | 언어 |
| 13 | 数少ない（かずすく） | A-I | few in number | 少数 | 몇 안 되는 |
| | ～訳（やく） | Suf | ~ translation | ～译 | ～ 역(번역) |
| | 当然（とうぜん） | N | naturally; obviously | 当然 | 당연 |
| | オリジナル | N | original | 原创 | 오리지널 |
| 15 | 重訳（じゅうやく） | N | secondhand translation | 转译 | 이중 번역 |
| | 出版する（しゅっぱん） | V | to publish | 出版 | 출판하다 |
| 16 | 肯定的（な）（こうていてき） | A-Na | affirmative; positive | 肯定(的) | 긍정적(인) |
| | 立場をとる（たちば） | Phr | to take position of; to take a stance<br>（立場 = position） | 采取～立场（立场=立场） | 입장을 취하다 (立場 = 입장) |
| 17 | 翻訳夜話（ほんやくやわ） | N | book by Murakami "Honyakuyawa" | 《翻译夜话》(书名) | 번역야화 (무라카미하루키와 시바타 모토유키의 대담집) |
| | 述べる（の） | V | to tell; to sate; to express | 陈述 | 말하다, 표현하다 |

| | | | | | |
|---|---|---|---|---|---|
| 18 | 細かい<br>こま | A-I | fine; subtle; detailed | 细微 | 세세한 |
| | 表現<br>ひょうげん | N | expression | 表现 | 표현 |
| | 物語<br>ものがたり | N | story; tale | 故事 | 이야기 |
| | （～が)伝わる<br>つた | V | to conveyed; to pass | 流传、传播、布布 | (～가)전해지다, 건너오다 |
| 19 | 部分<br>ぶぶん | N | part; point | 部分 | 부분 |
| | 作品<br>さくひん | N | （piece of）work | 作品 | 작품 |
| | 自体<br>じたい | N | itself | 本身 | 자체 |
| | 多少<br>たしょう | N | some; somewhat | 多少 | 다소 |
| | 誤差<br>ごさ | N | error; difference | 误差 | 오차 |
| 20 | 乗り越える<br>のこ | V | to overcome | 克服 | 뛰어넘다 |
| | 訳す<br>やく | V | to translate | 翻译 | 번역하다 |
| | 嬉しい<br>うれ | A-I | happy; delighted | 荣幸 | 기쁘다 |
| | 要するに<br>よう | Adv | in short; in a word | 总而言之 | 요컨대 |
| 21 | 重視する<br>じゅうし | V | to regard something as important | 重视 | 중시하다 |
| 22 | サリンジャー | N | writer  J. D. Salinger | 杰罗姆·大卫·塞林格(作家名) | 제롬 데이비드 샐린저(미국의 소설가) |
| | フィッツジェラルド | N | writer  F. Scott Fitzgerald | 弗朗西斯·斯科特·菲茨杰拉德(作家名) | 스콧 피츠제럴드(미국의 소설가) |
| 23 | 手がける<br>て | V | to handle; to undertake | 着手、经手 | 손수 하다, 직접 그 일을 하다 |
| 24 | 一語一句<br>いちごいっく | N | every single word and phrase | 一字一句 | 한 자 한 구, 모든 말을 빠짐없이 |
| 26 | 忠実に<br>ちゅうじつ | Adv | faithfully; conscientiously | 忠实地 | 충실히 |
| 27 | 独特（な）<br>どくとく | A-Na | peculiar; unique | 独特(的) | 독특(한) |
| | 生み出す<br>うだ | V | to hatch; to create | 创造 | 창작해 내다 |
| 28 | 両極端<br>りょうきょくたん | N | both extremes | 两个极端 | 양극단 |
| **17：伝統が変わる時（俵万智）** | | | | | |
| T | 伝統<br>でんとう | N | tradition | 传统 | 전통 |
| O | 歌人<br>かじん | N | poet | 和歌诗人 | 시인 |
| K | 短歌<br>たんか | N | tanka (Japanese poem of 31 syllables) | 短歌(日本诗歌，共 31 个音节) | 단가 (5·7·5·7·7 음운의 일본의 시) |
| | 詩<br>し | N | poem; poetry | 诗歌 | 시 |
| | 変化<br>へんか | N | change | 变化 | 변화 |
| 1 | 伝統的（な）<br>でんとうてき | A-Na | traditional | 传统(的) | 전통적(인) |
| | 定型詩<br>ていけいし | N | fixed form of verse; fixed verse | 定型诗歌 | 정형시 |
| | 俳句<br>はいく | N | haiku (Japanese poem of 17 syllables) | 俳句(日本诗歌，共 17 个音节) | 하이쿠 (5·7·5 음운의 일본의 시) |
| 2 | 音<br>おと | N | syllable | 音节 | 음 |
| | 季節<br>きせつ | N | season | 季节 | 계절 |
| | 表す<br>あらわ | V | to represent; to indicate | 表现 | 표현하다 |
| | 季語<br>きご | N | seasonal word（in haiku） | 表示季节的词语(用在俳句里) | 계절을 나타내는 단어 |
| 3 | 最古<br>さいこ | N | the oldest | 最古老的 | 가장 오래된 |
| | 和歌集<br>わかしゅう | N | collection of Japanese poem（集＝collection） | 和歌集(集＝集) | 일본시집(集＝집) |
| 4 | 万葉集<br>まんようしゅう | N | "Manyooshuu"(the oldest Japanese poetry around 760A.D.）(集＝collection) | 《万叶集》(最早的日本诗歌总集，成书于760A.D.)(集＝集) | 만요슈(일본에서 가장 오래된 시집 760A.D.)(集＝집) |
| | 既に<br>すで | Adv | already | 已经 | 이미 |
| | 藤原定家<br>ふじわらのていか | N | Japanese poet（1162~1241） | 藤原定家<br>(日本诗人名 1162～1241) | 후지와라노 테이카<br>(헤이안 시대의 시인 1162-1241) |
| | 小野小町<br>おののこまち | N | Japanese poet (around 9th century) | 小野小町(日本诗人名，约9世纪) | 오노노 코마치 (헤이안 시대의 여류 시인) |
| 5 | 正岡子規<br>まさおかしき | N | Japanese poet, writer（1867~ 1902） | 正冈子规(日本诗人/作家名 1867～1902) | 마사오카 시키<br>(하이쿠 시인 1867-1902) |
| | 等<br>など | N | and so on; etc. | 等等 | 등 |
| | 現在<br>げんざい | N | at the present day; today; currently | 现在 | 현재 |
| | 活躍する<br>かつやく | V | to be active; to take an active part | 活跃 | 활약하다 |

| # | Word | Type | English | Chinese | Korean |
|---|---|---|---|---|---|
| 5 | 代表的(な)<br>だいひょうてき | A-Na | representative | 代表(的) | 대표적(인) |
| 6 | 国語<br>こくご | N | language of the one's country | 国语 | 국어 |
|  | 教師<br>きょうし | N | teacher | 教师 | 교사 |
|  | 歌集<br>かしゅう | N | anthology; book of poetry | 歌集 | 시집 |
|  | 記念日<br>きねんび | N | memorial day; anniversary（記念＝commemoration） | 纪念日(纪念＝纪念) | 기념일 (記念＝기념) |
|  | 出版する<br>しゅっぱん | V | to publish | 出版 | 출판하다 |
| 7 | 異例<br>いれい | N | exception | 史无前例 | 이례 |
|  | ～部<br>ぶ | Suf | ~copy; ~volume | ～本 | ～부 |
|  | ベストセラー | N | bestseller | 畅销书 | 베스트셀러 |
| 8 | 口語<br>こうご | N | colloquial speech; spoken language | 口语 | 구어 |
| 9 | 現代<br>げんだい | N | present day; modern times | 现代 | 현대 |
|  | 非常に<br>ひじょう | Adv | extremely; very | 非常地 | 매우 |
|  | 親しみやすい<br>した | A-I | approachable; friendly; accessible | 容易亲近、容易接触 | 익숙하다 |
| 10 | 代表作<br>だいひょうさく | N | representative work; masterpiece | 代表作 | 대표작 |
|  | 紹介する<br>しょうかい | V | to introduce | 介绍 | 소개하다 |
| 12 | 味<br>あじ | N | taste | 味道 | 맛 |
| 14 | 実際に<br>じっさい | Adv | actually; really | 实际上 | 실제로 |
| 15 | 工夫<br>くふう | N | device; contrivance; means | 名堂、匠心 | 고안 , 궁리 |
|  | 加える<br>くわ | V | to add | 添加 | 더하다 |
| 16 | 実際<br>じっさい | N | reality; actuals; fact | 实际 | 실제 |
|  | 唐揚げ<br>からあ | N | fried chicken | 炸鸡 | 가라아게 , 닭튀김 |
| 17 | 爽やか(な)<br>さわ | A-Na | fresh; refreshing | 清爽(的) | 상큼하다 , 상쾌하다 |
|  | 響き<br>ひび | N | sound; ring | 声音 | 울림 |
|  | 変更する<br>へんこう | V | to change | 变更 | 변경하다 |
| 19 | 重んじる<br>おも | V | to give importance; to think a great deal | 重视 | 중시하다 |
|  | 文語体<br>ぶんごたい | N | literary style; classical Japanese language style | 书面体裁 | 문어체 |
| 20 | 離れる<br>はな | V | to separate; to distance from | 偏离 | 멀어지다 |
|  | 多用する<br>たよう | V | to use frequently | 多用 | 많이 쓰다 |
| 21 | 姿勢<br>しせい | N | attitude; stance | 态度 | 자세 |
| 22 | 生き方<br>いかた | N | way of life | 生活态度 | 삶의 방식 |
|  | (～が)表れる<br>あらわ | V | to show; to appear | 表现 | (～가)나타나다 |
|  | 育てる<br>そだ | V | to bring up; to raise | 养育 | 기르다 , 양육하다 |
| 23 | 考え<br>かんが | N | thought; ideas; opinion | 想法 | 생각 |
|  | 産む<br>う | V | to give birth; to have（a baby） | 生产 | 낳다 , 출산하다 |
| 24 | シングルマザー | N | single mother | 单亲妈妈 | 미혼모 |
|  | 子育て<br>こそだ | N | child rearing; child raising; parenting | 养育孩子 | 자녀 양육 |
|  | まだまだ | Adv | still; still more; a long way to go; not yet | 尚未、还没 | 아직도 |
| 25 | 事実<br>じじつ | N | fact | 事实 | 사실 |
|  | 当然<br>とうぜん | N | naturally; obviously | 当然 | 당연 |
|  | 維持する<br>いじ | V | to keep; to maintain; to sustain | 维持 | 유지하다 |
|  | 意義の(が)ある<br>いぎ | Phr | to be of great significance in ;<br>to have enormous significance in<br>（意義＝meaningful; significance） | 有意义(意义＝意义) | 의미있다 , 값지다<br>(意義＝의미 , 가치) |
| 26 | 時代の流れ<br>じだい なが | Phr | trend of the times; the flow of time<br>（流れ＝flowing; stream; current） | 时代趋势(流れ＝趋势、潮流) | 시대의 흐름 (流れ＝흐름) |

### 18：長寿番組のアニメ（長谷川町子）
はせがわまちこ

| | Word | Type | English | Chinese | Korean |
|---|---|---|---|---|---|
| T | 長寿番組<br>ちょうじゅばんぐみ | N | long-lived program (on TV etc.) | 长寿节目 | 장수 프로그램 |
|  | 漫画家<br>まんがか | N | cartoonist; comic artist | 漫画家 | 만화가 |

| # | 日本語 | 品詞 | English | 中文 | 한국어 |
|---|---|---|---|---|---|
| K | 漫画(まんが) | N | cartoon; comic | 漫画 | 만화 |
|  | 教育(きょういく) | N | education | 教育 | 교육 |
|  | 視聴率(しちょうりつ) | N | viewing rate (of TV program) (率 = rate; proportion) | 收视率(率＝率) | 시청률 (率＝률) |
| 1 | くわえる | V | to hold in one's mouth | 叼 | 입에 물다 |
|  | どら猫(ねこ) | N | alley cat; stray cat | 野猫 | 도둑 고양이 |
|  | 追(お)っかける | V | colloquial form of 追いかける to chase | 追赶 | 뒤쫓다 |
| 2 | 主題歌(しゅだいか) | N | theme song | 主题曲 | 주제가 |
| 3 | 以上(いじょう) | N | be more than or equal to; not less than | 以上 | 이상 |
|  | 現在(げんざい) | N | at the present day; today; currently | 现在 | 현재 |
| 4 | 作者(さくしゃ) | N | author | 作者 | 작자 |
| 5 | 人物(じんぶつ) | N | person; figure | 人物 | 인물 |
| 6 | 弟子(でし) | N | disciple; pupil | 弟子 | 제자 |
|  | 機会(きかい)に恵(めぐ)まれる | Phr | to get a wonderful opportunity (機会 = chance、恵まれる = to be endowed with) | 碰上机会 (机会=机会,恵まれる=碰上) | 기회가 주어지다, 기회를 얻다 (機会＝기회, 恵まれる＝운 좋게 주어지다) |
| 7 | 本格的(ほんかくてき)に | Adv | full-fledged; full-scale | 正式地 | 본격적으로 |
|  | 女性(じょせい) | N | female; woman | 女性 | 여성 |
|  | 初(はつ) | N | first | 首位 | 처음 |
| 8 | 夕刊(ゆうかん) | N | evening paper | 晚报 | 석간 |
|  | 4コマ漫画(まんが) | N | four panel comic | 四格漫画 | 네칸 만화 |
|  | 仲間入(なかまい)りをする | Phr | to associate oneself with; to join in (仲間 = company; group) | 成为伙伴(仲間＝伙伴) | 대열에 들다, 어깨를 나란히 하다 (仲間＝동아리, 무리) |
| 9 | 代表作(だいひょうさく) | N | representative work; masterpiece | 代表作 | 대표작 |
|  | いじわるばあさん |  | title of manga "mean granny" | 《坏婆婆》(漫画名) | 심술 할머니(만화 제목) |
|  | エプロンおばさん |  | title of manga "apron lady" (エプロン = apron) | 《围裙婆婆》(漫画名) (エプロン＝围裙) | 앞치마 아줌마(만화 제목) (エプロン＝앞치마) |
| 10 | 愉快(ゆかい)(な) | A-Na | pleasant; enjoyable; amusing | 愉悦(的) | 유쾌(한) |
| 11 | 題名(だいめい) | N | title | 书名 | 제목 |
|  | 主人公(しゅじんこう) | N | main character | 主角 | 주인공 |
|  | 陽気(ようき)(な) | A-Na | cheerful | 开朗(的)、爽朗(的) | 쾌활한 |
|  | そそっかしい | A-I | careless; hasty | 冒失、粗心大意 | 덜렁거리다, 경솔하다 |
| 12 | 性格(せいかく) | N | character; personality | 性格 | 성격 |
|  | 持(も)ち主(ぬし) | N | owner; possessor | 持有者 | 소유자 |
|  | 厳(きび)しい | A-I | strict | 严厉 | 엄격하다 |
|  | 父親(ちちおや) | N | father | 父亲 | 부친 |
|  | 優(やさ)しい | A-I | kind | 温柔 | 다정하다 |
|  | 母親(ははおや) | N | mother | 母亲 | 모친 |
|  | いたずら好(す)き | N | mischievous | 捣蛋鬼 | 장난을 좋아하는 |
|  | しっかり者(もの) | N | dependable person; person of strong character (者 = person) | 可靠的人、稳健的人(者＝者) | 야무진, 믿음직한 사람 (者＝자, 사람) |
| 15 | 平凡(へいぼん)(な) | A-Na | ordinary; common | 平凡(的) | 평범(한) |
|  | 日常(にちじょう) | N | every day; daily | 日常 | 일상 |
|  | 兄弟喧嘩(きょうだいげんか) | N | quarrel between siblings | 兄弟(姐妹)吵架 | 형제 싸움 |
|  | 年中行事(ねんちゅうぎょうじ) | N | annual function; yearly event | 每年例行的活动 | 연중행사 |
|  | 描(えが)く | V | to describe; to portray | 画 | 그리다 |
| 16 | 派手(はで)(な) | A-Na | flamboyant; gaudy | 花哨(的)、夸张(的) | 화려(한) |
|  | アクション | N | action | 动作 | 액션 |
|  | 不思議(ふしぎ)(な) | A-Na | strange; mysterious | 不可思议(的) | 불가사의, 이상한 |
|  | 魔法(まほう) | N | magic; witchcraft | 魔法 | 마법 |

| # | Japanese | Type | English | Chinese | Korean |
|---|---|---|---|---|---|
| 16 | 驚く(おどろく) | V | to be surprised; to be shocked | 令人惊讶 | 놀라다 |
| 17 | ヒーロー | N | hero | 英雄 | 히어로 |
| 18 | 人気(にんき) | N | popularity | 人气 | 인기 |
|  | 保ち続ける(たもちつづける) | V | to maintain; to continue to have | 一直保持、维持 | 계속 유지하다 |
| 20 | 暴力(ぼうりょく) | N | violence | 暴力 | 폭력 |
|  | 乱暴(な)(らんぼう) | A-Na | violent; rough | 粗鲁(的) | 난폭(한) |
|  | 表現(ひょうげん) | N | expression | 表现 | 표현 |
| 21 | シーン | N | scene | 情景 | 장면 |
|  | 登場人物(とうじょうじんぶつ) | N | characters (in the story)(登場する = to appear、人物 = person) | 登场人物(登场する=登场、人物=人物) | 등장인물(등장する=등장하다, 人物=인물) |
|  | 過激(な)(かげき) | A-Na | excessive; violent | 过于激烈(的) | 과격(한) |
| 24 | 四季(しき) | N | four seasons | 四季 | 사계 |
| 26 | ほっとする | V | to feel relieved | 安心 | 안심하다 |

## 19：世界に誇る日本のアニメ（宮崎駿 みやざきはやお）

| # | Japanese | Type | English | Chinese | Korean |
|---|---|---|---|---|---|
| T | 誇る(ほこる) | V | to be proud; to boast of | 引以自豪、值得夸耀 | 자랑하다 |
| O | アニメーター | N | animator | 动画师、画手 | 애니메이터 |
|  | 映画監督(えいがかんとく) | N | movie director(監督 = director; manager) | 电影导演(监督=导演) | 영화감독(監督=감독) |
| K | 模範(もはん) | N | model; example | 模范 | 모범 |
|  | こだわり | N | obsession; uncompromising | 坚持 | 고집, 신조 |
|  | メッセージ | N | message | 信息 | 메시지 |
|  | 反戦(はんせん) | N | anti-war | 反战 | 반전 |
| 1 | 詳しい(くわしい) | A-I | detailed; in detail; know well | 熟悉 | 상세하다 |
| 3 | 公開(こうかい) | N | release; open to public | 上映 | 공개 |
| 5 | 得意(な)(とくい) | A-Na | to be good at | 擅长(的) | 자신있(는), 잘 하(는) |
|  | 漫画(まんが) | N | cartoon; comic | 漫画 | 만화 |
|  | ファン | N | fan; lover | 粉丝 | 팬 |
| 6 | (〜に)就職する(しゅうしょく) | V | to find employment at | 就职(于〜) | (〜에)취직하다 |
| 7 | 辞める(やめる) | V | to quit; to resign | 辞职 | 그만두다 |
|  | ルパン三世(さんせい) | N | title of animation "Lupin III" | 〈鲁邦三世〉(动画名) | 루팡 3 세 (만화영화 제목) |
|  | フランダースの犬(いぬ) | N | title of animation "A Dog of Flanders" | 〈佛兰德的狗〉(动画名) | 프란다스의 개 (만화영화 제목) |
|  | 原画(げんが) | N | original picture | 原画 | 원화 |
| 8 | 描く(かく) | V | to draw; to paint | 画 | 그리다 |
|  | (〜に)夢中になる(むちゅう) | Phr | to be fascinated by; to be crazy about(夢中 = daze; enthusiasm) | 热衷(于〜)(夢中=着迷) | (〜에)몰두하다, 열중하다(夢中=몰두) |
| 10 | 撮る(とる) | V | to shoot; to film | 拍摄 | 찍다 |
|  | カリオストロの城(しろ) | N | title of animation "The Castle of Cagliostro" | 〈卡里奥斯特罗城〉(动画名) | 카리오스트로의 성 (만화영화 제목) |
| 11 | 設立する(せつりつ) | V | to establish | 建立 | 설립하다 |
|  | となりのトトロ | N | title of animation "My Neighbor Totoro" | 〈龙猫〉(动画名) | 이웃집 토토로 (만화영화 제목) |
|  | もののけ姫(ひめ) | N | title of animation "Princess Mononoke" | 〈幽灵公主〉(动画名) | 원령공주 (만화영화 제목) |
| 12 | 数多い(かずおおい) | A-I | many; abundant | 多数 | 수많은 |
|  | 名作(めいさく) | A-Na | masterpiece; fine work | 名作 | 명작 |
|  | 千と千尋の神隠し(せんとちひろのかみかくし) | N | title of animation "Spirited Away" | 〈神隐少女〉(动画名) | 센과 치히로의 행방불명(만화영화 제목) |
| 13 | 人気を集める(にんきをあつめる) | Phr | to become popular; to gain popularity(人気 = popularity) | 受欢迎(人気=人气) | 인기를 모으다 (人気=인기) |
|  | アカデミー長編アニメ賞(ちょうへんしょう) | N | Academy Award for Best Animated Feature(賞 = prize) | 奥斯卡最佳长篇动画片奖(赏=奖) | 아카데미 장편애니메이션상(賞=상) |
|  | 受賞する(じゅしょう) | V | be awarded a prize; to win a prize | 获奖 | 수상하다 |
| 14 | 模範にする(もはん) | Phr | to follow the example of | 成为典范 | 모범이 되다 |

| | | | | | |
|---|---|---|---|---|---|
| 14 | キャラクター | N | character | 登场人物、卡通形象 | 캐릭터 |
| 15 | 主人公<br>しゅじんこう | N | main character | 主角 | 주인공 |
| | ～位<br>い | Suf | rank | ～名 | ～위 |
| 16 | 以上<br>いじょう | N | be more than or equal to; not less than | 以上 | 이상 |
| 18 | 手書き<br>てが | N | handwritten | 手绘 | 손글씨 |
| | (～に)こだわる | V | to be particular about; to be demaniding | 坚持 | (～ 을)고집하다 |
| 19 | 更に<br>さら | Adv | moreover; furthermore | 此外 | 더욱 |
| | 人物<br>じんぶつ | N | person; figure | 人物 | 인물 |
| | 細かい<br>こま | A-I | fine; subtle; detailed | 细微 | 섬세하다 |
| | 徹底的に<br>てっていてき | Adv | thoroughly; completely<br>(徹底＝thoroughness; completeness) | 彻底地(徹底＝彻底) | 철저하게 (徹底＝철저) |
| 20 | 年齢<br>ねんれい | N | age | 年龄 | 연령 |
| | 性別<br>せいべつ | N | sex | 性别 | 성별 |
| | (～に)合わせる<br>あ | V | to fit; to be tailored to; to be keyed to | 配合 | (～ 에)맞추다 |
| 21 | ～秒<br>びょう | Suf | ~second | ～秒 | ～초 |
| | (～に～を)費やす<br>つい | V | to spend | (为～)花费(～) | (～ 에 ～ 을)쓰다 |
| 22 | 口癖<br>くちぐせ | N | one's favorite phrase | 口头禅 | 입버릇 |
| | 面倒くさい<br>めんどう | A-I | to be too much work; a hassle | 麻烦、棘手 | 귀찮다 |
| | 世の中<br>よ なか | N | the world; society | 世界上 | 세상 |
| | 面倒(な)<br>めんどう | A-Na | cumbersome; burdensome; tiresome | 麻烦(的) | 귀찮은 |
| 25 | エコロジー | N | ecology | 环保、生态学 | 환경 |
| 26 | 以外<br>いがい | N | other than; except | 以外 | 이외 |
| | 家族愛<br>かぞくあい | N | love of family (愛＝love) | 家人间的感情(愛＝爱) | 가족애 (愛＝사랑) |
| | テーマ | N | theme | 主题 | 테마 |
| 27 | (～が)隠れる<br>かく | V | to hide | 隐藏 | (～ 가)숨어있다 |

### 20：萬画宣言（石ノ森章太郎）

| | | | | | |
|---|---|---|---|---|---|
| T | 萬画<br>まんが | | the word created by Ishinomori | 万画(石森章太郎的自创词) | 만화(이시노모리가 만든 단어) |
| | 宣言<br>せんげん | N | declaration | 宣言 | 선언 |
| O | 漫画家<br>まんがか | N | cartoonist; comic artist | 漫画家 | 만화가 |
| | 原作者<br>げんさくしゃ | N | the original author/writer （者＝person) | 原作者(者＝者) | 원작자 (者＝자，사람) |
| K | ギネス記録<br>きろく | N | Guinness World Records<br>(記録＝record) | 吉尼斯世界纪录(記録＝记录) | 기네스기록 (記録＝기록) |
| | メディア | N | media | 媒体 | 미디어 |
| 1 | 代表作<br>だいひょうさく | N | representative work; masterpiece | 代表作 | 대표작 |
| | サイボーグ009 | N | title of manga "Cyborg 009" | 《改造人 009》(漫画名) | 사이보그 009 (만화 제목) |
| 2 | 更に<br>さら | Adv | moreover; furthermore | 此外 | 더욱더 |
| | 学習<br>がくしゅう | N | learning; study | 学习 | 학습 |
| | 経済入門<br>けいざいにゅうもん | Adv | introduction to economics | 经济入门 | 경제입문 |
| | 描く<br>か | V | to draw; to write | 画 | 그리다 |
| 3 | 特撮<br>とくさつ | N | special effects | 特技摄影 | 특수촬영 |
| | ヒーロー | N | hero | 英雄 | 히어로 |
| | 作品<br>さくひん | N | (piece of) work | 作品 | 작품 |
| | 仮面ライダー<br>かめん | | title of TV program "Kamen Rider (Masked Rider)" | 《假面骑士》(电视节目名) | 가면라이더(TV 드라마 제목) |
| | 秘密戦隊ゴレンジャー<br>ひみつせんたい | | title of TV program "Himitsu Sentai Gorenger" | 《秘密战队五连者》(电视节目名) | 비밀전대 고렌자 (TV 드라마 제목) |
| 4 | SF | N | science fiction | 科幻 | SF, 공상과학 |
| | 時代物<br>じだいもの | N | period dramas; period piece | 时代剧 | 역사물 |
| | 少女<br>しょうじょ | N | girl | 少女 | 소녀 |

| | | | | | |
|---|---|---|---|---|---|
| 5 | 創作活動<br>そうさくかつどう | N | creative activity（創作する＝to produce; to create、活動＝activity） | 创作活动(創作する＝创作、活動＝活动) | 창작활동(創作する＝창작하다、活動＝활동) |
| | 以上<br>いじょう | N | be more than or equal to; not less than | 以上 | 이상 |
| | 原稿<br>げんこう | N | manuscript | 原稿 | 원고 |
| | 枚数<br>まいすう | N | the number of sheets | 张数 | 매수 |
| | (〜に)達する<br>たっ | V | to reach; to amount to | 达到 | (〜에)달하다 |
| 6 | 著者<br>ちょしゃ | N | author; writer | 作者 | 저자 |
| | 〜数<br>すう | Suf | number of | 〜数目 | 〜수 |
| | 世界記録<br>せかいきろく | N | world record（記録＝record） | 世界纪录(記録＝记录) | 세계기록 (記録＝기록) |
| 7 | 認定する<br>にんてい | V | to recognize; to approve | 认定 | 인정하다 |
| 8 | 宮城県<br>みやぎけん | N | Miyagi Prefecture | 宫城县 | 미야기 현 |
| | 〜歳<br>さい | Ctr | 〜 years old | 〜岁 | 〜세, 살 |
| | 年上<br>としうえ | N | older; elder | 年长 | 연상 |
| | 病弱<br>びょうじゃく | N | poor health; sickliness | 身体虚弱 | 병약 |
| 8 | 外出<br>がいしゅつ | N | going out | 外出 | 외출 |
| 9 | 出来事<br>できごと | N | event; happening | 事情 | 생긴 일, 사건 |
| | 新宝島<br>しんたからじま | N | manga "New treasure island" | 《新宝岛》(漫画名) | 신보물섬 (만화 제목) |
| 10 | 手塚治虫<br>てづかおさむ | N | cartoonist（1928~1989） | 手冢治虫(漫画家)（1928〜1989） | 데스카 오사무 (일본의 만화가) (1928-1989) |
| | 大ファン<br>だい | N | big fan | 超级粉丝 | 열렬한 팬 |
| 11 | 投稿する<br>とうこう | V | to contribute; to post; to submit | 投稿 | 투고하다 |
| | 運良い<br>うんよ | A-I | fortunate | 幸运 | 운 좋게 |
| 12 | (〜が)目に留まる<br>め と | Phr | to catch sight of; to get 〜noticed; | 注意到 | (〜가)눈에 띄다 |
| | デビューする | V | to come out; to make one's debut | 初试啼声 | 데뷔하다 |
| | 厳格(な)<br>げんかく | A-Na | strict | 严格(的) | 엄격(한) |
| 13 | 反対<br>はんたい | N | opposition; objection | 反对 | 반대 |
| | 応援を受ける<br>おうえん う | Phr | to receive support（応援＝support） | 获得支持(応援＝支持) | 도움을 받다 (応援＝응원) |
| | 独り<br>ひと | N | alone | 独自 | 혼자 |
| | (〜に)上京する<br>じょうきょう | V | to go up to Tokyo | 到东京去、进京 | (〜에)상경하다 |
| | 作家活動<br>さっかかつどう | N | work as a writer | 以漫画家的身份工作 | 작가활동 |
| 14 | 次々と<br>つぎつぎ | Adv | one after another | 接二连三地 | 연이어, 잇달아 |
| | 記憶<br>きおく | N | memory | 记忆 | 기억 |
| | 名作<br>めいさく | N | masterpiece; fine work | 名作 | 명작 |
| | 生み出す<br>う だ | V | to create; to author; to produce | 创造出 | 만들어 내다 |
| 15 | (〜が)亡くなる<br>な | V | to die; to pass away | 过世 | (〜가)사망하다, 타계하다 |
| 16 | 笑い<br>わら | N | laughter; laugh | 欢笑 | 웃음 |
| | 風刺<br>ふうし | N | satire; lampoon | 讽刺 | 풍자 |
| | 滑稽(な)<br>こっけい | A-Na | funny; humorous | 滑稽(的) | 우스꽝스러운 |
| | テーマ | N | theme | 主题 | 테마 |
| | 単純(な)<br>たんじゅん | A-Na | simple | 简单(的) | 단순(한) |
| 17 | 線<br>せん | N | line | 线条 | 선 |
| | 表す<br>あらわ | V | to express; to show | 表现 | 표현하다, 나타내다 |
| | 指す<br>さ | V | to mean; refers to; to point out; to indicate | 指 | 지향하다, 목표로 하다 |
| | 現在<br>げんざい | N | at the present day; today; currently | 现在 | 현재 |
| 18 | 様々(な)<br>さまざま | A-Na | various | 多种多样(的) | 여러가지 |
| | 表現する<br>ひょうげん | V | to express | 表现 | 표현하다 |
| | (〜が)成長する<br>せいちょう | V | to grow | 成长、发展 | (〜가)성장하다 |

| | | | | | | |
|---|---|---|---|---|---|---|
| 20 | 考えつく<br>かんが | V | to think of; to come up with; to conceive (an idea) | 想出、想到 | 떠오르다 |
| | よろず | N | all; everything | 一切、万事 | 만물 |
| | すなわち | Conj | namely; that is | 换句话说 | 즉 |
| 22 | 頭文字<br>かしらもじ | N | the first letter (文字 = letter; character) | 开头的文字(文字＝文字) | 머릿글자 (文字＝문자) |
| | (～に)つながる | V | to connect | (与～)相关 | (～에)이어지다 |
| 23 | 提案する<br>ていあん | V | to suggest; to propose | 提议 | 제안하다 |
| 24 | 未来<br>みらい | N | future | 未来 | 미래 |
| | (～に)向かう<br>む | V | to go toward; to head for | 朝向 | (～로)향하다 |
| | 可能性<br>かのうせい | N | possibility (可能 = possible) | 可能性 | 가능성 (可能＝가능) |
| | (～が)広がる<br>ひろ | V | to spread | 传播、拓展、推广 | (～가)퍼지다，미치다 |
| **21：栄光と挫折（高橋尚子）**<br>えいこう ざ せつ たかはしなお こ | | | | | |
| T | 栄光<br>えいこう | N | glory | 光荣、荣光 | 영광 |
| | 挫折<br>ざ せつ | N | setback; discouragement | 挫折 | 좌절 |
| O | 元～<br>もと | Pref | former~; ex~ | 前～ | 전직 ~ |
| | マラソン選手<br>せんしゅ | N | marathon runner (マラソン = marathon、選手 = player; athlete) | 马拉松选手(マラソン＝马拉松、選手＝选手) | 마라톤 선수 (マラソン＝마라톤、選手＝선수) |
| | スポーツキャスター | N | sportscaster | 运动节目主持人 | 스포츠 캐스터 |
| K | 近代オリンピック<br>きんだい | N | modern Olympics<br>(近代 = modern、オリンピック = Olympics) | 近代奥林匹克(近代＝近代、オリンピック＝奥林匹克) | 근대 올림픽(近代＝근대、オリンピック＝올림픽) |
| | 希望<br>き ぼう | N | hope; wish | 希望 | 희망 |
| | 勇気<br>ゆう き | N | courage; bravery | 勇气 | 용기 |
| 1 | 現在<br>げんざい | N | at the present day; today; currently | 现在 | 현재 |
| | 女子選手<br>じょしせんしゅ | N | female athlete (選手 = athelete) | 女性选手(選手＝选手) | 여자선수(選手＝선수) |
| | (～が)活躍する<br>かつやく | V | to be active; to take an active part | 活跃 | (～가)활약하다 |
| | 男女<br>だんじょ | N | man and woman | 男女 | 남녀 |
| 2 | (～に)参加する<br>さん か | V | to participate | 参加 | (～에)참가하다 |
| 3 | 大会<br>たいかい | N | tournament; meet | 大会 | 대회 |
| | 陸上選手<br>りくじょうせんしゅ | N | track and field athlete<br>(選手 = player; athlete) | 田径选手(選手＝选手) | 육상선수 (選手＝선수) |
| 4 | 金メダル<br>きん | N | gold medal | 金牌 | 금메달 |
| 5 | 優勝記録<br>ゆうしょう き ろく | N | winning record (記録 = record) | 冠军纪录(記録＝记录) | 우승기록 (記録＝기록) |
| 6 | 最高記録<br>さいこう き ろく | N | the best record (記録 = record) | 最高纪录(記録＝记录) | 최고기록 (記録＝기록) |
| | 政府<br>せい ふ | N | government | 政府 | 정부 |
| | 国民栄誉賞<br>こくみんえい よ しょう | N | National Honor Award<br>(国民 = nation; people、賞 = award) | 国民荣誉奖<br>(国民＝国民、賞＝奖) | 국민영예상 (国民＝국민、賞＝상) |
| 7 | 贈る<br>おく | V | to give; to confer; to present | 颁赠 | 주다 |
| 8 | 中距離<br>ちゅうきょ り | N | middle-distance (距離 = distance) | 中距离(距離＝距离) | 중거리 (距離＝거리) |
| | 社会人チーム<br>しゃかいじん | N | adult team | 社会人士队 | 사회인 팀 |
| | 監督<br>かんとく | N | manager; coach | 教练 | 감독 |
| | (～に～を)勧める<br>すす | V | to recommend; to advise; to encourage | 劝说 | (～에 ～를)권하다，권유하다 |
| 9 | (～に)転向する<br>てんこう | V | to switch over; to move to | 转换跑道(到～) | (～으로)전향하다 |
| | めきめきと | Adv | rapidly; remarkably | 显著地、迅速地 | 비약적으로 |
| | 力をつける<br>ちから | Phr | to build up one's strength; to get stronger | 培养实力 | 단련하다，힘을 키우다 |
| | 国民<br>こくみん | N | nation; people | 国民 | 국민 |
| | 期待に応える<br>き たい こた | Phr | to meet expectations (期待 = expectation) | 不辜负期待(期待＝期待) | 기대에 부응하다 (期待＝기대) |
| 10 | 優勝<br>ゆうしょう | N | victory; championship | 获得冠军 | 우승 |
| | 素質<br>そ しつ | N | aptitude; talent | 天资、资质、禀赋 | 소질 |
| | (～に)恵まれる<br>めぐ | V | to be endowed with; to be blessed with | 富有、赋予 | (～을)타고나다 |
| 11 | 体を鍛える<br>からだ きた | Phr | to train the body | 锻炼身体 | 몸을 단련하다 |

| | | | | | |
|---|---|---|---|---|---|
| 13 | 代表<br>だいひょう | N | representative; delegate | 代表 | 대표 |
| | 惜しい<br>お | A-I | regrettable<br>惜しくも = regrettably; fall just short of | 可惜<br>惜しくも = 相当遺憾 | 아쉬운<br>惜しくも = 아쉽게도 |
| 15 | 辞める<br>や | V | to quit | 辞职、停学、退学 | 관두다, 그만두다 |
| | (〜が)落ち込む<br>お こ | V | to get depressed | 意志消沉、闷闷不乐、郁闷、萎靡不振 | (〜가) 낙담하다 |
| 16 | 状態<br>じょうたい | N | condition | 情况 | 상태 |
| | 見事<br>みごと | N | admirably; marvelous | 完全地、成功地 | 멋지게 |
| 17 | インタビュー | N | interview | 采访 | 인터뷰 |
| 18 | 暗闇<br>くらやみ | N | darkness; the dark | 暗淡、失去希望的状态 | 암흑 |
| | 一日一日<br>いちにちいちにち | N | day by day | 一天天 | 하루 하루 |
| | 充実する<br>じゅうじつ | V | to enrich; to become fulfilled | 充实 | 충실하다 |
| 19 | (〜が〜に)悩む<br>なや | V | to be worried; to be distressed | (为〜)苦恼〜 | (〜가 〜에)고민하다 |
| 20 | 目標<br>もくひょう | N | goal | 目标 | 목표 |
| 21 | 中高年<br>ちゅうこうねん | N | middle and old age | 成年及老年 | 중장년 |
| | 平等に<br>びょうどう | Adv | equally | 平等地 | 평등하게 |
| | 与える<br>あた | V | to give | 给予 | 부여하다 |
| | チャンス | N | chance | 机会 | 기회, 찬스 |
| 22 | 精一杯<br>せいいっぱい | N | as hard as possible; to the best of one's ability | 竭尽全力 | 최선 |
| 24 | 味わう<br>あじ | V | to taste; to get taste of; to experience | 尝 | 맛보다 |
| | 経験<br>けいけん | N | experience | 经验 | 경험 |
| 25 | 克服する<br>こくふく | V | to conquer; to overcome | 克服 | 극복하다 |
| | 姿<br>すがた | N | appearance; figure; state; manner | 样子 | 자세 |
| | 勇気づける<br>ゆうき | V | to encourage | 鼓励 | 용기를 주다 |
| **22：男の美学（イチロー）** | | | | | |
| T | 美学<br>びがく | N | aesthetic | 美学 | 미학 |
| O | プロ野球選手<br>やきゅうせんしゅ | N | professional baseball player<br>（選手 = player; athlete） | 职业棒球选手（选手=选手） | 프로야구선수（選手 = 선수） |
| K | 大リーグ<br>だい | N | the Majors (leagues) | 大联盟 | 메이저리그 |
| | 自己管理<br>じこかんり | N | self-management（管理 = management） | 自我管理（管理=管理） | 자기관리（管理 = 관리） |
| | 謙虚さ<br>けんきょ | N | modesty; humble | 谦虚 | 겸허함 |
| | 努力<br>どりょく | N | effort | 努力 | 노력 |
| 1 | 過去<br>かこ | N | past | 过去 | 과거 |
| | 職業<br>しょくぎょう | N | job; occupation | 职业 | 직업 |
| 2 | 人気<br>にんき | N | popularity | 人气 | 인기 |
| 3 | 活躍する<br>かつやく | V | to be active; to take an active part | 活跃 | 활약하다 |
| 4 | 夢見る<br>ゆめみ | V | to dream of | 梦想 | 꿈꾸다 |
| 5 | 野球少年<br>やきゅうしょうねん | N | baseball boy（boy who likes baseball）<br>（少年 = boy） | 棒球少年（少年=少年） | 야구소년（少年 = 소년） |
| | バッティングセンター | N | batting center | 击球练习场 | 배팅센터, 실내 야구장 |
| | (〜に)通う<br>かよ | V | to visit frequently | 去 | (〜에)다니다 |
| 6 | 野球部<br>やきゅうぶ | N | Baseball club（at school, university, corporation）（部 = club） | 棒球社（部=社团） | 야구부（部 = 부） |
| | 投手<br>とうしゅ | N | pitcher | 投手 | 투수 |
| 7 | 交通事故<br>こうつうじこ | N | traffic accident | 交通事故 | 교통사고 |
| | 怪我<br>けが | N | injury | 受伤 | 상처 |
| | 野手<br>やしゅ | N | fielder | 守场员 | 야수 |
| | (〜に)転向する<br>てんこう | V | to switch over; to move to | 转换跑道（到〜） | (〜로)전향하다 |
| 8 | オリックス | N | Orix (Buffaloes): Japanese pro baseball team | 欧力士（野牛）队：（日本职业棒球队） | 오릭스 |
| | (〜に)入団する<br>にゅうだん | V | to join (professional sport team) | 入团 | (〜에)입단하다 |

35

| # | 日本語 | 品詞 | English | 中文 | 한국어 |
|---|---|---|---|---|---|
| 8 | 憧れ（あこが） | N | aspiration; longing | 憧憬 | 동경 |
| 10 | シアトル・マリナーズ | N | Seattle Mariners | 西雅图水手队 | 시애틀 마리너즈 |
| | 移籍（いせき） | N | transfer | 转队 | 이적 |
| | （～に／から）移る（うつ） | V | to move; to transfer | 从～转到～ | (～로 / 에서)옮기다 |
| 12 | オールラウンドプレーヤー | N | all-round player | 全能型球员 | 만능 플레이어 |
| | 打撃（だげき） | N | batting | 打击 | 타격 |
| | 盗塁（とうるい） | N | base stealing | 盗垒 | 도루 |
| | 守備（しゅび） | N | defense | 守备 | 수비 |
| | 様々（な）（さまざま） | A-Na | various | 各种各样(的) | 여러가지 |
| | 記録（きろく） | N | record | 记录 | 기록 |
| | 塗り替える（ぬ か） | V | to break（record）; to rewrite | 刷新 | 갱신하다 |
| 13 | 滅多に（めった） | Adv | hardly; rarely | 不常、很少 | 드물게 |
| | 感情を表す（かんじょう あらわ） | Phr | to show emotion; to express emotion（感情＝emotion; feeling、表す＝to show; to express） | 表达感情（感情＝感情、表す＝表达） | 감정을 나타내다（感情＝감정, 表す＝나타내다 , 표현하다） |
| | メディア | N | media | 媒体 | 미디어 |
| | 取材（しゅざい） | N | coverage; interview | 采访 | 취재 |
| 14 | 消極的（な）（しょうきょくてき） | A-Na | negative; passive | 消极(的) | 소극적(인) |
| | 態度（たいど） | N | attitude | 态度 | 태도 |
| | ほめる | V | to praise | 称赞 | 칭찬하다 |
| 15 | 批判する（ひはん） | V | to criticize | 批评 | 비판하다 |
| 16 | 影（かげ） | N | behind; shadow | 背后、影子 | 그림자 |
| | シーズンオフ | N | off-season; out of season | 非球季 | 오프 시즌 |
| 17 | 打つ（う） | V | to hit | 打击 | 치다 |
| 18 | 言い訳（い わけ） | N | excuse | 借口 | 변명 |
| | 全く（まった） | Adv | totally | 全部 | 전혀 |
| | ルーティン | N | routine | 惯例、例行公事 | 일과 , 습관 |
| 19 | 試合（しあい） | N | game | 比赛 | 시합 |
| 20 | グローブ | N | glove | 手套 | 글로브 |
| | 磨く（みが） | V | to polish | 擦亮 | 연마하다 |
| | 欠かす（か） | V | to miss | 缺少 | 빼놓다 |
| 21 | 繰り返す（く かえ） | V | to repeat | 反复 | 반복하다 |
| | 精神力（せいしんりょく） | N | mental strength; mental power（精神＝spirit; mind; soul） | 意志力（精神＝精神） | 정신력 (精神＝정신) |
| | （～に）感心する（かんしん） | V | to be impressed by; to admire | 对～感到佩服 | (～ 에)감탄하다 |
| 23 | 南米（なんべい） | N | South America | 南美 | 남미 |
| | 威圧する（いあつ） | V | to intimidate; to exert coercive pressure on | 震慑 | 위압하다 |
| 25 | アプローチ | N | approach | 方式、方法 | 어프로치 , 접근방법 |
| | 実際（じっさい） | N | actual; reality | 实际 | 실제 |
| | 相手（あいて） | N | opponent | 对方 | 상대 |
| | 負かす（ま） | V | to defeat | 打败、击败、战胜 | 이기다 , 무찌르다 |
| 26 | 観客（かんきゃく） | N | spectator; audience | 观众 | 관객 |
| | 語る（かた） | V | to talk; to speak about; to mention | 讲、说 | 말하다 , 이야기하다 |
| | 能ある鷹は爪を隠す（のう たか つめ かく） | Prv | "skilled hawk hides its talons" → a wise man keeps some of his talents in reserve（能＝ability; power, 爪＝nail, 隠す＝to hide） | 真人不露相（能＝能力、爪子、隐す＝隐藏） | 현명한 독수리는 손톱을 감춘다 → 고양이는 발톱을 감춘다 (속담)(能＝능력、爪＝발톱、隠す＝감추다) |
| 27 | 諺（ことわざ） | N | proverb | 谚语 | 속담 |
| | 能力（のうりょく） | N | ability | 能力 | 능력 |
| | ひけらかす | V | to show off; to brag | 显摆、显示、炫耀、卖弄 | 자랑하다 |
| 28 | （～に）似る（に） | V | to look like; to resemble | 与～类似 | (～ 를)닮다 |

## 23：環境問題に取り組む登山家（野口健）

| # | Word | Type | English | Chinese | Korean |
|---|---|---|---|---|---|
| T | 環境（かんきょう） | N | environment | 环境 | 환경 |
|  | 取り組む（とりくむ） | V | to tackle; to work; to undertake | 致力于～ | 노력하다 |
|  | 登山家（とざんか） | N | alpinist; mountaineer; climber | 登山家 | 등산가 |
| O | 環境活動家（かんきょうかつどうか） | N | environmentalist; environmental activist | 环境活动家 | 환경활동가 |
| K | 富士山（ふじさん） | N | Mt. Fuji | 富士山 | 후지산 |
|  | 破壊（はかい） | N | destruction | 破坏 | 파괴 |
|  | 自然保護（しぜんほご） | N | conservation of nature（自然 = nature） | 环境保护（自然=自然） | 자연보호 (자연=자연) |
|  | 社会貢献（しゃかいこうけん） | N | contribution to society（貢献 = contribution） | 社会贡献（贡献=贡献） | 사회공헌 (貢献=공헌) |
| 1 | シンボル | N | symbol | 象征 | 심볼 |
|  | 頂上（ちょうじょう） | N | summit of a mountain; mountaintop | 山顶 | 정상 |
|  | 雪をいただく（ゆき） | Phr | to be covered with snow | 笼罩白雪 | 눈 덮이다 |
| 2 | 姿（すがた） | N | appearance; figure; form | 姿态 | 모습 |
|  | 気高い（けだかい） | A-I | dignified; noble | 崇高、高雅、高贵、高尚 | 숭고한, 고귀한 |
|  | 神秘的（な）（しんぴてき） | A-Na | mysterious; mystical | 神秘（的） | 신비(한) |
| 2 | 優雅（な）（ゆうが） | A-Na | elegant; graceful | 优雅（的） | 우아(한) |
|  | 美しい（うつくしい） | A-I | beautiful | 美丽的 | 아름답다 |
| 3 | 実際（じっさい） | N | actual; reality | 实际 | 실제 |
|  | （～が）汚れる（よごれる） | V | to get dirty | 污染 | (～가)더러워 지다 |
| 4 | 酷評する（こくひょう） | V | to criticize severely; to pass harsh criticism | 批评得一无是处、严厉批评 | 혹평하다 |
|  | 綺麗（な）（きれい） | A-Na | pretty; fine | 美丽（的） | 아름다운, 깨끗한 |
| 5 | スローガン | N | slogan; motto | 口号 | 슬로건 |
|  | 掲げる（かかげる） | V | to hold up | 提出 | 걸다, 내세우다 |
|  | 清掃登山（せいそうとざん） | N | mountain cleaning and climbing（清掃 = cleaning） | 打扫登山（清掃=打扫） | 청소등산 (清掃=청소) |
| 6 | 冒険家（ぼうけんか） | N | adventurer（冒険 = adventure） | 冒险家（冒险=冒险） | 모험가 (冒険=모험) |
|  | 植村直己（うえむらなおみ） | N | Japanese adventurer（1941~1984） | 植村直己（日本冒险家 1941~1984） | 우에무라 나오미 (일본의 등산가 1941-1984) |
|  | 著書（ちょしょ） | N | one's book | 著作 | 저서 |
|  | 登山（とざん） | N | mountain climbing | 登山家 | 등산 |
|  | ～歳（さい） | Ctr | ~ years old | ～岁 | ~ 세, 살 |
|  | モンブラン | N | Mont Blanc | 白朗峰 | 몽블랑 |
| 7 | 登頂（とうちょう） | N | climbing to the summit | 登顶 | 등정 |
|  | （～に）成功する（せいこう） | V | to succeed; to be successful | 成功 | (～ 에)성공하다 |
|  | キリマンジャロ | N | Mt. Kilimanjaro | 乞力马扎罗山 | 킬리만자로 |
|  | マッキンリー | N | Mt. McKinley | 麦金利峰 | 맥킨리 |
|  | エベレスト | N | Mt. Everest | 珠穆朗玛峰 | 에베레스트 |
|  | 険しい（けわしい） | A-I | steep; precipitous | 险峻、陡峭、崎岖 | 험하다 |
|  | 山々（やまやま） | N | many mountains | 群山 | 산들 |
| 8 | 次々と（つぎつぎ） | Adv | one after another | 接二连三地 | 잇달아, 연이어 |
| 10 | 挑戦する（ちょうせん） | V | to challenge | 挑战 | 도전하다 |
|  | 標高（ひょうこう） | N | elevation; height above sea level | 标高 | 표고 |
| 11 | 地点（ちてん） | N | point; spot | 地点 | 지점 |
|  | ～隊（たい） | Suf | ~party; team; group | ～队 | ~ 대 |
|  | 積極的（な）（せっきょくてき） | A-Na | active; positive; proactive; aggressive | 积极（的） | 적극적(인) |
|  | 姿（すがた） | N | state; manner; appearance; figure; form | 样子 | 모습 |
|  | 目にする | Phr | to see; to watch | 见到 | 보다 |
| 12 | 大量（たいりょう） | N | large quantity; a lot | 大量 | 대량 |

| | | | | | |
|---|---|---|---|---|---|
| 14 | 衝撃を受ける<br>しょうげき う | Phr | to be shocked by; to be struck by | 受到冲击 | 충격을 받다 |
| | 出来事<br>で き ごと | N | event; happening | 事情 | 생긴 일, 사건 |
| | 深い<br>ふか | A-I | deep; profound | 深 | 깊다 |
| 15 | メディア | N | media | 媒体 | 미디어 |
| | 取り上げる<br>と あ | V | to take up; to cover; to pick up | 报道、刊登 | 다루어지다 |
| 16 | 関心が高まる<br>かんしん たか | Phr | to take a growing interest in<br>(関心＝interest) | 关心程度提升(关心＝关心) | 관심이 높아지다(関心＝관심) |
| | 友人<br>ゆうじん | N | friend | 朋友 | 친구 |
| | 知人<br>ち じん | N | acquaintance | 亲友 | 지인 |
| | 様々(な)<br>さまざま | A-Na | various | 各种各样(的) | 여러가지 |
| | 協力<br>きょうりょく | N | cooperation | 合作 | 협력 |
| 17 | 以上<br>い じょう | N | be more than or equal to; not less than | 超过 | 이상 |
| | 壊す<br>こわ | V | to destroy | 破坏 | 파괴하다 |
| 18 | 年間<br>ねんかん | N | annual; yearly | 年间 | 연간 |
| | 登山者<br>と ざんしゃ | N | mountain climber (者＝person) | 登山者(者＝者) | 등산자(者＝자, 사람) |
| | 回収する<br>かいしゅう | V | to collect | 回收 | 회수하다 |
| 20 | 現在<br>げんざい | N | at the present day; today; currently | 现在 | 현재 |
| 20 | 活動<br>かつどう | N | activity | 活动 | 활동 |
| | 行う<br>おこな | V | to do; to conduct | 进行 | 행하다, 하다 |
| 21 | 環境学校<br>かんきょうがっこう | N | environmental school | 环境学校 | 환경학교 |
| | (～が)行動する<br>こうどう | V | to act | 行动 | (～가)행동하다 |
| | 発信する<br>はっしん | V | to send; to transmit | 发信、发报 | 발언하다 |
| 22 | 次世代<br>じ せ だい | N | next generation | 下个世代 | 차세대 |
| | メッセンジャー | N | messenger | 使者、报信者 | 메신저 |
| | 育成<br>いくせい | N | nurture; training | 培育 | 육성 |
| | 目標<br>もくひょう | N | goal | 目标 | 목표 |
| | 数回<br>すうかい | N | several times | 数次 | 수회 |
| | ～泊<br>はく | Ctr | counter for nights of a stay | ～晚 | ~ 박 |
| 23 | 程度<br>てい ど | N | degree; about | 程度 | 정도 |
| | 期間<br>き かん | N | period (of time); term | 期间 | 기간 |
| | 青少年<br>せいしょうねん | N | young people; young generation | 青少年 | 청소년 |
| | 対象<br>たいしょう | N | subject; target | 对象 | 대상 |
| 24 | 元に戻す<br>もと もど | Phr | to restore (元＝beginning; origin) | 恢复原状(元＝原状) | 원래대로 되돌리다<br>(元＝원래, 근본) |
| | 待ったなし<br>ま | Phr | now or never; immediately; lose no time | 毫不迟疑、毫不犹豫 | 지체할수 없는 |
| **24：命のビザ（杉原千畝）** | | | | | |
| T | 命<br>いのち | N | life | 性命 | 생명 |
| O | 外交官<br>がいこうかん | N | diplomat (外交＝diplomacy) | 外交官(外交＝外交) | 외교관(外交＝외교) |
| K | 人道援助<br>じんどうえんじょ | N | humanitarian aid (援助＝aid) | 人道援助(援助＝援助) | 인도지원(援助＝원조) |
| | 職責<br>しょくせき | N | a work responsibility; official responsibilities | 职责 | 직책 |
| | 難民<br>なんみん | N | refuges | 难民 | 난민 |
| 1 | リトアニア | N | Lithuania | 立陶宛 | 리투아니아 |
| | 共和国<br>きょうわこく | N | republic | 共和国 | 공화국 |
| | 尊敬する<br>そんけい | V | to respect | 尊敬 | 존경하다 |
| | 肖像画<br>しょうぞう が | N | portrait | 肖像画 | 초상화 |
| | 人物<br>じんぶつ | N | person; figure | 人物 | 인물 |
| 2 | 総領事代理<br>そうりょうじ だい り | N | deputy consul general (領事＝consul) | 代理总领事(领事＝领事) | 총영사 대리(領事＝영사) |
| 3 | 務める<br>つと | V | to serve; to work | 担任 | (직책등을)담당하다, 맡다 |

| # | 語 | 品詞 | English | 中文 | 한국어 |
|---|---|---|---|---|---|
| 3 | 滞在（たいざい） | N | stay; residence | 滞留 | 체재 |
| 4 | 期間（きかん） | N | period (of time); term | 期间 | 기간 |
|  | 運命（うんめい） | N | fate; destiny | 命运 | 운명 |
| 5 | （〜に）赴任（ふにん）する | V | to arrive in one's new post | 赴任、上任、任职 | (〜에)부임하다 |
|  | 〜軍（ぐん） | Suf | troops, army | 〜军 | 〜군 |
|  | ポーランド | N | Poland | 波兰 | 폴란드 |
| 6 | （〜に）侵攻（しんこう）する | V | to invade | 侵略 | (〜에)침공하다 |
|  | 第二次世界大戦（だいにじせかいたいせん） | N | the World War II（大戦 = great war; world war） | 第二次世界大战（大戦=大战） | 제2차 세계대전(大戦=대전) |
|  | ソ連（れん） | N | the Soviet Union | 苏联 | 소련 |
|  | 併合（へいごう）する | V | to merge | 合并 | 병합하다 |
| 7 | （〜に）退去（たいきょ）する | V | to leave; to evacuate | 离开 | (〜에)퇴거하다 |
|  | 既（すで）に | Adv | already | 已经 | 이미 |
| 8 | ユダヤ人（じん） | N | Jewish | 犹太人 | 유대인 |
|  | 迫害（はくがい） | N | persecution; oppression | 迫害 | 박해 |
| 9 | （〜から）逃（のが）れる | V | to escape | (从〜)逃离 | (〜에서)벗어나다, 도망치다 |
|  | 国境（こっきょう） | N | border | 国境 | 국경 |
|  | （〜に／を）接（せっ）する | V | to be adjacent to; to touch 国境に接する = share a border with | 接壤 国境に接する = 与国境接壤 | (〜에)접하다 国境に接する=국경에 접하다 |
|  | （〜に）入国（にゅうこく）する | V | to enter a country | 入国 | (〜에)입국하다 |
| 10 | 第三国（だいさんごく） | N | third country | 第三国 | 제3국 |
| 11 | 出国（しゅっこく） | N | departure from a country | 出国 | 출국 |
|  | 望（のぞ）む | V | to desire; to wish | 希望 | 원하다 |
|  | （〜を）経由（けいゆ）する | V | to go through; via | 经由 | (〜를)경유하다 |
| 12 | 通過（つうか）ビザ | N | transit visa | 过境签证 | 통과비자 |
| 13 | 求（もと）める | V | to request; to demand; to seek | 要求 | 원하다, 구하다 |
|  | （〜に）押（お）しかける | V | to flock to; to barge into | 蜂拥而至、涌进 | (〜에)몰려가다 |
|  | 政府（せいふ） | N | government | 政府 | 정부 |
|  | 発給（はっきゅう） | N | issuance; issue | 发给 | 발급 |
| 14 | 同盟（どうめい） | N | alliance | 同盟 | 동맹 |
|  | 政策（せいさく） | N | policy | 政策 | 정책 |
|  | （〜に）反（はん）する | V | to oppose; to object to | 违反 | (〜에)반대되다 |
| 15 | 許可（きょか） | N | permission | 许可 | 허가 |
|  | （〜に）回答（かいとう）する | V | to reply | 回答 | (〜에)회답하다 |
| 17 | 人道（じんどう） | N | humanity | 人道 | 인도 |
|  | 責務（せきむ） | N | duty; obligation | 责任和义务 | 책무 |
|  | （〜に）苦悩（くのう）する | V | to be in agony; to be anguished | 苦恼(于〜) | (〜에)고뇌하다 |
|  | 無断（むだん） | N | without permission | 擅自、私自、自作主张 | 무단 |
| 18 | 職（しょく） | N | work; position; employment | 职务 | 직업 |
| 19 | 見殺（みごろ）しにする | Phr | to leave somebody to his fate | 见死不救 | 방관하다 |
|  | 決心（けっしん）する | V | to decide | 决心 | 결심하다 |
|  | 個人（こじん） | N | individual | 个人 | 개인 |
|  | 判断（はんだん） | N | judgment | 判断 | 결단 |
| 20 | 道（みち） | N | way; course; path of duty | 道路 | 길 |
|  | 選択（せんたく）する | V | to select; to choose | 选择 | 선택하다 |
| 21 | 申請（しんせい） | N | application; petition | 申请 | 신청 |
|  | 書類（しょるい） | N | document | 材料 | 서류 |
| 22 | （〜を）離（はな）れる | V | to leave | 离开 | (〜를)떠나다 |

| | | | | | |
|---|---|---|---|---|---|
| 22 | 汽車<br>きしゃ | N | train | 火车 | 기차 |
| | 懸命に<br>けんめい | Adv | hard; earnestly | 竭尽全力、拼命 | 열심히 |
| 23 | 渡す<br>わた | V | to pass over; to hand over | 交付 | 건네다 |
| | 列車<br>れっしゃ | N | train | 列车 | 열차 |
| 24 | 助かる<br>たす | V | to be saved; to be rescued | 帮助 | (목숨을)건지다 |
| 26 | いどころ | N | person's whereabouts; person's address | 住处 | 있는 곳 |
| | 戦後<br>せんご | N | postwar | 战后 | 전후 |
| 27 | 再会を果たす<br>さいかい は | Phr | to accomplish to meet again | 再度会面 | 재회하다 |

## 25：日本の約束（佐藤栄作）
さとうえいさく

| | | | | | |
|---|---|---|---|---|---|
| 0 | 政治家<br>せいじか | N | politician | 政治家 | 정치가 |
| K | ノーベル平和賞<br>へいわしょう | N | Nobel Peace Prize（賞 = prize） | 诺贝尔和平奖(赏＝奖) | 노벨평화상(賞 = 상) |
| | 平和<br>へいわ | N | peace | 和平 | 평화 |
| | 核問題<br>かくもんだい | N | nuclear issue | 核子问题 | 핵문제 |
| | 非核三原則<br>ひかくさんげんそく | N | Three Non-Nuclear Principles | 非核三原则 | 비핵3원칙 |
| 2 | 共通する<br>きょうつう | V | to be common; to share | 共同 | 공통되다 |
| 3 | 受賞する<br>じゅしょう | V | be awarded a prize; to win a prize | 获奖 | 수상하다 |
| | 以外<br>いがい | N | other than; except | 以外 | 이외 |
| 4 | 人物<br>じんぶつ | N | person; figure | 人物 | 인물 |
| 6 | 官僚<br>かんりょう | N | government official; bureaucrat | 官员、官僚 | 관료 |
| 7 | 選挙<br>せんきょ | N | election | 选举 | 선거 |
| | 保守政党<br>ほしゅせいとう | N | conservative political party（政党 = political party） | 保守政党(政党 = 政党) | 보수 정당(政党 = 정당) |
| | (〜に)出馬する<br>しゅつば | V | to run (for election) | 竞选 | (〜 에)출마하다 |
| | (〜に)当選する<br>とうせん | V | to be elected; to win the election | 当选 | (〜 에)당선하다 |
| | 建設大臣<br>けんせつだいじん | N | the Minister of Construction（建設 = construction、大臣 = minister） | 建设大臣（建設 = 建设、大臣 = 大臣） | 건설부 장관（建設 = 건설、大臣 = 장관, 대신） |
| | 数々<br>かずかず | N | numerous; various | 种种、许多 | 수많은 |
| 8 | 重職<br>じゅうしょく | N | responsible position; important post | 要职 | 중책 |
| | 務める<br>つと | V | to serve; to work | 担任 | (직책 등을)담당하다, 맡다 |
| | 総理大臣<br>そうりだいじん | N | Prime Minister | 首相 | 수상, 총리대신 |
| | 国政<br>こくせい | N | state politics; national administration | 国政 | 국정 |
| 9 | 担当する<br>たんとう | V | to be in charge | 担任 | 담당하다 |
| | 敬老の日<br>けいろう ひ | Adv | Respect-for-the-Aged Day Holiday | 重阳节 | 경로의 날 |
| | 体育の日<br>たいいく ひ | N | Health and Sports Day（体育 = physical training; physical education） | 体育日(体育＝体育) | 체육의 날(体育 = 체육) |
| | 建国記念の日<br>けんこくきねん ひ | N | National Foundation Day（記念 = commemoration） | 建国纪念日(記念 = 纪念) | 건국기념일(記念 = 기념) |
| | 等<br>など | N | and so on; etc. | 等等 | 등 |
| | 祝日<br>しゅくじつ | N | (national) holiday | 节假日 | 축일 |
| | 制定<br>せいてい | N | enactment; establishment | 制定 | 제정 |
| | 返還<br>へんかん | N | return | 归还 | 반환 |
| | 公害対策基本法<br>こうがいたいさくきほんほう | N | Environmental Pollution Prevention Act（公害 = pollution、対策 = measure; provision） | 公害对策基本法（公害 = 公害、対策 = 対策） | 공해대책기본법（公害 = 공해、対策 = 대책） |
| 10 | 行う<br>おこな | V | to do; to conduct; to perform | 进行 | 행하다, 하다 |
| | 国会<br>こっかい | N | National Diet | 国会 | 국회 |
| | 核兵器<br>かくへいき | N | nuclear weapon | 核武 | 핵병기 |
| 11 | (〜に〜を)持ち込む<br>も こ | V | to bring | 带入 | (〜 에 〜 을)들여놓다 |
| | 方針<br>ほうしん | N | policy | 方针 | 방침 |
| 12 | 表明する<br>ひょうめい | V | to express; to declare | 表明 | 표명하다 |

| | 語彙 | 品詞 | English | 中文 | 한국어 |
|---|---|---|---|---|---|
| 12 | 法律（ほうりつ） | N | law | 法律 | 법률 |
| 13 | 基本（きほん） | N | basic | 基本 | 기본 |
| | 立場をとる（たちば） | Phr | to take position of（立場 = position） | 采取～立场（立场＝立場） | 입장을 취하다（立場＝입장） |
| 14 | 評価する（ひょうか） | V | to evaluate; to judge | 评价 | 평가하다 |
| 15 | ただ | Conj | but; however | 不过 | 단지, 그저 |
| | 死後（しご） | N | after one's death | 死后 | 사후 |
| | ～軍（ぐん） | Suf | troops; army | ～军 | ～군 |
| | 核（かく） | N | nuclear | 核子 | 핵 |
| 16 | 認める（みと） | V | to approve; to admit; to permit | 承认 | 인정하다 |
| | 発言（はつげん） | N | remark; statement | 发言 | 발언 |
| 17 | （～が）明らかになる（あき） | Phr | to become apparent; to be made public（明らか = clear; obvious; evident） | 爆出、为世人所知（明らか＝明了、清楚） | （～가）밝혀지다（明らか＝명백한） |
| 18 | 現在（げんざい） | N | at the present day; today; currently | 现在 | 현재 |
| 20 | 精神（せいしん） | N | sprit; mind; soul | 精神 | 정신 |
| 21 | （～に）反対する（はんたい） | V | to oppose | 反对 | （～에）반대하다 |
| 22 | 全て（すべ） | Adv | all; everything | 全部 | 전부 |
| 23 | 恐怖（きょうふ） | N | fear; terror; dread | 恐怖 | 공포 |
| | 解放する（かいほう） | V | to free; to release | 解放 | 해산하다 |
| | 人権（じんけん） | N | human rights | 人权 | 인종 |
| | 尊重する（そんちょう） | V | to respect | 尊重 | 인권 |
| | 環境（かんきょう） | N | environment | 环境 | 존중 |
| 24 | 世の中（よのなか） | N | the world; society | 世界 | 세상 |
| **26：消えゆく文化を守る（萱野茂（かやのしげる））** | | | | | |
| T | 消えゆく | Phr | written style of 消えていく (disappearing) | 消失、行将灭绝（"消えていく" 的书面语） | 사라지다 |
| O | アイヌ文化（ぶんか） | N | Ainu culture | 爱奴文化 | 아이누 문화 |
| | 研究者（けんきゅうしゃ） | N | researcher; scholar（者 = person） | 研究者(者=者) | 연구자(者=자, 사람) |
| | 政治家（せいじか） | N | politician | 政治家 | 정치가 |
| K | 少数民族（しょうすうみんぞく） | N | minority people; ethnic minority | 少数民族 | 소수민족 |
| | 差別（さべつ） | N | discrimination | 差别 | 차별 |
| 1 | 単一民族（たんいつみんぞく） | N | mono-racial; racially homogeneous | 单一民族 | 단일민족 |
| | 国家（こっか） | N | nation; country | 国家 | 국가 |
| | 正確（せいかく） | N | accurate; exact; correct | 正确 | 정확 |
| 2 | 先住民族（せんじゅうみんぞく） | N | aborigines; indigenous people | 原住民 | 선주민, 원주민 |
| | （～が）存在する（そんざい） | V | to exist | 存在 | （～가）존재하다 |
| | 現在（げんざい） | N | at the present day; today; currently | 现在 | 현재 |
| 3 | 混血（こんけつ） | N | mixed race; race mixture | 混血 | 혼혈 |
| | （～が）進む（すす） | V | to go forward; to advanced | 进行 | （～가）진행되다 |
| | 人口（じんこう） | N | population | 人口 | 인구 |
| | 推計（すいけい） | N | estimation | 推算 | 추계 |
| | 程度（ていど） | N | degree; about | 程度 | 정도 |
| 5 | アイヌ民族（みんぞく） | N | Ainu race; Ainu people | 爱奴民族 | 아이누민족 |
| | 本州（ほんしゅう） | N | Honshu; main island of Japan | 本州 | 혼슈（일본열도의 중심을 이루는 큰 섬） |
| | 東北地方（とうほくちほう） | N | Tohoku region（地方 = region） | 东北地区(地方=地区) | 도호쿠 지방（地方＝지방） |
| | サハリン | N | Sakhalin | 库页岛 | 사할린 |
| | 旧～（きゅう） | Pref | old～; former～ | 前～ | 구～, 옛날 |
| | 地域（ちいき） | N | region; area | 区域 | 지역 |
| | 世紀（せいき） | N | century | 世纪 | 세기 |

| | | | | | |
|---|---|---|---|---|---|
| 6 | (〜が)成立する | V | to establish | 成立 | (〜가)성립하다 |
| | 和人 | N | Japanese people | 日本人 | 일본 사람 |
| | 基礎 | N | foundation; base | 基础 | 기초 |
| | 田畑 | N | fields; fields of rice and other crops | 田地 | 논밭 |
| | 耕す | V | to plow; to cultivate | 耕种 | 경작하다 |
| 7 | 農耕 | N | farming; agriculture | 农耕 | 농경 |
| | (〜に)おく | V | to put; to place | 着重于〜 | (〜에)두다, 놓다 |
| | 狩猟 | N | hunting | 狩猎 | 수렵 |
| | 採取 | N | gathering | 采取 | 채취 |
| 8 | 交易 | N | trade; commerce | 交易 | 교역 |
| | 生計を立てる | Phr | to make one's living by~ | 谋生 | 생계를 꾸리다 |
| | 宗教 | N | religion | 宗教 | 종교 |
| | 衣服 | N | costume; clothes | 服饰 | 의복 |
| | 習慣 | N | custom; manner | 习惯 | 습관 |
| 9 | アイヌ語 | N | Ainu (language) | 爱奴语 | 아이누어 |
| | エスキモー | N | Eskimo | 爱斯基摩 | 에스키모 |
| | 言語 | N | language | 语言 | 언어 |
| 10 | (〜が)乾く | V | to dry | 干涸 | (〜가)마르다 |
| | 村 | N | village | 村落 | 촌 |
| 12 | 明治政府 | N | Meiji government (政府 = government) | 明治政府(政府＝政府) | 메이지 정부(政府＝정부) |
| | 同化政策 | N | integration policy; assimilationism | 同化政策 | 동화정책 |
| 13 | 進める | V | to promote; to go forward | 推进 | 진행하다 |
| | 前述する | V | to mention above | 前述 | 앞서 언급하다 |
| | 急激に | Adv | suddenly; rapidly | 骤然、急剧 | 급격히 |
| 14 | (〜が)消滅する | V | to disappear | 消灭 | (〜가)소멸하다 |
| | 実際 | N | actual; reality | 实际上 | 실제 |
| | ユネスコ | N | UNESCO | 联合国教科文组织 | 유네스코 |
| 15 | ランク | N | rank | 等级、次序、排行 | 순위, 랭크 |
| | 極めて | Adv | very; extremely | 相当 | 매우, 극히 |
| | 深刻 | N | serious | 严重 | 심각 |
| | 区分 | N | section; division; classification; category | 区分 | 구분 |
| | 指定する | V | to designate; to specify | 指定 | 지정하다 |
| 17 | 現状 | N | present situation; current status | 现状 | 현황, 현재 상태 |
| | 改善する | V | to improve | 改善 | 개선하다 |
| | 活動する | V | to act; to work | 活动 | 활동하다 |
| 18 | 出身 | N | to come from | 出身 | 출신 |
| | 減る | V | to decrease | 减少 | 줄다, 감소하다 |
| | 民具 | N | folkcraft article | 生活用具 | (민예품으로써)일상생활에서 쓰는 도구 |
| | 民話 | N | folktale; folklore | 民间故事、民间传说 | 민화 |
| | 収集する | V | to collect | 收集 | 수집하다 |
| 19 | 記録する | V | to record | 记录 | 기록하다 |
| | 参議院議員 | N | member of the House of Councilors (議員 = member (of an assembly)) | 参议院议员(議員＝议员) | 참의원 의원(議員＝의원) |
| 20 | 保護 | N | protection | 保护 | 보호 |
| | 訴える | V | to appeal | 呼吁 | 호소하다 |
| | 伝統 | N | tradition | 传统 | 전통 |
| | 国民 | N | nation; people | 国民 | 국민 |

| | | | | | |
|---|---|---|---|---|---|
| 20 | 知識 ちしき | N | knowledge | 知识 | 지식 |
| | 普及する ふきゅう | V | to spread | 普及 | (~가)보급되다 |
| 21 | 啓発 けいはつ | N | education; enlightenment; edification | 启发 | 계발 |
| | 図る はかる | V | to plan; to project; to contrive | 试图 | 도모하다, 꾀하다 |
| | アイヌ文化振興法 ぶんかしんこうほう | N | Act on the Promotion of Ainu Culture | 爱奴文化振兴法 | 아이누 문화 진흥법 |
| | 法律 ほうりつ | N | law | 法律 | 법률 |
| | 成立 せいりつ | N | approval; conclusion | 成立 | 성립 |
| | 力を注ぐ ちからそそ | Phr | to concentrate one's effort (注ぐ= to pour; to concentrate) | 尽力(注ぐ=倾注) | 힘을 쏟다(注ぐ=쏟다) |
| 22 | 短期間 たんきかん | N | short period | 短期间 | 단기간 |
| | 狩猟民族 しゅりょうみんぞく | N | hunting people | 狩猎民族 | 수렵민족 |
| | 足元 あしもと | N | at one's feet | 脚下 | 발밑 |
| | 故郷 こきょう | N | hometown | 故乡 | 고향 |
| 23 | (~を/から)引退する いんたい | V | to retire | 引退、退职 | (~을/에서)은퇴하다 |

**27：武士道の義（新渡戸稲造）**

| | | | | | |
|---|---|---|---|---|---|
| T | 武士道 ぶしどう | N | Bushido; code of the samurai | 武士道 | 무사도 |
| | 義 ぎ | N | justice; righteousness | 义 | 의 |
| O | 農学者 のうがくしゃ | N | agronomist; agriculturist（者 = person） | 农学者(者=者) | 농학자(者=자, 사람) |
| | 教育者 きょういくしゃ | N | educator（者 = person） | 教育者(者=者) | 교육자(者=자, 사람) |
| K | 道徳教育 どうとくきょういく | N | moral education（道徳 = morality; morals） | 道德教育(道德=道德) | 도덕 교육(道徳=도덕) |
| | 紹介 しょうかい | N | introduce | 介绍 | 소개 |
| | 海外体験 かいがいたいけん | N | overseas experience（海外 = oversea） | 海外体验(海外=海外、国外) | 해외 체험 (海外=해외) |
| 1 | 江戸時代 えどじだい | N | Edo period（1603~1868） | 江户时代(1603~1868) | 에도 시대(1603-1868) |
| | 明治 めいじ | N | Meiji (era) | 明治(时期) | 메이지 시대(1868-1912) |
| | (~が)優れる すぐ | V | excel in; be good at | 优良 | (~가)뛰어나다 |
| 2 | 政治 せいじ | N | politics | 政治 | 정치 |
| | 哲学 てつがく | N | philosophy | 哲学 | 철학 |
| | 技術 ぎじゅつ | N | skill; technique; technology | 技术 | 기술 |
| | 留学する りゅうがく | V | to study abroad | 留学 | 유학하다 |
| | 武士 ぶし | N | samurai; warrior | 武士 | 무사 |
| | ~歳 さい | Ctr | ~ years old | ~岁 | ~세, 살 |
| | 私費 しひ | N | private expense | 自费 | 사비 |
| 3 | (~に)渡る わた | V | to go across; to cross | 移动(到~)、迁移(到~) | (~로)건너가다 |
| | ジョンズ・ホプキンス大学 だいがく | | Johns Hopkins University | 约翰·霍普金斯大学 | 존스홉킨스 대학 |
| 4 | 後 のち | N | later; future | 后 | 후 |
| | (~に)移る うつ | V | to move; to transfer | 转校 | (~로)옮기다 |
| | 農学 のうがく | N | agriculture | 农学 | 농학 |
| | 博士号 はかせごう | N | doctor's degree; Ph.D. | 博士学位 | 박사학위, 박사칭호 |
| | 取得する しゅとく | V | to obtain; to acquire | 取得 | 취득하다 |
| 5 | 経験者 けいけんしゃ | N | experienced person（者 = person） | 有经验者(者=者) | 경험자(者=자, 사람) |
| | 帰国 きこく | | to return to one's country | 归国 | 귀국 |
| | 中心となる ちゅうしん | Phr | to play a central role; to take a leading part（中心 = center） | 成为核心人物(中心=中心) | 중심이 되다(中心=중심) |
| | 活躍する かつやく | V | to be active; to take an active part | 活跃 | 활약하다 |
| 6 | 様々(な) さまざま | A-Na | various | 各种各样(的) | 여러 가지 |
| | 校長 こうちょう | N | principal; schoolmaster | 校长 | 교장 |
| | 歴任する れきにん | V | to successively hold various posts | 历任 | 부임하다 |
| 7 | (~に)貢献する こうけん | V | to contribute | 对~有贡献 | (~에)공헌하다 |

| | 語彙 | 品詞 | English | 中文 | 한국어 |
|---|---|---|---|---|---|
| | 更に(さらに) | Adv | moreover; furthermore | 此外 | 더욱, 다시 |
| | 太平洋(たいへいよう) | N | Pacific Ocean | 太平洋 | 태평양 |
| | 架け橋(かけはし) | N | bridge; go-between; mediator | 桥梁 | 다리 |
| | 希望する(きぼうする) | V | to hope; to wish | 期望 | 희망하다 |
| 8 | 国際連盟(こくさいれんめい) | N | League of Nations (1919~1946) | 国际联盟(1919〜1946) | UN, 국제연맹(1919-1946) |
| | 事務次長(じむじちょう) | N | Under-Secretary General | 事务次长 | 사무차장 |
| 9 | 場(ば) | N | place; spot; situation | 场合 | 장, 무대 |
| 10 | 活動(かつどう) | N | activity | 活动 | 활동 |
| | 執筆する(しっぴつする) | V | to write | 撰稿、执笔 | 집필하다 |
| 11 | 出版する(しゅっぱんする) | V | to publish | 出版 | 출판하다 |
| 12 | ベストセラー | N | bestseller | 畅销书 | 베스트셀러 |
| 14 | 宗教教育(しゅうきょうきょういく) | N | religious education | 宗教教育 | 종교교육 |
| | 問う(とう) | V | to ask; to question | 询问 | 질문하다 |
| 15 | 驚く(おどろく) | V | to be surprise; to be shocked | 惊讶 | 놀라다 |
| 16 | 尋ねる(たずねる) | V | to ask | 询问 | 묻다 |
| | 疑問(ぎもん) | N | question; doubt | 疑问 | 의문 |
| 18 | 理想(りそう) | N | ideal | 理想 | 이상 |
| 20 | 英文(えいぶん) | N | English; English composition | 英语 | 영문 |
| 23 | 思想(しそう) | N | idea; thought; philosophy | 思想 | 사상 |
| | 重要(な)(じゅうよう) | A-Na | important | 重要(的) | 중요(한) |
| 24 | 行う(おこなう) | V | to do; to conduct; to perform | 实行 | 행하다, 하다 |
| 25 | 人の道から外れる(ひとのみちからはずれる) | Phr | to stray from the path of virtue; erring (外れる = to be off; to be out of place) | 离经叛道 (外れる=离开、脱节) | 인간의 도리에서 벗어나다 (外れる=벗어나다) |
| | 嘘をつく(うそをつく) | Phr | to tell a lie | 撒谎 | 거짓말을 하다 |
| 26 | 絶対に(ぜったいに) | Adv | absolutely | 绝对地 | 절대로 |
| 27 | 行動(こうどう) | N | conduct; behavior | 行动 | 행동 |
| **28 : ミスター・トルネード（藤田哲也 ふじたてつや）** | | | | | |
| T | ミスター・トルネード | N | Mr. tornado | 龙卷风先生 | 미스터 토네이도 |
| O | 気象学者(きしょうがくしゃ) | N | meteorologist (学者 = scholar) | 气象学者 (学者=学者) | 기상학자 (学者=학자) |
| K | 竜巻(たつまき) | N | tornado | 龙卷风 | 토네이도, 회오리바람 |
| | 自然災害(しぜんさいがい) | N | natural disaster (自然 = nature) | 自然灾害(自然=自然) | 자연피해(自然=자연) |
| | 国際基準(こくさいきじゅん) | N | international standard (基準 = standard) | 国际标准(基準=标准) | 국제기준 (基準=기준) |
| | 貢献(こうけん) | N | contribution | 贡献 | 공헌 |
| 2 | ごく | Adv | very | 极 | 아주 |
| 3 | 表す(あらわす) | V | to represent; to indicate | 表示 | 나타내다 |
| 4 | スケール | N | scale | 规模 | 스케일, 규모 |
| 7 | 博士号(はかせごう) | N | doctor's degree; Ph.D. | 博士学位 | 박사 학위, 박사 칭호 |
| | 取得(しゅとく) | N | acquisition | 取得 | 취득 |
| | 招く(まねく) | V | to invite; to hire | 招聘 | 초빙하다, 부르다 |
| 8 | (〜が)多発する(たはつする) | V | to happen often | 经常发生 | (〜가) 다발하다 |
| | 地域(ちいき) | N | region; area | 地区 | 지역 |
| | 研究(けんきゅう) | N | research | 研究 | 연구 |
| 9 | 予測する(よそくする) | V | to predict; to forecast | 预测 | 예측하다 |
| | 被害が出る(ひがいがでる) | Phr | to be damaged; to cause damage | 受灾、受害、遭受损失 | 피해가 나다 |
| 10 | 力を注ぐ(ちからをそそぐ) | Phr | to concentrate one's efforts (注ぐ = to pour; to concentrate) | 尽力(注ぐ=倾注) | 힘을 쏟다(注ぐ=쏟다) |
| | 発生メカニズム(はっせいメカニズム) | N | generation mechanisms; outbreak mechanisms | 生成机制 | 발생 메커니즘, 발생 원리 |

| # | 日本語 | 品詞 | English | 中文 | 한국어 |
|---|---|---|---|---|---|
| 11 | 解明する（かいめい） | V | to make clear; to explicate | 阐明 | 해명하다 |
| | 大気（たいき） | N | atmosphere; air | 大气 | 대기 |
| | 親雲（おやぐも） | V | cloud that produces tornados | 产生龙卷风的云 | 토네이도를 만들어 내는 중심구름, 거대 구름 |
| | （〜が）発達する（はったつ） | V | to develop; to grow | 发达 | （〜가）발달하다 |
| | 積乱雲（せきらんうん） | N | cumulonimbus | 积雨云 | 적란운 |
| | （〜が）現れる（あらわ） | V | to appear | 出现 | （〜가）나타나다 |
| 12 | 上空（じょうくう） | N | upper air; sky | 上空 | 상공 |
| | 回転（かいてん） | N | rotation | 回转 | 회전 |
| | （〜に）向かう（む） | V | to go toward; to head for | 朝向〜 | （〜로）향하다 |
| | 地上（ちじょう） | N | on the ground | 地表 | 지상 |
| | 上昇気流（じょうしょうきりゅう） | N | ascending air current | 上升气流 | 상승기류 |
| 13 | スピン | N | spin | 旋转 | 스핀 |
| 14 | 可能になる（かのう） | Phr | to become possible（可能=possible） | 能够（可能=可能） | 가능하게 되다 (可能=가능) |
| | 現在（げんざい） | N | at the present day; today; currently | 现在 | 현재 |
| 15 | 警報を出す（けいほう だ） | Phr | to issue warning | 发出警报 | 경보를 발령하다 |
| | 回数（かいすう） | N | number of times | 次数 | 회수 |
| 16 | 記録する（きろく） | V | to record | 记录 | 기록하다 |
| | 規模（きぼ） | N | scale | 规模 | 규모 |
| | 建物（たてもの） | N | building | 建筑物 | 건물 |
| 17 | 被害（ひがい） | N | damage | 灾害 | 피해 |
| | 最大風速（さいだいふうそく） | N | maximum wind speed | 最大风速 | 최대풍속 |
| | 推定する（すいてい） | V | to estimate; to presume | 推算 | 추정하다 |
| | 考案する（こうあん） | V | to design; to plan | 设计 | 고안하다 |
| 19 | 功績（こうせき） | N | achievements; credit | 功绩 | 공적 |
| | 下降気流（かこうきりゅう） | N | downward air current | 下降气流 | 하강기류 |
| | 発見する（はっけん） | V | to discover; to detect | 发现 | 발견하다 |
| 20 | 飛行機事故（ひこうきじこ） | N | airplane accident | 飞机事故 | 비행기사고 |
| | 原因（げんいん） | N | cause | 原因 | 원인 |
| | 調査する（ちょうさ） | V | to investigate; to examine | 调查 | 조사하다 |
| | 現象（げんしょう） | N | phenomenon | 现象 | 현상 |
| 21 | 主張する（しゅちょう） | V | to claim; to stress; to advocate; to insist | 主张 | 주장하다 |
| | 観測（かんそく） | N | observation | 观测 | 관측 |
| 22 | 否定する（ひてい） | V | to deny; to disprove | 否定 | 부정하다 |
| 23 | 実際に（じっさい） | Adv | actually; really | 实际上 | 실제로 |
| 24 | 認める（みと） | V | to accept; to recognize; to approve | 承认 | 인정하다 |
| | 避ける（さ） | V | to avoid | 避免 | 피하다 |
| 25 | 気象レーダー（きしょう） | N | weather radar | 气象雷达 | 기상 레이더 |
| | 設置する（せっち） | V | to install; to locate | 设置 | 설치하다 |
| | （〜に）貢献する（こうけん） | V | to contribute | 对〜有贡献 | （〜에）공헌하다 |
| 28 | 支える（ささ） | V | to support | 支撑 | 떠받치다, 지탱하다 |
| **29** | **再生医療への挑戦（山中伸弥）（さいせいいりょう／やまなかしんや）** | | | | |
| T | 再生医療（さいせいいりょう） | N | regenerative medicine（医療 = medical treatment） | 再生医疗(医疗=医疗) | 재생의료 (医療=의료) |
| | 挑戦（ちょうせん） | N | challenge | 挑战 | 도전 |
| O | 医学者（いがくしゃ） | N | medical scientist（者=person） | 医学者(者=者) | 의학자 (者=자, 사람) |
| K | 倫理（りんり） | N | ethics | 伦理 | 윤리 |
| | iPS細胞（さいぼう） | N | iPS cell | iPS 细胞 | iPS 세포 |

| # | 日本語 | 品詞 | English | 中文 | 한국어 |
|---|---|---|---|---|---|
|  | ノーベル賞（しょう） | N | Nobel prize（賞 = prize） | 诺贝尔奖(赏=奖) | 노벨상 (賞 = 상) |
| 1 | 技術（ぎじゅつ） | N | technology; technique | 技术 | 기술 |
|  | (～が)進む（すす） | V | to go forward; to advance | 进步 | (～가)발전하다, 진보하다 |
|  | 治す（なお） | V | to cure; to heal | 治疗 | 치료하다, 고치다 |
|  | 癌（がん） | N | cancer | 癌症 | 암 |
|  | パーキンソン病（やまい） | N | Parkinson's disease | 帕金森式症 | 파킨슨 병 |
| 2 | 糖尿病（とうにょうびょう） | N | diabetes | 糖尿病 | 당뇨병 |
|  | 完全に（かんぜん） | Adv | completely; totally | 完全地 | 완전히 |
|  | まだまだ | Adv | still; still more; much more | 仍然 | 아직도 |
| 3 | 教授（きょうじゅ） | N | professor | 教授 | 교수 |
|  | 研究（けんきゅう） | N | research | 研究 | 연구 |
|  | 受賞する（じゅしょう） | V | be awarded a prize; to win a prize | 获奖 | 수상하다 |
| 4 | 利用（りよう） | N | utilization; use | 利用 | 이용 |
|  | 更に（さら） | Adv | moreover; furthermore | 更加 | 더욱더, 다시 |
|  | (～が)発展する（はってん） | V | to expand; to develop | 发展 | (～가)발전하다 |
|  | 期待を集める（きたい・あつ） | Phr | to place one's hope; to have expectations（期待 = expectation） | 集众望于一身(期待=期待) | 기대를 모으다(期待=기대) |
| 5 | (～が)変化する（へんか） | V | to change; to transform | 变化 | (～가)변화하다 |
|  | 性質（せいしつ） | N | nature; property | 性质 | 성질 |
|  | 要するに（よう） | Adv | in short; in a word | 换句话说 | 요컨대, 결국 |
| 6 | 心臓（しんぞう） | N | heart | 心脏 | 심장 |
|  | 肝臓（かんぞう） | N | liver | 肝脏 | 간장 |
|  | 神経細胞（しんけいさいぼう） | N | nerve cell; neuron（神経 = nerve） | 神经细胞(神経=神经) | 신경세포 (神経 = 신경) |
|  | 胎盤（たいばん） | N | placenta | 胎盘 | 태반 |
|  | 以外（いがい） | N | other than; except | 以外 | 이외 |
| 7 | 受精卵（じゅせいらん） | N | fertilized egg | 受精卵 | 수정란 |
| 9 | 倫理的(な)（りんりてき） | A-Na | ethical | 伦理上(的) | 윤리적(인) |
|  | 考慮する（こうりょ） | V | to consider | 考虑 | 고려하다 |
| 10 | 遺伝子（いでんし） | N | gene | 基因 | 유전자 |
| 12 | 皮膚（ひふ） | N | skin | 皮肤 | 피해 |
| 13 | 増やす（ふ） | V | to increase | 增殖 | 늘리다 |
|  | 移植する（いしょく） | V | to transplant | 移植 | 이식하다 |
|  | (～が)可能になる（かのう） | V | to become possible（可能 = possible） | 能够(可能=可能) | (～가)가능하게 되다 (可能 = 가능) |
| 14 | メカニズム | N | mechanism | 机制 | 메커니즘, 원리 |
|  | 応用する（おうよう） | V | to apply | 应用 | 응용하다 |
|  | 予防する（よぼう） | V | to prevent | 预防 | 예방하다 |
| 15 | 治療する（ちりょう） | V | to treat; to cure | 治疗 | 치료하다 |
|  | 新薬（しんやく） | N | new medicine | 新药 | 신약 |
|  | 実験（じっけん） | N | experiment | 实验 | 실험 |
|  | 発揮する（はっき） | V | to exert; to demonstrate; to exhibit | 发挥 | 발휘하다 |
| 16 | (～が)前進する（ぜんしん） | V | to make progress; to advance | 前进 | (～가)전진하다 |
|  | 有能(な)（ゆうのう） | A-Na | capable; competent | 有能力(的) | 유능(한) |
|  | 研究者（けんきゅうしゃ） | N | researcher（者 = person） | 研究者(者=者) | 연구자(者 = 자, 사람) |
| 18 | 分野（ぶんや） | N | field; sphere | 领域 | 분야 |
|  | 日々（ひび） | N | day after day; every day | 日日 | 하루 하루 |
|  | (～が)進歩する（しんぽ） | V | to progress; to advance | 进步 | (～가)진보하다 |
| 20 | 全く（まった） | Adv | completely; totally | 完全 | 완전히 |

| | | | | | |
|---|---|---|---|---|---|
| 20 | 開発（かいはつ） | N | development | 开发 | 개발 |
| 21 | 失敗（しっぱい） | N | failure | 失败 | 실패 |
| | 苦労（くろう） | N | hardship | 困难 | 고생 |
| | 連続（れんぞく） | N | continuation; sequence | 连续 | 연속 |
| 22 | マラソン | N | marathon | 马拉松 | 마라톤 |
| | （〜に）似る | V | to look like; to resemble | 像（〜）一样 | (〜을)닮다 |
| | 柔道（じゅうどう） | N | Judo | 柔道 | 유도 |
| | 勝ち負け（かちまけ） | N | victory or defeat | 胜败 | 승패 |
| 23 | 諦める（あきらめる） | V | to give up | 放弃 | 포기하다 |
| 24 | 素晴らしい（すばらしい） | A-I | wonderful; fantastic | 出色 | 훌륭하다 |
| | 成果をあげる（せいか） | Phr | to obtain excellent result | 得到成果 | 성과를 올리다 |

## 30：不気味の谷（石黒浩）

| | | | | | |
|---|---|---|---|---|---|
| T | 不気味（ぶきみ） | N | weird; eerie; uncanny | 令人害怕、令人毛骨悚然 | 기이함 , 기괴함 |
| | 谷（たに） | N | valley | 山谷 | 계곡 |
| O | 工学者（こうがくしゃ） | N | engineer (者＝person) | 工学者(者＝者) | 공학자(者＝자，사람) |
| K | 共存（きょうぞん） | N | coexistence | 共存 | 공존 |
| | 人間らしさ（にんげん） | N | humanity; manhood | 人模人样 | 인간다움 |
| | インターフェイス | N | interface | 界面 | 인터페이스 |
| 1 | 鉄腕アトム（てつわん） | N | title of manga "Tetsuwan Atomu (Astro Boy)" | 《铁臂阿童木》(漫画名) | 철완 아톰 |
| | 誕生日（たんじょうび） | N | birthday (誕生＝birth) | 生日(誕生＝诞生) | 생일 (誕生＝탄생) |
| | 以上（いじょう） | N | be more than or equal to; not less than | 以上 | 이상 |
| 3 | 活躍する（かつやく） | V | to be active; to take an active part | 活跃 | 활약하다 |
| | 実現する（じつげん） | V | to materialize; to make something happen | 实现 | 실현하다 |
| 4 | 教授（きょうじゅ） | N | professor | 教授 | 교수 |
| | ヒューマノイド | N | humanoid | 拟人 | 휴머노이드 |
| | 研究（けんきゅう） | N | research | 研究 | 연구 |
| | 第一人者（だいいちにんしゃ） | N | leading person (者＝person) | 最高权威(者＝者) | 제 1 인자(者＝자，사람) |
| | 女性アナウンサー（じょせい） | N | woman announcer | 女性播音员 | 여성 아나운서 |
| 5 | そっくり（な） | A-Na | look-alike | 酷似(的) | 똑같은 |
| | アンドロイド | N | android | 智能机器人 | 안드로이드 |
| | 開発する（かいはつ） | V | to develop | 开发 | 개발하다 |
| 6 | 親しみやすい（した） | A-I | approachable; friendly | 容易亲近、容易接触 | 친근감을 주는 |
| | 情報（じょうほう） | N | information | 信息 | 정보 |
| | やり取り（と） | N | exchange; give and take | 交换 | 주고 받음 , 교환함 |
| | 仲介する（ちゅうかい） | V | to mediate | 介于 | 중개하다 |
| 7 | 現在（げんざい） | N | at the present day; today; currently | 现在 | 현재 |
| | 我々（われわれ） | N | us; we | 我们 | 우리들 |
| | マウス | N | mouse | 滑鼠 | 마우스 |
| 8 | 携帯電話（けいたいでんわ） | N | cell phone | 手机 | 휴대전화 |
| | ボタン | N | button | 按钮 | 버튼 |
| | 操作（そうさ） | N | operation; handling | 操作 | 조작 |
| | 複雑（な）（ふくざつ） | A-Na | complicate; complex | 复杂(的) | 복잡(한) |
| 9 | 老人（ろうじん） | N | old person; elderly person | 老人 | 노인 |
| 10 | 全て（すべ） | Adv | all; everything | 全部 | 전부 |
| | 親しみ（した） | N | familiarity; affinity | 亲切感 | 친근함 , 친밀함 |
| | 感じる（かん） | V | to feel; to sense | 感到 | 느끼다 |

| | | | | | |
|---|---|---|---|---|---|
| 11 | ～型(かた/がた) | Suf | model of~; type of~; shape of~ | ～型 | ~형 |
| | 考え(かんが) | N | thought; ideas; opinion | 想法 | 생각 |
| 12 | 試し(ため) | N | trial; test | 尝试 | 시도 |
| | 普段(ふだん) | N | usual; ordinary; everyday | 平时 | 평소 |
| 13 | 喜ぶ(よろこ) | V | to be glad; to be pleased | 喜爱 | 기뻐하다 |
| | (～に)おびえる | V | to be frightened; to be scared | 害怕 | (~를)무서워하다, 겁내다 |
| 15 | 現象(げんしょう) | N | phenomenon | 现象 | 현상 |
| | 外見(がいけん) | N | appearances | 外表、外貌 | 외견 |
| | 動作(どうさ) | N | action; movement | 动作 | 동작 |
| 16 | 近づく(ちか) | V | to get near; to approach | 接近 | 접근하다, 가까워지다 |
| | 親密度(しんみつど) | N | degree of intimacy | 亲密程度 | 친밀감 |
| 18 | 時点(じてん) | N | point in time; point | 时候 | 시점 |
| | 極端に(きょくたん) | Adv | extremely | 极端地 | 극단적으로 |
| | 恐ろしい(おそ) | A-I | terrible; horrible | 恐惧 | 두렵다, 무서워하다 |
| 19 | 不安(ふあん) | N | uneasiness; anxiety; worry | 不安 | 불안 |
| | 人形(にんぎょう) | N | doll | 玩偶 | 인형 |
| 20 | 感情(かんじょう) | N | feeling; emotion | 感情 | 감정 |
| | 区別する(くべつ) | V | to distinguish | 区别 | 구별하다 |
| 21 | 非常に(ひじょう) | Adv | extremely | 非常地 | 매우, 상당히 |
| | リアル | N | real | 真实 | 사실적, 리얼 |
| 22 | 線グラフ(せん) | N | line graph; line chart | 线状图 | 선 그래프 |
| | (～が)落ちる(お) | V | to drop | 掉 | (~가)떨어지다 |
| 24 | 乗り越える(の) | V | to overcome | 克服、超越 | 극복하다 |
| | 作製する(さくせい) | V | to make; to produce | 制作、制造 | 제작하다 |
| 25 | 求める(もと) | V | to seek; to pursue | 谋求 | 찾다, 구하다 |
| | 研究する(けんきゅう) | V | to research; to study | 研究 | 연구하다 |
| | 重ねる(かさ) | V | to repeat | 反复、屡次 | 거듭하다 |
| 26 | (～が)生じる(しょう) | V | to yield; to generate | 产生 | (~가)나다, 생기다 |
| | 理解する(りかい) | V | to understand; to comprehend | 理解 | 이해하다 |
| 27 | (～に)つながる | V | to be connected; to lead | (与～)有关联 | (~에)이어지다, 연결되다 |